基础教育改革与教师专业发展丛书

教师专业发展系列

做身边的研究

ZUO SHENBIAN DE YANJIU

龙文祥◎著

安徽师范大学出版社

责任编辑:郭明乐　孔令清　　　　责任校对:吴毛顺
装帧设计:丁奕奕　　　　　　　　责任印制:郭行洲

图书在版编目(CIP)数据

做身边的研究 / 龙文祥著. — 芜湖:安徽师范大学出版社,2013.12
(基础教育改革与教师专业发展丛书)
ISBN 978-7-5676-0281-6
Ⅰ.①做… Ⅱ.①龙… Ⅲ.①中小学教育-教育研究 Ⅳ.①G632.0

中国版本图书馆CIP数据核字(2012)第319353号

做身边的研究

龙文祥　著

出版发行:安徽师范大学出版社
芜湖市九华南路189号安徽师范大学花津校区　　邮政编码:241002
网　　址:http://www.ahnupress.com/
发 行 部:0553-3883578　5910327　5910310(传真)　　E-mail:asdcbsfxb@126.com
经　　销:全国新华书店
印　　刷:安徽芜湖新华印务有限责任公司
版　　次:2013年12月第1版
印　　次:2013年12月第1次印刷
规　　格:787×960　1/16
印　　张:19.5
字　　数:290千
书　　号:ISBN 978-7-5676-0281-6
定　　价:39.00元

基础教育改革与教师专业发展丛书编委会

内容简介

本书借鉴国内外有关研究成果，从专业理论与实际应用角度，对中小学教师针对身边发生的教育现象，如何选择恰当的视角、运用合理的研究方法进行探究，以解决实际问题，获得科学结论，并发现教育教学规律等进行了较为系统的梳理与阐述。本书可为中小学教师从事教育教学研究提供实质性的帮助，同时也可为有志于从事教育研究的有关人员提供参考。

总 序

“教育改革”在当下是一个出现频率非常高的概念，这种语言现象所反映的正是教育实践的客观现实。伴随着经济全球化、信息化和网络化的迅猛发展，世界范围的教育改革正一浪高过一浪，教育改革正成为一项持续不断的教育实践活动。可以说，变革已成为当代教育的一个典型特征。

同样，改革也是我国当代基础教育领域蓬勃发展的重要驱动轴。近年来，基础教育改革正在各个层面全面展开：在课程领域，综合课程、活动课程、微型课程、模块课程等正在逐步取得与学科课程同等的地位，并对促进学生的全面发展发挥着不可替代的作用；在教学领域，诸如探究式教学、互动式教学、学生自主学习、合作学习等一系列新的教学方式和学习方式也正在逐步取代某些传统的教学方式和学习方式，被师生广泛运用于教学过程之中；在德育领域，一方面，某些陈旧落后的德育理念和模式正在为人们所摈弃，另一方面，多种新的德育理念和模式正在受到教育理论工作者和实践工作者的广泛关注并在学校德育实践中进行尝试和经受检验；在教育评价领域，传统的评价理念和范式同样日益受到人们的质疑与批判，与此同时，各种新的评价理念和范式层出不穷并被师生普遍接受和运用。

基础教育改革不仅使学校生活、师生关系和课堂面貌等发生了重要变化，也向广大教育实践工作者提出了新的更高的要求。持续不断的基础教育改革,使每一个投身于教育实践工作的人都面临着一系列无法回避的挑战。这种挑战,既意味着教育实践工作者不得不正视和思考教育改革带来的各种新的问题,同时也意味着他们在面对不断变化的教育实践情境时,必须采取适当、合理的因应与行动。

教育大计,教师为本;有好的教师,才有好的教育。这既是基础教育改革实践的强烈诉求,同时也是理性认识基础教育改革所形成的共识。好的教师,才有可能既娴熟自如地驾驭教育教学活动,最大限度地促进学生的发展,同时又能够有效地应对社会和教育发展所带来的各种新变化、新要求,成为教育改革的参与者和"弄潮儿"。好的教师由何而来呢?也许人们对这一问题有着各自不同的认识,也许不同的教师其成长的过程和方式各有差异,但可以肯定的是,好的教师既需要经受教育实践的历练,需要教育实践给予其充分展现的机会,同时,也需要接受教育理论的滋养,需要对教育教学的本质和规律性有着正确的认知和把握。

与教育实践工作者相同的是,教育理论工作者也正在面对教改所带来的诸多挑战。基础教育改革的蓬勃展开,也必然会对教育理论工作者提出如何恰当地回应教育改革、如何研究和解决教育改革中出现的各种新问题、如何引领教育改革的发展方向等诸多问题。可以说,在教育改革持续展开的背景下,教育理论工作者正面临着双重任务:一是必须及时研究和探索教育改革中不断出现的新情况、新进展,发现制约改革的各种因素和变量,揭示和分析教育改革发生发展的特点和规律;二是必须观照教育改革参与者特别是中小学教师的实践诉求,通过对教育改革实践的理论阐述,引领他们更加理性、有效地处理改革实践中所遇到的种种现实问题。

我们欣慰地看到,当前,已有很多学者对基础教育改革的一系列重要问题进行了深入的研究和探讨,从多角度、多方位提出了诸多有关教育改革的真知灼见,展示了学者们对教育改革实践的理性认识。然而,如何将这些理性认识转变为教育改革实践的理性行动,却需要做一番综合与转化工作。所谓综合,就是要对不同的理论研究成果,根据教育实践的逻辑,重新进行组合与梳理,以形成更加适合于教育实践的知识体系;所谓转化,则是要通过对知识的再加工和再创造,将原本用于精确表达思想和观念的科学话语体系,转变成实践话语体系,从而更加适合教育改革实践的需要。而本套丛书所努力达成的,就是这样的一个目标。我们期待我们所做的综合与转化的努力,能够产生切实的实践效果。

教育改革既涉及宏观层面,也涉及微观层面。仅有宏观层面的努力而缺失微观层面的配合与行动,教育改革不可能取得成功。宏观层面的教育改革主要是由政府来决定和实施,而微观层面的改革不仅需要政府的介入,更需要教育实践工作者的实际行动。我们编写这套丛书,主要的目标是指向微观层面,指向中小学教师的教育教学实践。丛书涉及当前基础教育改革和教师专业发展的诸多领域,主要针对当前基础教育改革和教师专业发展中所遇到或将要遇到的一系列问题而编写,以问题作为研究和讨论中心。我们期望通过聚焦教育改革实践中遇到的各种实际问题,借鉴中外教育改革的研究成果和成功经验,为教育实践工作者正确地认识和把握这些具体的实际问题提供指导和帮助。

本丛书主要包括教师专业发展系列、基础教育改革与学生发展系列、新课程教学探索系列、班主任工作系列、心理健康教育系列、教师专业标准系列等,读者对象主要是广大中小学教师。丛书的定位是理论与实际有机结合、介于学术著作和通俗读物之间，既注意吸收相关学科领域的最新成果，反映教育教学研究的前沿动态，又注重贴近中小学教师的工作和生活，对目前我国基础教育的实际以及教改实施与进展的状况进行分析和探讨，注重解决读者在实践中遇到的问题或困惑，努力做到科学性、前沿性、实用性的统一。丛书内容通俗易懂，深入浅出，每册书在内容上不求大而全，不求面面俱到，而是突出重点，将关注教师的需求放在第一位，尽可能为他们提供有针对性的思想和理论的引领，给他们以实践操作的启发。

我们相信本套丛书的出版，能让广大一线中小学教师获得所需的知识和有益的启示，对学校的进步、教师的发展和学生的成长发挥建设性的指导作用，为促进教育改革和教师发展增添些许动力。我们也期待着本丛书的出版，能够为师范院校相关学科的教学与研究提供更为丰富的素材，从而推动教师教育质量的不断提升。

编委会

二〇一三年一月

目录

第一章　学校教育科学研究的基本原理

第一节　教育科学研究的特点

一、科学研究的特征

科学是人们对客观事物及其运动变化规律的理性认识，表现为系统化的知识体系。

科学的认识与非科学的认识有本质区别。首先，科学是一种真理性的认识，其认识成果是不以人的意志为转移的客观内容；非科学的认识多为主观的，不能正确反映客观现实。其次，科学是一种系统性的认识。科学的认识有一定的前提条件（根据认识活动的规律）、精确的论证过程（需要一定的方法与手段）、正确的认识结论；非科学的认识多为零散的、不完整的。最后，科学是一种精确性的认识，其认识的获得依赖于严密的逻辑思维和数学工具的应用；非科学的认识一般不运用数学工具，也不保证逻辑严密。

研究是人们探求事物真相、性质或规律，以便发现新的事物、获得新信息的活动。科学研究是人们在科学理论的指导下，采用一定的方法，遵循一定的规范，探求事物的性质和规律，以便发现新事物、获得新知识的活动。

科学研究的目的主要有三点：解释、预测、控制。解释事物需要有关事物的实证知识，而科学正是提供了这种知识；根据科学知识，经由逻辑推论或数学演算，便可导出种种预测；超越解释的是预测，而超越预测的则是控制，即操纵某一事物的决定因素或条件，以使事物产生预期的改变。开展预测是先要知道某事项决定因素或条件的情形，进而预测该事项可能出现的情形。控制则是先要操纵某一事项的决定因素或条件，从而产生控制者所希望获得的后果。可见，能作良好预测的科学知识或理论，往往也是从事控制工作的良好依据。

科学理论的指导、方法的选用、规范的遵循是科学研究的条件，探求事物的本质与规律是科学活动的实质内容，发现事实、获得新知识是科学研究的目的与结果。

科学研究活动作为人类探索事物本质的一种创造性活动，与人类其他的活动相比，具有以下几个方面的特征。

1. 问题性

科学研究作为人类特有的实践，是一种有目的的行为过程。每一项科学研究，总是由前人尚未解决的问题所引起，其研究思路与措施又总是围绕着如何解决这个问题展开的。

2. 创造性

科学研究是以求新为目的的人类实践，需要发现新事实、获得新知识、寻找新途径、解决新问题。理论上来说，是要向人类提供首创的有价值的精神产品。求新不能因循守旧，必须在解决问题的角度、方法、材料或结论上有所创新。

3. 继承性

社会的发展与进步总是建立在前人创造的基础上。科学研究作为一种认识活动，也不是凭空产生的，它也需要充分继承前人和他人的认识成果，在前人和他人已经达到的认识水平上继续探索、开拓创新。

4. 规范性

为使科学研究达到预期目的，准确有效地揭示研究对象运动变化的客观规律，要求研究者在研究的过程中必须按照科学认识的客观规律来开展研究。研究活动必须遵循一定的行为规范，才能尽可能排除无关因素的干扰，提高研究的客观性、科学性水平，获得可靠的结论。

二、教育科学研究的特点

教育科学研究是人们依据科学的理论，采用系统、科学的方法，遵循一定的程序来研究教育问题，以期获得有关教育行为的法则性知识的理性认识活动。教育研究的核心是揭示教育规律，目的在于调控人们的教育行为，使人们能理性地从事教育活动以提高教育活动的功效。

教育科学研究由三个基本要素组成：研究对象，科学理论，方法与技术。研究对象是形成科学理论的基础；形成科学理论是教育研究的核心；科学的方法与技术是实现教育研究目的的手段。新的研究方法的发展，促进了新的研究问题的提出，而研究这些新的问题反过来又促进了研究方法的改进。

教育科学研究作为教育领域的科学研究活动，除具有一般科学研究的特征外，还有它区别于自然科学、思维科学的独特特点。

（一）教育科学研究具有很强的综合性和整体性

教育是一个系统工程，教育问题涉及方方面面的因素。来自社会、经济、家庭和学生自身的因素都会影响教育现象的发生与发展。在考虑一个教育问题时，不仅要考虑教育内部的因素，还必须考虑可能影响该问题的外部因素。

教育是一种人文的活动，对人的任何分割都将会背叛分割的目的。人有物质性，更有精神性。从物质性角度看，人及其活动可以分解，从分解的每块的特征、规律等来反观人的特征、规律。人更重要的是人的精神性，而精神性具有不可分解、不可约性，精神性是人的一种整体性表现。同样，教育活动也具有物质性和精神性。物质性可以分解，例如对有形知识的掌握可以进行考试，但教育的精神性无法分解①。

教育研究既不像自然科学那样，以说明外在于人的事物是什么为直接任务，也不像精神科学那样说明我的状态、变化、性质为什么会如此。它以人类自己所创造、从事的活动为研究对象，既有事由与事态、结构与过程、目标与结果等一系列与事情本身直接相关方面的研究，也有如何提高活动的合理性、效率、质量与水平等方面的研究。它是一种既要说明是什么，又要解释为什么，还要讲出如何做的研究，包含事实、价值和行为三大方面，呈现过去、现在、未来三大时态，涉及主体与对象、工具与方法等

① 程广文.教育研究：走向复杂[J].教育研究，2008（7）：33.

多方面的错综复杂的关系。

(二)研究活动具有较长的周期性

教育是培养人的活动,培养人的活动是一个长期的过程。教育效果不能立竿见影,具有滞后性。教育研究的对象是人,对人的研究需要从外在的表现去认识和分析其内心的活动,从学生行为的变化来认识其心理上的变化。因此在研究过程中,需要有周密的设计、认真的观察与分析,才有可能收到预期的效果。教育研究历史上,研究周期最长的研究是由美国心理学家推孟等人所进行的一项对超常智力儿童发展状况的研究。从1921年开始,推孟等人运用系统的追踪观察方法,研究智力超常儿童的成长情况。1921—1923年,选择了1 528名智商超过130的中小学生,其中男生857人,女生671人。对这些人都作了学校调查和家庭访问,详细询问和了解教师、家长对他们智力的评价,还对三分之一的学生作了体格检查。1928年,他又重访这些学生所在的学校和家庭,了解他们进入青少年时期以后的智力发展和性格变化情况。1936年,这些研究对象都已长大成人,各自走上了不同的工作岗位。推孟继续采用通信随访的方式,掌握他们的情况。1940年,他邀请部分研究对象到斯坦福大学座谈,并且作了一次心理测验。此后直到1959年去世,他每隔5年坚持作一次通信调查。推孟去世后,美国心理学家西尔斯等人继续进行这项研究。1960年,这些研究对象平均年龄已经达49岁,西尔斯作了一次通信调查,人数是原先的80%。1972年,他再次进行了通信随访,被调查人数还保持了原先的67%。这时,他们的年龄已经超过了60岁。研究结果表明,智力与成就有一定的联系,但不是完全相等的关系。早期智力超常不能保证成年以后才能出众、卓有建树。有才能、有成就的人并不都是老师和家长认为十分聪明的人,而是那些常年锲而不舍、精益求精的人。对男性被调查者中成就最大的20%与成就最小的20%进行了比较,发现这两组人最明显的差别并不在于智力的高低,而在于个性品质的不同。成就最大的这一组所具备的个性品质,如谨慎、进取心、自信心、不屈不挠、坚定性等,明显地高于成就最小的那一组。研究说明,个性品质与一个人的成就有着密切的关系[①]。

(三)研究问题具有很强的针对性与实践性

许多教育研究的问题都是对现实的教育问题的探索与思考,针对现实教育问题提出研究方案,解决具体问题。在教育实践中发现问题、解决问题,在解决问题的实践中总结规律、丰富理论,是教育研究的一个重要途径。事实上,教育研究的重点在于探索培养人的规律,但真正有价值的规律还是来自教育实践,中国特色的教育理论只能来自中国的教育实践,而不是仅靠引进和移植。教育研究需要理论上的思辨,更需要实践中的探索。

(四)研究主体的复合性

教育科学研究并不是只有教育专家才能完成。第一线教师有许多默默无闻的"教育家",他们在用自己的行动实践着某种教育理论,同时也在创造着新的教育理论。教师也只有在积极参与教育研究的过程中,才能真正清楚认识教育规律,自觉运用教育研究的成果指导自己的教育实践。只有双方密切配合,才能真正完成教育研究。

(五)研究必须遵守伦理道德性

与自然科学研究不同,教育科学研究必须遵循伦理性原则,任何教育研究都不能对研究对象的身心健康发展有任何消极影响。

对于教育科学研究的特点,也有研究者认为,它既具有科学性特征,又具有人文性特征[②]。

教育研究首先是一种客观存在,有其自身的逻辑和规律,有一定的客观依据和客观制约性,有一定的外在规范,不可能随心所欲和想当然。教育活动的诸多关系中,很大程度上都存在着一种必然性。如教育与社会发展的关系,教育与人的发展的关系以及两者之间的关系均有一种必然的联系。教育活动无论怎样千差万别,总会存在着诸多普遍性和共同

①刘大椿.科学活动论·互补方法论[M].桂林:广西师范大学出版社,2002:216-217.

②扈中平.教育研究必须坚持科学人文主义的方法论[J].教育研究,2003(3):14-17.

性。教育家所概括的许多教育、教学原则，均具有较强的普遍性、共同性和普适性。否则，不同历史时期的教育就不可能有什么继承性，不同性质和不同类型的教育之间就不可能有什么借鉴和对话。鉴于此，教育研究具有一定的科学性特征。

同时，教育研究又具有人文性特征。因为人的兴趣、需要、爱好、能动性、情感、情绪、性格、意志等主观因素，不仅强烈地制约、影响着教育活动，而且本身就是教育活动的构成要素；同时，教育是培养人的活动，在教育活动中，不仅要进行事实判断，而且必须进行价值判断，并最终实现某种教育价值，赋予人的培养以一定的价值意义。如什么是人才，什么是教育公平，不同价值立场的主体可能会做出不同的价值判断。另外，教育研究的结果难于得到严格的重复验证。可重复性是衡量一种活动是否具有科学性和科学性强弱的重要标准。教育活动几乎是不可能完全重复的，因为人们不可能完全重复他人乃至自己先前教育活动的所有主客观条件，如教育的情境、师生的交流、教育资源以及人的情感、情绪、需要、价值等教育要素。教育活动千差万别，具有强烈的个别性。不同历史时期、不同国家、不同地区、不同学校、不同班级、不同主客体的教育活动都是不相同的。教育活动是培养人的活动，而人是世界上最复杂的存在物，世界上没有完全相同的两个人，个体的人总是处于不断发展变化之中。影响教育活动的内外因素极其复杂，教育中的各种关系以及关系之间往往是模糊和多变的，教育活动中的许多要素往往难以琢磨和把握。

第二节　教育科学研究的对象

一、对教育科学研究对象的不同认识

关于教育科学的研究对象，教育理论界有一些不同的看法与认识。目前，大致有以下几种不同的观点①。

① 钟以俊，龙文祥. 教育科学研究方法[M].合肥：安徽大学出版社，1997：2-6.

(一)教育现象与事实

我国一般的教育学教科书都将教育学定义为“研究教育现象及其规律的科学”。上海辞书出版社第六版《辞海》认为，教育学是“研究教育活动及其规律的一门社会科学”。但教育现象本身不会自动成为教育研究的对象，只有当人们对他们关注的有探索价值的教育现象发生疑问时，该教育现象才构成了研究的对象。这种观点也排斥了已经存在的各种教育理论，理论本身也是教育研究的重要对象。

(二)教育事实与教育情境

认为教育科学就是对教育情境的研究，包括解释和识别教育事实，并对这些教育事实进行严密的科学分析。事实上，教育事实就是发生在教育情境中的教育行为，两者并提不太适合。某一学科的研究者所针对的实际领域，同时也是其他学科研究者涉及的领域，如教育实践与教育理论，同时也是心理学、社会学等多种学科指向的领域。

(三)教育存在

教育存在包括实践形态的教育存在与理论形态的教育存在。叶澜教授指出，教育研究的对象有三种存在：活动型存在——直接的基本的教育活动，观念型存在——活动中逐渐形成的意见、认识和思想等，反思型存在——对教育研究活动及教育学科本身发展问题的研究产物。实际上，理论形态与实践形态是源与流的关系，实践——源，理论——流，两者的交互作用也应该是教育科学研究的组成部分。国外有学者指出，研究者的活动所针对的实际领域是该研究的客体，而研究主体与客体之间的中间环节才是该研究的对象。客体与对象不是同一回事。存在、事实、现象等均为客体，对象包含其中，并不是全部。

(四)教育问题

教育问题是指人们实际教育活动结果与教育活动开始前预期的结果之间的差距与矛盾。

以问题作为研究对象，逻辑上不存在问题，但在实际方面却存在着一些问题，即如何区分教育问题与非教育问题。从科学研究的基本特征——“问题性”来看，将教育问题作为教育研究的对象对于中小学教师来说，更具有直接指向性。

二、教育问题及其性质

（一）教育问题的涵义

教育问题以及研究者探究教育问题特有的学科角度、研究指向或侧重点，是教育研究区别于其他研究的特征所在。教育问题是没有现成答案的，不能在教科书等参考资料中及其他处直接获得答案。

教育问题作为教育科研的对象源于20世纪30年代卡尔·波普尔的科学发展四段图式：$P_1 \rightarrow TT \rightarrow EE \rightarrow P_2$（$P_1$代表一个问题，$TT$指提出试探性理论，$EE$指排除错误，$P_2$代表一个新的问题）。他认为科学始于问题，理论是为了解决问题而提出的，而观察所得的事实的陈述与确定都必须借助于理论，所以理论、观察都不是科学的起点，只有问题才是科学的起点。问题出现后，科学家需要提出各种试探性理论解决问题，这里的试探性理论不是从过去积累的经验材料中概括出来，而是大胆猜想的产物，在各种试探性理论提出后，这些试探性理论就要接受严格的批判和检验，即寻找各种反例进行反驳与证伪。被经验证伪后，又产生了新的问题，如此又从新问题到新理论，以至新理论再被证伪。科学就是如此的从旧问题到新问题的发展，其实质就是科学家发现问题和从事解答问题的活动。

从研究活动的一个周期看，教育问题是以发现问题和提出问题为起点，以解决问题并提出新问题为终点的一种理性的探索过程。问题贯穿始终且引起主客体之间的相互作用。所以，问题是联结主客体的中间环节，特定性质的问题是特定学科的研究对象。

对教育问题的意义通常有三个方面的理解：

（1）问题是指人们实际观察到的，认为有些不正常的教育现象。如学生的学习负担过重，超出了学生的正常承受能力，就是一个不正常的现象，人们就认为这是一个教育问题。

(2)问题是指某事物从性质上讲与教育密切相关,教育对该事物的产生与出现负有某种责任。如青少年犯罪问题,不仅仅是一个社会问题,而且在很大程度上是一个教育问题。

(3)问题是指一个有待澄清的困惑,有待解决的疑难,并采用提问的形式予以表达的问题。例如,导致中小学生课业负担过重的原因是什么？即为此类的问题[①]。

教育研究的问题可以归结为三种类型:描述性问题——正在发生什么;因果性问题——是否有系统性的作用;过程性或机制性问题——为什么会发生或怎么发生的[②]。

1. 描述性问题

这种类型的研究可以对一些问题做出可推广的描述,但为使研究结果可信,通常需要在目标总体中做随机抽样,选择研究对象。如果每个观察单位都有均等的机会被抽取,研究者就可以通过统计技术和理论对所关注的总体进行推测。

描述性问题研究可以描述简单的关系,如学生的数学成绩和他们的教师所学专业之间的关系,但这种关系并不意味着因果关系;这种研究还可以描述局部教育环境(类似于个案研究),研究者有时候感兴趣的是发生在某个特定机构、群体或环境的具体细节,而不是中心趋势的分布,此时,有目的地选择某一特定群体或地点取得第一手的、深入的信息,比随机取样的做法更有效。这种科学描述可以形成对重点群体或场所的系统观察,其发现的规律有可能推广到未来其他类似的群体或场所。一个有严格科学性的个案研究和任何其他方法一样,在设计上要能回答所提出的研究问题。亦即研究者在选择场所、事件、参与对象、时间时心中要有明确的研究目的,并清楚自己的期望和偏见。所搜集的数据通常应有不同的来源,运用不同的方法,并由其他研究者所证实。不仅如此,对个案的叙述要利用原始证据并提供足够的细节,从而使读者能够判断结论的效度。

①杨小微.教育研究的原理与方法[M].上海:华东师范大学出版社,2002:11.

②(美)理查德·沙沃森,丽萨·汤.教育的科学研究[M].曹晓南,程宝燕,刘莉萍,译.北京:教育科学出版社,2006:93-110.

这种研究的结果也可以作为发展新理论、进行新实验或改善影响推广程度的调查项目的基础。虽然这种有目的地选择样本可能无法科学地推广到其他地点或群体，但其生动的描述通常很吸引实践者。这种研究的优点是它们能够为地方的决策者提供在其教育环境中可能成功的想法或策略，其缺点是除非与其他方法相结合，它们不能够预估一个教育方法在其他条件下成功的可能性，也不能断言它们找到了真正的、根本的因果关系。

因此使用多种研究方法，把考察总体特征的定量研究和考察局部环境的定性研究结合起来，可以极大地加强研究设计的科学性。

2. 因果性问题研究

这种研究是旨在发现系统性的作用的研究。从根本上来说，该类研究是试图确立一个因果关系。对因果关系的探寻不能在真空中进行，最好是已经有稳固的理论基础和广泛的描述性信息来为理解因果关系奠定知识基础。要确定因果关系，必须满足一定的条件，首先要确认变量间的相关关系，其次要证实时间顺序，最后也是最重要的，是所有当前可设想到的、针对所观察到的关系的相反解释都被“排除”，而要做到这一点，就必须采取一定的控制手段。

3. 机制性问题

在许多情况下，发现某个原因(X)导致了一个结果(Y)还不够，因为解释X如何导致了Y的这一重要问题还未得到解答。要回答事情是如何进行的，就需要注意产生效果的过程和机制。只有将内在机制搞清楚，才能够准确理解是什么根本性因素在起作用，才能够提高将这些机制应用于不同时间、不同地点和不同环境的能力。

（二）教育问题的性质

1. 永恒性

教育问题与人类的教育活动相伴随，与每个特定的教育者相伴随。只要有教育活动存在，就会有教育问题存在。人类自有了教育活动以来，就产生了“怎样教育”的问题。人们在实际的教育实践中，会遇到各种疑难和障碍，这些疑难和障碍促使人们进行思考。中小学教师每天都会遇到各种各样的教育问题，促使他们去思考并寻求各种手段予以解决①。但日常教育实践中的很多问题是看不见的，一方面是因为大部分中小学教师认为通常的教育教学工作太平凡，另一方面是因为他们不太愿意正视日常教育教学活动中的矛盾，也没有意识到我们的言行举止、日常的教育教学工作都是有规律的。

2. 复杂性

世界上最复杂的是人，有人在场的人文现象异常复杂。教育是培养人的活动，因此教育活动的任何问题都将是复杂的。任何一个教育问题的提出与解决都被纠结在复杂的因素之中，受到很多其他因素的影响与制约，例如社会形态影响到一个国家对造就新人的期待，经济实力影响到教育普及水平与教育机会和层次是否均等，政治制度影响到具体教育内容的实施等。

教育现象是一种复杂的社会人文现象。首先，教育活动是人创设、发展和参与的过程，教育研究所要解决的问题不全是事实问题，也包括许多诸如生命的意义、尊严等价值问题。教育活动不同于物质生产活动，在整个教育活动中，教育者和被教育者进行的是思想交流和精神沟通，以达到使受教育者身心发生变化的目的。因此教育活动具有价值意义，其活动主体，无论是教师还是学生均是价值负荷体，而且还交织于更大的社会文化历史的价值体系之中。其次，作为社会人文现象，教育现象包含着人类的历史经验，也包含着教育者、受教育者的个体经验。这就决定了教育研究不可能像自然科学研究那样，单用精确的数字化语言对教育现象进行描述和逻辑分析。最后，人类教育的出现源于社会实践需要，教育活动属于人类实践的一部分，所以教育研究还要受到人类实践的复杂性和多样性的限制。

教育系统具有复杂性系统的特点。复杂性的表现形式是该系统的“松散结构”性质，即原因与结果之间、手段与目标之间的关系不是简单的线性关系，存在着一因多果、多因一果或互为因果的关系。教育系统的复杂性还与教育系统的人文性质有关，教育系统的服务对象是人，人是不宜作为任何改革的实验对象的，从系统整体优化角度考虑改进系统性能，如

①钟以俊，龙文祥.教育科学研究方法[M].合肥：安徽大学出版社，1997：10.

果以牺牲即使是少数人的“利益”为代价也是不被社会伦理标准所认可的。

教育事业的中心是人,包括学生、教师、父母、公民和决策者。这些人的个人意愿往往降低了教育研究者对研究过程的控制力。例如有时候研究对象无法被随机地分配到不同的实验组里,因为他们不同意让自己或自己的子女为了实验而受到“控制”。这种情况可能带来一些与研究规定不相符的问题,或者出现搜集数据不全的问题。譬如绝大部分父母都把子女的利益挂在心头,他们看重的和需要的东西可能与研究的利益和需求有冲突。

因此,无论是提出一个问题,试图理清其线索,还是解决一个问题,试图作归因分析,我们都应以复杂的眼光、复杂的头脑,去观察、去思考。

3. 层次性

教育问题虽然复杂,但并非混乱无序,还是具有一定的层次和适用范围的。

(1)根据问题涉及的领域来分,有全局性的问题与局部性的问题。所谓全局性的问题,是指带有普遍性的问题,是每一个特定情境中的教育工作者在从事教育工作时都要考虑的问题。例如培养能力与掌握知识的关系问题就是全局性的问题。所谓局部性的问题,是指某些特定情境中的教育工作者在从事教育工作时才会碰到的问题。例如贫困山区学前教育发展对策问题,即是一个局部性的问题。当然,从局部着眼是要以全局着眼为前提的。

(2)根据解决问题的指向目的来分,有理论层次的问题与实践层次的问题。理论层次的问题,研究的主要目的是获得新知识,发展完善教育学科体系。如教育起源、教育本质、教育功能等问题就属于理论层次的问题。实践层次的问题,其研究目的在于改进教育实践,促进教育效能的提高。如教师评价、教法改革、考试改革等问题均属于实践层次的问题。

(3)根据问题涉及的范围来分,有宏观层次的问题与微观层次的问题。宏观层次的问题,涉及教育体制、结构的改革,教育思想的更新,办学思想的转换,现代管理方法的探索等。宏观层次的问题是主导性问题。微观层次的问题,涉及具体的教学操作方法的改革或具体问题的解决,如寻找克服困难的方法、提高教学的效益等。微观层次的问题是基础性问题。

4. 人为性

很多时候,针对同样的现象,不同流派的研究者,可能形成完全不同的研究问题,并且使用的研究方法不同。同一种教育行为、教育事实,不同情境中的人会提出不同的看法与观点。教育问题的人为性是由教育者所期望的教育状态决定的。由于教育观、研究观的不同,研究者心中就装着不同的教育景象。同一件教育事件,两名研究者因对其意义的感受存在差别,他们运用精确性的语言描述教育存在的状况是不一样的。如教育史学的挖掘尽管存在限度,史实也不会改变,但研究者对教育历史的再整理永远不会停止,同一历史事实,在不同的历史观、历史理论体系里,其意义是不相同的。这里起决定作用的,是研究者的教育观、研究观,更深层次的是他的世界观与人生观。如提高教育质量,不同时期、不同情境、不同身份的人会提出不同的质量标准。

5. 整合性

教育研究中,研究者所着手剖析的任何一个问题,都很难将其简单地归于理论问题还是实践问题、历史问题还是现实问题。如以升学率为基本导向的应试教育改造问题,既涉及教育目的、教育价值、教育思想等一系列理论问题,又涉及教育内容、教育方法、教育技术等诸多实践问题,并且片面追求升学率,既有历史文化的积淀,又受制于现实社会条件诸多因素。当前的教育改革研究越来越倾向于学者、教师、行政人员三方面的协作研究,倾向于多学科专家共同参与,这正是教育问题整合性特征的反映。

6. 二难性

教育研究的历史与现实中,仍然存在着大量悬而未决的二难问题,限于社会历史条件和人们的认识程度。人们对二难问题的研究策略,往往是在某些时期或某种条件下侧重或突出某一方面,而又在某一时期或某种条件下侧重或突出另一方面,于是导致不断有人把“深刻”推向“片面”,而后又有人矫正、矫枉过正,最后一次又一次地在更高层次的意义上谋求互补。如社会本位与个人本位、兴趣与努力、自由与纪律、减负与提高教育质量、大众教育与英才教育等。

第三节　教育研究的效度

一、效度的概念

无论哪种研究形式，不管研究指向哪个目标，作为研究者总是期望研究是有效的，即希望它是基于事实或证据，是“能够被证明的”。

效度是指教育研究的结果反映研究对象情况的真实程度，分为内在效度与外在效度两种。内在效度是指研究结果能被明确解释的程度，它反映了研究结果所达到的科学性程度。外在效度是指研究结果能够被推广到其他总体条件、时间和背景中的程度。

效度是研究设计必须考虑的问题。效度只是程度上的问题，不会全有或全无。内在效度是研究设计的基本要求，是研究质量的根本保证，是外在效度的先决条件。如一个研究本身不科学、不精确，内在效度很低，即使它再容易推广，也不能正确解释问题现象，不可能有什么实际意义。通常，内在效度越充分，结果的可推广度越大，研究也就越有价值。

内在效度的目的在于排除另类的解释，使研究变量关系纯化、凸现，能经得起重复、验证。唯有如此，最终的研究结果才能被大家所接受。研究设计时，研究者应该确定自己研究的内在效度，在确保研究最基本的内在效度的基础上，考虑研究的外在效度，即在保证研究科学性的前提下，考虑研究的可推广性。

二、影响效度的因素

（一）从内在效度与外在效度两方面来看

1. 影响内在效度的因素

（1）研究对象的特征。研究对象的选择可能会在无意之中导致对象个体的差异，而这种差异恰好与所要研究的变量有关。

（2）研究对象的缺失。由于多种原因，一些研究对象可能会退出研究，导致组间平衡破坏，同时限制了研究的可推广性，还会引入偏差。

(3)研究场所。在实验研究中,实验组与控制组的教室状况、设备等之间差别会引起被研究者的不同反应。实施测验、访谈或其他工具的地点不同也可以引起被研究者的不同反应。这些差异会为结果提供其他的解释。

(4)研究工具的使用。包括工具的耗损、数据搜集者的特征及偏见等。

(5)测验。即前后测之间的交互作用。

(6)个人经历。研究过程中发生的未曾预料的和计划之外的事件可能会影响到被研究者的反应。

(7)成熟。研究过程中,被研究者生理、心理方面发生的变化可能对研究结果产生影响。

(8)被研究者的态度。如"霍桑效应""约翰·亨利效应""自暴自弃"等。

(9)回归。某组研究对象干预前测量成绩特别高或特别低,当再次测量时,其成绩的平均将向总体的平均分数接近。

(10)操作。研究过程中所采用的处理方法不一定是研究所必需的,但却在某方面有利于研究对象。

2. 影响外在效度的因素

(1)测验的相互影响。事前测验与实验处理互相影响。

(2)抽样和实验处理中的偏向。

(3)实验安排的反作用。研究对象知道要采用实验而且对此感到兴奋。

(4)多重处理的干扰。一个研究对象接受两项或以上的处理会产生一种后遗效应,如练习效应或疲劳效应等。

(二)从研究的基本过程来看

1. 设计阶段

(1)概念界定的清晰程度。如概念的内涵与外延是否清晰、是否具有可操作性。

(2)取样的代表性。是否采用合理的抽样技术,取样是否有偏差等。

2. 实施阶段

(1)对无关因素的控制程度。教育现象涉及的因素很多,研究者在一项研究中只能选择一部分因素进行研究,其余与研究目的无关的因素仍有可能影响研究结果,研究者在研究中要考虑如何控制这些无关因素。

(2)研究过程中的偶然因素。因为中小学教师所进行的研究,绝大多数是直面教育现实,复杂的教育现实活动中通常会出现种种偶然因素。

(3)测验或调查之间的影响。前测对后测的影响,如练习效应或疲劳效应等。

(4)研究过程中的副效应。研究过程中,研究者与被研究者都有可能产生一些主观反应,从而影响到研究结果。如“霍桑效应”“约翰·亨利效应”与“皮格马利翁效应”等。

3. 资料的搜集

(1)资料来源是否直接。如果不是第一手资料,这些资料有可能在传递过程中失真。

(2)观察不清或语言障碍而产生误解。在观察研究对象时,可能因为环境影响或研究者自身的一些因素,导致看得不清、听得不准等影响到所获资料的准确性。

(3)研究资料的一致性程度。如多名研究者同时搜集的资料的一致性,同一研究者在不同时间搜集资料的一致性等。

4. 资料的处理

(1)原始数据的可靠性。即使是运用权威的标准化的调查工具,也有可能因为被调查者随意答卷或猜测而产生一些不准确的数据资料。

(2)统计分析工具的适用性。各种统计分析方法都有特定的理论即假设与使用条件,只有满足这些要求才能运用这些统计分析方法对资料进行处理,否则会导致不恰当甚至错误的研究结果。

通常,定量研究可通过控制干扰变量来提高内在效度;定性研究可通过以自己为研究工具来关注和理解研究对象对其所在的自然情境及其中各种事物的认识。研究结果反映研究对象的种种体验和认识,反映情境中各种事物的意义方面所具有的真实程度。

研究结论概化时,一定要清楚研究所处的环境条件或情境的本质,这些条件的所有主要性质要与想要将结论推广到新环境的主要性质一致。通常可通过抽取有一定代表性的样本使研究成果能说明同类情境中的教育现象,使其在更广泛范围内产生相似的作用。

三、教育科学研究的四种水平

(一)直觉观察水平(资料搜集水平)

这是经验性水平,带有较大的尝试性,属于搜集事实材料形成经验知识水平。主要了解"发生了什么事情",这些事情是应该发生还是不应该发生?存在什么问题?这些问题的性质如何?例如,"中小学生的课业负担如何,每天用于课业学习所用的时间是多少"就属于直觉观察层次的研究水平。教师每天都可能进行该水平的研究,关键是是否有意识、自觉地去观察和搜集信息,并从中发现存在的问题。

该水平研究的功效在很大程度上取决于用于测量和观察的工具的使用,通常所使用的研究工具需要经历多年才能够日臻完善,在效度、信度等方面达到一定的要求。

(二)探究原因水平(内在效度水平)

在这一水平的研究,回答的问题是"为什么会发生这种现象",寻找产生教育问题的内在原因,并探求解决的办法,即搞清楚"什么原因导致出现这样的问题""能否想办法解决这个问题""怎样改变现有的状况"。例如,"导致中小学生课业负担过重的原因是什么,如何改变这种不正常的状况"这类问题的研究,即处于该研究水平层次。

(三)迁移推广水平(外在效度水平)

教育研究的结果能较好地推广应用到同一总体中的不同环境条件,甚至是不同总体的不同环境条件。研究有较科学的实施方案,具有可操作性,对研究条件有明确的规定,有较好的外在效度。在这一水平上要回答的问题是"在不同条件下将会发生同样的现象吗"。

(四)理论研究水平

通过教育研究形成较完善的理论体系,解释和预示教育发展的客观规律。这一水平要回答的问题是"研究中有哪些潜在的基础理论和原则"。这是把上述研究结果与一定的理论联系起来,概括出以这些研究为依据的理论模型或原理,用这些原理可以指导更广泛的教育实践。

这一水平的研究具有科学发现的性质。在这一水平上的研究不仅要证实某种方法的可行性和普遍性,而且要对方法进行理论方面的阐述,为理论的研究提供依据,并进一步指导实践。美国哲学家威廉·詹姆斯指出:你即使在田野里捡石头,也需要理论。任何研究都始于问题,而问题的形成与发展在很大程度上依赖于研究者头脑里的理论思考。

理论是从客观实际中抽象出来的并在实践中经过检验的、用以解释现象之间内在联系的逻辑的命题系统。真理性、抽象性、系统性、逻辑性等是理论的基本特征。理论由一些基本要素或构造板块构成,它们是概念、变量、命题和模型。或者说,理论是一组具有逻辑联系的假设或定律,它具有逻辑与实证两种成分,是一种具有实证意义的逻辑结构。尽管在"理论是什么"或"理论应该是什么"等一些问题上人们存在分歧,但构成理论的这四个要素却是公认的。因此,理论建构是运用理论要素建立和构造理论的过程。

在教育科学研究与教育实践工作中,对待理论存在不同的态度。

第一种态度认为,教育研究的目的不是为了建立理论,而是为了解决问题。判断理论的标准不是"正确"与否而是"有用"与否。研究者无法对理论进行证实,而只能说某些理论对具体问题进行解释或说明是否"合理""有效""有解释力度"。具体地讲,理论必须有事实依据,必须与特定的使用情境相联系,抽象的理论对具体的研究没有什么意义。建立理论的目的应该是指导研究者进行研究,而不是用来吓唬人,也不是为了理论本身。如费孝通所指,我们的理论不在道破宇宙之谜,只是帮你多看见一些有用的事实,理论无非是工具。

第二种态度认为,狭隘的"实用主义"观点不可取。实际解决问题的办法受各种因素的制约,往往是一种权衡,在此之上还有实施谋略的运用。因此,研究的结果与解决问题之间还存在很大的距离,是两个完全不同的层次,属于不同的范畴。如果研究的目的不是为了建立理论,而是为了解决问题,研究者最好不要进行研究,而是去直接解决问题就行了。研究者认为,如果不能建立理论,又如何解决问题?因此,如果要处理好这两个不同范畴的问题,正确的提法应该是:研究的目的是建立理论,而建立理论的目的则是为了解决问题。

现代科学已放弃了绝对真理的观念,而将代表科学知识的理论视为暂时性的。经由持续不断的实证性研究,理论的各层假设或定律就可以直接或间接地验证,然后再根据验证的结果,保留或修改理论中的有关假设或定律,使其更为精确。科学的理论永远是在改变的,它只能逐渐逼近目标,而不能说已经达到目标[①]。

理论具有以下几点特征:

(1)理论应能解释针对一特定问题而观察得到的事实,应能够说出某些现象的所以然。科学的理论寻求一最简单的语言和形式用以解释最大限量的现象。

(2)理论应谋求与观察而得到的事实和早已确立的知识体系一致。科学理论应能够对累积而得到的事实作最有效的解说。

(3)理论应能够为验证自身的合理性提供手段。一种理论是否可被接受,视它的"效用"而定,而效用则看它预测而得到的结果是否与实证资料一致。

(4)理论应能刺激新的发现,并指出必须进一步研究的新领域。

理论具有极其重要的意义[②]。

(1)理论可赋予事实以意义,将事实置于恰当的分析角度之中。通过理论分析而产生的意义可以加深人们对这些事实的认识,帮助人们将经验世界与理性世界联系起来。一项研究的结果很快就被人们忘记了,但思想却不会被忘记。理论可以帮助我们发现依靠理论才能发现的诸多彼此分离的现象间存在着的普遍特征。

(2)理论可以作为研究导航,研究早期获得的初步理论可以为后期的

---

① 杨国枢,文崇一,吴聪贤,等.社会及行为科学研究法[M].重庆:重庆大学出版社,2006:24.

② 陈向明.质的研究方法与社会科学研究[M].北京:教育科学出版社,2000:323-324.

工作导引方向。理论、方法和资料之间存在三角互动的关系，前期通过分析资料获得的理论可以指导研究者使用更加合适的方法进行后续研究。理论同时可以帮助人们预测并控制现象。

(3)由于理论具有一定的概括性，理论可以为那些范围较狭窄的个案提供相对宽阔的视野和应用范围，而个案通常面临没有代表性的难题。

(4)理论可以帮助我们鉴别研究中存在的空白点、弱点和自相矛盾的地方，将一些学术界以前没有注意或注意不当的问题挑选出来重新进行探讨。

有研究认为，理论通过两种重要途径对研究产生影响。第一，一个概念框架、模型或理论可以帮助我们提出一个科研问题或解答某个问题。当然提出问题也可能在一个研究结束时或在研究过程中。因为研究者对问题的各方面理解是处于不断的变化中。第二，所有科学观察都带有理论性。观察什么或如何观察是由该问题的一个明确的或隐含的核心概念来驱动的，即理论指导着研究问题、研究方法和对研究结果的解释①。

在教育研究中，通常四种研究水平相互渗透与交叉。没有经验描述，要探索内在规律就失去了基础。没有内在效度的研究，本身就无价值，也就不可能具有好的外在效度，而没有外在效度的研究是毫无意义的。虽然中小学教师进行教育研究并不一定要达到很高层次的水平，但作为教育科学研究，其目的是为了揭示教育现象的本质及其规律，而本质规律的准确表述是需要运用理论形态方式的。因此，中小学教师在从事教育研究时还是要努力使自己的研究结果的水平达到理论研究层次的标准。

第四节　教育研究的一般过程

科学是一种创新性的认识活动，科学研究的过程有着十分明显的程序特征。科学活动要有效地完成认识的任务，达到研究的目的，必须按一定的顺序来开展相关的工作，由此形成研究活动的基本步骤。由有顺序的基本步骤构成的研究过程也反映了科研活动的基本规律。具备研究步

① (美)理查德·沙沃森，丽萨·汤.教育的科学研究[M].曹晓南，程宝燕，刘莉萍，译.北京：教育科学出版社，2006:58.

骤的常识，不仅帮助我们提高工作效率，并改善我们的教育教学实践，还能帮助我们用分析性的眼光，在碰到任何一项研究结果时，不盲目接受，而能提出如下疑问：根据什么获得这些结论？是否有事实依据，获得结论的方法是否客观？解释是否合适？

尽管不同的研究课题有不同的研究目的和任务，所运用的研究方法以及研究成果的表述形式各异，但总的来说，通常的教育研究包含以下五个步骤。

一、课题的选择

选题，即选定并明确阐述所要研究的问题，这是教育研究的起始环节。中小学教师可以根据教育改革的需要以及主客观条件，依靠自己的丰富的实践经验及所掌握的教育科学理论知识，发挥自己的创造性思维，构造、设想可行的研究课题。中小学教师是教育实践工作者，应主要从自己的教育实践中寻找课题，思考自己在教育、教学、管理工作中遇到的问题，然后整理、分析、提炼。从自己的教育实践中找课题，注重应用和实践，可以使教育科研见到实效，以教育教学工作带动科研工作，以科研工作促进教育教学工作，避免把科研和教育教学工作分家。由于中小学教师工作繁忙，教育教学任务繁重，不可能拿出专门时间进行很大课题的研究，因此要选择自己能够胜任的课题进行研究。

二、问题的分析

本阶段具体有三项工作：搜集信息、界定关键概念、建立研究假设。

1. 搜集信息

进行任何研究，首先要对以往的相关研究成果予以搜集，了解研究现状，即文献研究。文献研究可以使我们熟悉已经存在的相关知识，了解其他研究者做了什么、发现了什么。通过了解那些构成一个具体主题领域知识的基本事实、理论、预测和方法，帮助我们对研究中要探讨的有关概念作出准确的界定，并形成一个关于要研究的变量及其关系的清晰图景。逻辑推导可以为我们的研究假设提供一种理论基础，并在我们的研究与他人已有研究结果之间建立联系。在当今信息时代，面对海量的教育信息文献，在搜集我们研究所需要的文献信息时，要有所选择。注意搜集科学性高、可靠性强的文献。

通常可以从以下几个方面进行判别：

(1)看作者，著名专家学者及科研人员撰写的文献通常比商业、新闻界人士撰写的文献可靠。

(2)看出版机构，著名高校、权威出版机构出版的文献可靠性强。

(3)看文献类型，官方来源的文献比私人来源的文献可靠，专业机构来源的文献比社会团体来源的文献可靠。

(4)看引用率，反复被他人引用的文献可靠性强。

(5)看引文，引用的文献权威性越强，可靠性也越强。

(6)看内容，文献本身论点鲜明、论据充分、数据翔实、逻辑严谨，其可靠性强。

(7)看实践，已实际采用或被实践检验证明能达到预期效果的信息可靠性强。

(8)看密级，机密文献比公开信息可靠性强，绝密文献则更可靠些。

2. 界定关键概念

在任何一项研究中，都包含几个研究变量或关键的概念。在实际实施之前，要对这些变量或概念作出准确界定。概念的定义有抽象性定义与操作性定义之分。抽象性定义是一种理论定义，概念的抽象性定义是指从抽象的概念意义上对研究概念或变量的共同本质进行概括的定义。例如在“学生自学能力的高低对其学习成绩的影响的研究”中，自变量“自学能力”的抽象性定义可以根据“自学能力”本身的含义界定，如独立进行学习的能力等。概念的操作性定义是根据可观察、可测量、可操作的特征来界定变量的含义，通常是从具体的行为、特征、指标上对变量的操作进行描述，将抽象的概念转换成可观察、可测量、可检验的具体形式。从本质上来说，操作性定义就是详细描述研究变量的操作程序和测量指标。操作性定义在其使用的情境中是独特的，在不同的研究中，同一概念可以有不同的操作定义。通常，一个研究假设是否具有可检验性，主要看是否为研究的变量构造了操作性定义。

3. 建立研究假设

在大多数科学研究中，研究者的目的在于探讨两个或多个变量间的关系。但在实际研究之前，研究者并不知道所研究的变量关系究竟如何，于是在不得已的情形下，研究者只好提出变量关系的一种假想性陈述，即假设。

一个好的研究假设不仅要符合逻辑，还要是可以检验的，即假设必须能够使用观察予以支持或拒绝。在特定情境中，假设必须包含真实的情境、真实的事件和真实的人，如果一个假设涉及想象的事件或虚假的情境，我们就无法对之进行检验，因为这些命题无法被观察。一个好的假设也必须是可以拒绝的。科学方法需要一种客观和公开的证明，一个不可拒绝的假设，就是一个不能被证明为真或为假的假设，这对于科学研究来说是不适当的。

尽管形成假设并不始终是最主要的，但使用假设可以为我们决定采用哪些研究方法提供方向。

三、进行研究设计

研究设计是科研活动的一个极为重要的环节，只有通过系统严密的设计，才能使研究工作成为一个目标明确、方法科学的创造性活动。本阶段的主要工作是制定整个研究工作的实施计划，设计是否完善合理，关系到研究预定目标的实现、研究效率以及研究成果的可靠性和科学性。

研究设计主要考虑一些基本内容：

1. 选择研究方法

研究方法无好坏之分，只有适当与否，并不一定要追求所谓新的研究方法。应根据目的选择适当的方法，并注意多种方法的相互配合。此外，在选择研究方法时，还要考虑到研究方法在实际运用中的可行性以及研究者自身的素质与能力。

2. 确定研究对象

研究对象必须具有代表性，才能保证研究结果的可靠性。确定时，应考虑研究对象的年级、年龄、社会经济状况、性别、人数、地点、学业成绩水平等。

3. 形成研究计划

研究计划是在进行研究设计基础上对整个研究过程的全面规划，对研究的各项主要工作进行合理的安排。主要考虑的问题有：研究的目的意义、如何安排每一阶段的工作任务、用什么方法研究（如何搜集所需的资料）、研究成果的形式、研究成果的评价鉴定、研究人员的组织与分工、所需经费等。

四、实际材料的搜集、整理与分析

研究资料是指在整个研究过程中出现的与研究对象、研究内容、研究过程相关的各种信息。这些信息是分析研究状况、解释研究结果、得出研究结论、评定研究成果的基本依据。只有丰富全面的、真实可靠的事实材料，才能形成合理、正确的判断和推理。

教育研究中应特别注意搜集以下几个方面的资料：

（1）项目研究相关的理论著述及他人相近或相关的研究成果资料。

（2）课题研究方案、研究计划、开题报告、课题研究报告、研究的阶段性工作总结。

（3）研究对象与参照对象研究前、中、后的智力、能力、知识、身体、兴趣、爱好、家庭等有关情况的调查资料。

（4）研究全程中各阶段的教学设计、检测评价试卷及检测数据。

（5）研究过程中所取得的研究成果。

（6）研究过程中出现的异常情况及解决问题的办法。

（7）社会各界（专家、教师、教育行政领导、家长、学生、新闻界等）对项目研究的直接与间接评价。

对所搜集的材料进行整理与分析，是教育研究活动的实质性阶段，这个阶段往往与材料的搜集交织在一起，对于定性研究的资料尤为如此。在材料全面、客观的基础上，研究的结论是否科学和正确，完全取决于研究者对材料的整理分析能力。

对材料的整理工作主要有：对材料的审核、选择、分类、汇总统计。在整理的基础上，对材料采用定量与定性分析的方式进行分析和阐述，形成研究结论。

五、研究结论的提出、讨论与成果的表述

研究结论是在整理材料和深入思考的基础上得到的结果。结论具有高度的概括性（对材料深入思考后的提炼）与可证明性（有科学的依据与推理）。研究结论是科学研究的中心内容，科学研究的过程实质上就是围绕着原有的研究结论而展开，以做出新的结论为直接目标的创造性活动的过程，因而研究结论是科学创新的根本标志。教育科研的根本目的是为了实现知识的创新，而该目的的实现是奠基在研究结论的创新之上的。通常所说的科学创新，主要体现为科学理论的创新、科学方法的创新和科学观念的创新。这三个方面均是奠基于研究结论的创新之上，是以研究结论创新为前提、为依据、为基础的。

教育科学研究成果是指在从事教育科学研究过程中，研究者已经获得一定成绩，预计能有某种成效的结果。研究成果是对预计结论的逻辑展开，是预计过程的艺术再现，是对预计心理的真实摩描。

成果的表述应做到：形式规范、结构合理、内容充实、表达准确、注引严谨[①]。所谓形式规范，是指研究的成果要符合一定媒体或载体的传播要求。每一种形式的媒体，都是为了适应传播某一类研究成果的需要而产生、发展的。因此，每一类研究成果，也只适合某一种特定形式的媒体或载体。如果我们的研究选择了某个特定的传播媒体，在对研究结果进行表述时，就要严格按照这种媒体的要求规范，否则，其研究成果就不能够被该媒体所接受，当然也就谈不上成果的公开发表了。所谓结构合理，是指研究成果的形式遵循一定的逻辑顺序，结构严密。内容充实要求研究结论的逻辑展开与相关事实存在内在关联，并能深刻挖掘相关事实的丰富内涵。表达准确要求研究成果的表述能够使用科学的文字语言，做到真实性与准确性，语言表达实事求是，准确无误；强调措词干净利落，富于启发，没有模棱两可、含糊不清的语言；同时语言具有生动性与形象性，对一些事实的描述，给人以一种身临其境的感觉。研究结论是研究者的水平问题，而注引严谨与否则是研究者的态度问题。在注引方面，要一丝不苟，印证引用的资料一定要从尊重他人劳动成果，尊重知识产权，将资料

① 喻立森.教育科学研究通论[M].福州：福建教育出版社，2001：255-263.

来源一一注明，作出注释，并特别注意引号的使用。成果表述中，凡是“有人认为”“有人说”“据有关资料显示”“根据某某的有关规定”等均要有注释。即使只是借用了他人的观点或是受到某观点的启发，也要附加说明，以体现研究者高尚的道德品质与学术修养。

参考资料：

研究论文的一般结构

一、论文题目

论文的题目要简明，精确表达论文所包含的内容。题目尽可能用陈述句表述，如果有比较系统的研究（如调查研究与实验研究），最好能够在题目中将“调查”或“实验研究”等词语在题目中反映出来。论文的题目忌冗长、不达意、包含内容过多、缺乏新意等。最难堪的是题目中竟然有错别字。

二、摘　要

比较有影响的期刊通常都要求有论文的摘要。摘要是一篇文章的精华中的精华，审稿专家和读者是一定首先阅读的，它直接决定着读者是否有兴趣读下去。摘要应以高度概括、简练的语言扼要地介绍论文或研究报告的主要内容，文字应清晰，长度以不超过300字为宜。在摘要中，一定要包括为什么要做这项研究（意义）？怎么做的（方法）？获得了哪些重要结果？得出了哪些重要的结论？这些结果或结论对所在领域有哪些贡献？应用价值如何？要突出结果和结论的新，条理要清楚，描述简练、准确，前后有逻辑性，主要结果和结论明确、清晰。千万不要有错别字，标点符号也要认真核查。

三、关键词

所选择的关键词要能够准确反映研究论文的内容和主题，通常以名词为主，3~5个左右为宜。

四、正　文

这是文章的主要部分，要注意表述的逻辑性与层次性。做到形式规范、结构合理、内容充实、表达准确。特别是一些实证研究的结果最好能够用统计图表的形式反映。

五、注释与参考资料

这部分往往也容易出问题，主要是由于不细心导致的。首先，论文引用的文献，在参考文献部分一定要列出来；反之，参考文献中列出的每篇文献，必须都是文内引用的。前后一定要一致。参考文献的引用要精，不是越多越好。另外，千万不要出现作者姓名错误、刊物名称错误、页码错误等。

六、附　录

有些因篇幅过长不宜在正文中列出、有必要让读者了解的资料可放在附录中，如问卷、测验题目等。

第五节　教育科学研究的类型

一、根据研究目的划分

教育研究是关于事理的研究，是探究人所做事情的行事依据、有效性、合理性的研究。作为行事依据的研究可称作基本理论研究或基础研究，作为有效性和合理性的研究可称作应用研究，这种分类是由科学研究的目的所决定的。科学研究的目的归结起来不外乎两个方面：为知识的、为满足求知欲而做的研究即为基础研究；为实用的、为寻求提高工作效率而做的研究即为应用研究。因目的不同，促使学术界重视基础研究，社会实践人才重视应用研究。

基础研究的主要目的首先在于探索和创新知识、发展和完善理论；其次通过研究方法论的进步间接推动应用研究的进步。通过研究寻找新的事实，阐明新的理论或重新评价原有理论，回答“为什么”之类的问题。基础研究往往与建立教育科学的一般原理有关，如教育自身的发展规律，教育对文化的选择和改造作用，教育对个体发展的影响等。基础研究强调理论上的创造性与现实性，即针对现实存在的问题或发展方向作有价值的理论探索，并在学科建设和应用方面产生作用。应用基础研究的方法论，研究者可以在教育环境中验证组织理论以形成教育管理决策的基本原理，也可以验证学习理论、认知发展、创造性和其他教学原理。基础研究的成果往往能拓展一些新的知识领域，并可以在比较大的范围内应用，有些成果可能暂时得不到应用，但从长远的观点来看，在理论上和实践上都是有价值的。

教育科学的基础研究同实践的关系不太直接，它不以某个具体的实际问题为研究对象，而是对学科领域内的重大理论问题（基本问题或核心问题）作出解释，研究成果主要是某种科学发现、某种理论的建立和发展，这就决定了基础研究不能直接同经济效益挂钩[①]。

应用研究的主要目的在于应用基础研究的成果或有关理论解决教育实际问题，其研究成果直接为教育改革实践服务。它回答的是“是什么”之类的问题，如“学生学业负担过重问题研究”“学生行为习惯的培养研究”等。在某种程度上，可以鉴别理论的创造性和可能具有的实践价值。应用研究的内容比较具体，并且在研究中需要把有关的理论与教育改革的实践紧密结合，解决当前教育改革中的重要问题。实际上，有成效的应用研究在理论和实践上都是有意义的。

基础研究与应用研究的划分是相对的，常常相互补充。基础研究提供解决实际教育问题的理论，应用研究提供事实材料去支持和完善教育理论，有助于一般原理的扩展以及促进新理论的产生。如果应用研究只限于解决当前的具体问题，而不企图从基础研究的角度探究其基本原理，可能只限于解决某些局部问题，而影响到研究成果的广泛应用。

二、根据一般方法论划分

美国学者克莱斯万认为：定量研究是用数字与量度来描述现象而不是用语言文字；定性研究是用文字来描述现象而不是用数字与量度。因此，根据一般方法论将教育研究类型分为定量研究与定性研究。

（一）定量研究

定量研究属于“科学主义”范式，强调模仿自然科学，用数学工具来分析经验性的、可量化的观察。研究的任务在于确定因果关系，并作出解

①靳玉乐.加强基础研究 推进教育科研创新[J].教育研究，2008(12)：25-27.

释。在教育研究中，强调科研应采用可量化的研究，重视各种数据的搜集、分析，并以此为依据阐述教育现象。

运用调查、实验、测量、统计等量化手段来搜集和分析资料，研究者一般事先已有理论假设，研究的目的主要在于验证这些假设，关注的是有关信息的总体情况、一般规律和相互关系，研究一定要具有可重复性和可预测性。研究对象的选取、无关变量的控制、调查或测量工具的编制和使用、数据的统计分析、结果的解释方法等，都更加讲究科学性、规范性和精确性，用数据来展现研究结果①。

定量研究具有以下特点：

(1)重视事物因果关系的解释以及精确的定量分析与预测。

(2)提倡严格控制的可量化的研究，重视研究数据的搜集与分析。

(3)提倡价值中立，研究过程中研究主体与研究客体彼此分离，对研究对象进行不偏不倚的研究。

(4)常用演绎法进行研究，其他主要研究方法还有教育实验法、定量观察法、问卷调查法、教育测量法等。

定量研究的质量取决于研究结果的客观真实性(抽样、控制、中立等)，研究过程和结论的可检验性，所获得的知识的确定性，研究结论的普遍有效性。但在研究中要求研究者做到价值中立非常困难，并且定量分析和预测无法绝对精确，教育现象也不可能做到完全复制。

(二)定性研究

定性研究属于“人本主义”范式，主张以直觉方法、内省方法和心理体验方法为手段，以人的本质和与之相关的社会问题为研究对象，反对用自然科学的方法研究人。人本主义尊重人的尊严，强调以人为本，重视人自身的价值。

定性研究的特点主要有：

(1)在研究方法上崇尚自然主义，重视研究情境在研究中的作用，把自然情境作为资料的直接来源，要求研究者深入事件现场、实地观察、搜集资料，获得更人性化的、更真实客观的、更灵活多样的资料。

①陈向明. 从“范式”的视角看质的研究之定位[J].教育研究，2008(5):33.

(2)重视研究者与被研究者的主观体验,主张研究双方之间的平等、交流、相互信任、互动。

(3)在研究中强调定性、整合、模糊的研究方法,轻视客观测量、观测,对数量资料并不十分重视。

(4)关心研究的过程更重于关心研究的结果。

(5)允许研究方案在研究过程中作适当调整。

(6)较多采用归纳分析的方法研究,注重探索人们的观点、态度和见解。其他主要的研究方法有:实地调查、参与观察、反思性研究、追踪案例等。

定性研究的质量取决于研究资料与结论的真实可靠性(研究是否符合研究的内容,对象所处的情境与研究对象的看法是否一致,是否真实反映了特定条件下研究对象及其情境的特征);研究过程的一致性(研究过程所获资料内容与性质前后一致的程度,以及不同研究者之间是否达成共识);研究结果的可理解性(研究者在获取资料和形成结论时应关注自然情境中的参与者的观点)。

定性研究搜集的资料被称为软资料(即富含人物、场地的描述和谈话),运用统计程序处理十分不易;研究问题也不受操作化变量框架的束缚,有效问题是在研究过程中才提出的,并且要探明它的全部复杂性。从研究目的上说,虽然也会像定量研究那样注重资料的搜集,但绝不仅仅是为了验证某个假设或探明某个预先拟定的问题,而是要从研究对象的角度去理解他们的行为、处境、态度、见解,外在的原因常处于次要地位。定性研究倾向于通过与研究对象的长期接触,在自然情境中搜集资料。

三、根据具体研究方法划分

(一)历史研究

历史研究涉及对过去发生的事件的分析与解释,研究的目的在于通过对过去事件的原因、结果或趋向的研究,有助于解释当前事件和预测未来事件。即通过细读某一时期的文献来探讨过去发生的事情的某些方面,然后再试图尽可能准确地再现那一时期所发生的事情,并解释为什么会发生这样的事情。例如通过历史上科举制度的研究，联系当前我国高考制度，有助于解决高考改革中的问题。

历史常常有惊人的重复现象。现实生活中的很多问题很可能在历史中已经出现，当代学者研究的问题很可能在历史上曾经发生过激烈的争论。教育历史实际上是一个充满争议的地方，凡是有教育争议的地方，就隐含了相关的教育道理和值得研究的问题，这需要阅读教育史的人能够从大量的教育事件中发现、领会其中看得见的、看不见的纷争和诉讼。在这些不同的意见中，某个意见很可能成为研究的主题。真实的教育道理总是隐含在教育冲突之中，教育实践不过是教育冲突的某种妥协或变形。

由于教育观、研究观的不同，研究者心中就装着不同的教育景象。同样一件教育事件，两名研究者因对意义的感受存在差别，他们运用精确性的语言或数据描述教育存在的状况是不一样的。教育史实的挖掘尽管存在限度，史实也不会改变，但研究者对教育历史的再整理永远不会停止，同一历史事实或事件，在不同的历史观、历史理论体系里，其意义是不相同的。这里起决定作用的，是研究者的教育观、研究观，更深层次的是他的世界观与人生观。历史研究要确保研究文献或某人真的是来自于所研究的这一时期，而一旦证实这一点，就可以确定文献或者某人所说的哪些内容是正确的。

教育研究中的历史研究方法存在一定的局限性，主要有：

1. 历史知识的不完整性

在历史研究中，研究者仅是根据过去片段的资料进行推论，由此获得的知识当然难求其完整。现今所见的历史记载是局部的、非完整的，流传下来的历史不论如何贴近事实，总是局部的，更不用说有些历史可能只是流于臆测。

2. 资料不全与保存不易

历史知识是不断累积而成的，然而历史资料的保存却可能因为一些因素，如资料的当代价值不高、意识形态的选择、耆老凋零、战争等因素而被忽略或遗失，日积月累便使得历史资料不断流失，导致研究者搜集资料的不便。

3. 科学化的困难

主观态度妨碍客观化。尽管是历史事实,但就研究者而言,对事实评价与诠释总不免涉及个人判断的成分、个人的生活经验。我们再以今释古、概括化或是价值判断时,难免会因个人主观思维而影响其研究报告的客观性。同样的史实,却可能产生多种的历史观,研究假设不易建立。历史研究的题材较自然科学研究复杂,所以在确立因果关系时,便遭到很大困难。不像自然科学研究,存在某种条件和某种情形就会发生,情况较为稳定。历史现象受许多先前因素作用的影响,比自然科学现象更为复杂,使得和过去历史事件联结的因素不易洞悉,无法确定先前的因素。大部分的历史研究无法使用单一因素来解释,必须采取多元的观点才能一窥全貌。历史所发生的事件都有其独特性,想参照前人的成果构建假设比较困难。其研究的假设,最初可能对问题的概论混淆不清,以致失于广泛,得按顺序将每个概念一一孤立起来,分别予以考验,进而获得简单而明确的结论。历史研究无法像自然科学研究一样,利用实验、控制、观察的方式来考验其假设,只能通过资料的检核来对其所建立的假设作更进一步的理解。然而所根据的资料其真伪与可信度不易确定,即使是第一手资料,目击者会不会知觉错误,或是目击者有无足够能力描述事实都是无法掌握的因素,所以史料的真实性是历史研究所关心的重点。专门术语定义的不一致性,历史研究不像自然科学有明确定义的专门术语,其术语具有的历史涵意通常不一致,如“文明”“机会”等词不像“克”“米”等有明确定义。

(二)实验研究

实验研究是研究者根据一定的研究假设,在教育活动中创设一定的条件,主动地控制研究对象,排除无关因素的干扰,从而探索事物因果关系的研究方法。

实验研究的目的是发现事物间的因果关系,并且该方法也是教育研究方法中唯一能够揭示因果关系的方法。实验研究是研究者有意识地操作一个变量(自变量),使它发生变化,同时控制其他无关变量,然后观察、测量这种变化是否会对另一个变量(因变量)产生影响。例如,改变课堂教学方法，观察学生学习效果是否因教学方法的改变而发生变化。

实验研究包含三个基本要素：对自变量的操纵、因变量的测量和无关变量的控制。实验研究的运用与实施主要从这三个要素加以考虑和规划。

需要注意的是：如果证据显示X与Y无因果关系，并不绝对地肯定X与Y之间真正的没有因果关系，因为这个结果的产生可能由于研究者忽略了某个控制条件。如果证据显示X与Y具有因果关系，也不能绝对地肯定它们之间真正具有的因果关系，因为研究者可能忽略了与X相关而真正会影响Y的因素Z，因而导致X与Y存在因果关系的错误结论。

（三）相关研究

相关研究主要用于确定两个或两个以上变量之间的关系，并探讨它们对于原因和结果的意义。这类研究有助于我们做出更加明智的预测。这种方法并不要求研究者对变量进行操纵或干预，而是要求他们管理搜集理想数据所需要的工具。相关研究有两个基本目的：第一，帮助解释重要的教育行为。解释就是通过确认变量间的关系来帮助理解一些重要的教育现象，有些研究很难使用实验研究，很多内容都是通过分析几个变量间的关系而得到。例如，在阅读技能有关的变量中，听觉记忆与阅读能力的关系的研究有助于我们对于复杂的阅读现象的理解。第二，对可能的结果进行预测。如果在两个变量间存在足够大的相关，则可以由一个变量的状况预测另一个变量的结果。但是要注意，如果要对一个变量进行预测，即使是很粗略的预测，相关系数也应该在0.50以上。即使如此，这种预测也很可能有错误。只有当相关系数达到0.65以上，才可能得到比较准确的预测。

（四）因果比较研究

因果比较研究的主要目的在于通过研究，试图寻找被试组间已经存在的差异的原因或结果。如研究者可能会观察到，两个被试组在某一变量上存在差异，因此想确定这种差异的原因或结果。但这种差异是已经存在的，由于结果和所谓的原因都已经发生了，所以只能对它们进行回溯性研究，故又称作事后研究。例如，研究家庭状况与学习成绩的关系，对两个群体的学生进行比较，看是否存在差异①。

由于自变量已经发生，有关多种控制方法都已经无法使用，所以，在对因果比较研究的结果进行解释时，一定要十分慎重。因果比较研究可以确定变量间的某种关系，但却不能完全建立因果关系，所提出的原因可能是结果，而结果则可能是原因，或者有第三个变量同时影响了这两者。所以，这种研究的解释是有限的，研究者不能最终说明某一因素是否为被观察的行为的原因。尽管解释力度有限，但所探寻的可能原因在教育实践中仍然是有价值的。

受伦理道德的约束，有些问题的探讨只能采用因果比较研究的方法予以描述并探究。因为任何以人或动物充当研究对象的研究，在使用的处理及测量的种类上都必须受到约束。为维护人和动物的基本权利，禁止在研究中使用对个体有害的技术和方法。例如，研究者要考察行为的改变是否由大脑损伤或饮食缺乏所引起，则只能采用描述性的方法，或因果比较予以推测，若采用实验的方法就是不道德的。在探索因果关系时，对有些变量进行操纵，可能会违背伦理规则。

（五）调查研究

调查研究是研究者采用问卷、访谈、观察、测量等方式对现状进行了解，对事实进行考察，对材料特别是数据资料进行搜集，从而探讨教育问题、教育现象的本质及其特征以及现象之间联系的研究方法。

---

①关于因果比较研究方法运用的一个成功案例是：在20世纪40年代，有两个研究者进行了一项因果比较研究，后来这个研究被广泛地引用。他们比较了两个包含500个男孩的被试组，一个组是少年犯，其中的被试都受到过收容（平均7个月），而另一组则不是。两个组的被试都来自波士顿市的同一个“高危险”地区。每组被试都在种族、智力和年龄上进行了匹配。研究者的主要发现是，少年犯组的男孩肌肉量更强，更加外向和精力更充沛，更加反叛和不服从社会习俗，更加缺乏秩序和理想，并且他们来自于更缺乏凝聚力和情感的家庭。把这些特征结合在一起，就建立了一个预测可能的少年犯的表格，该表格多年来在其他情境中都得到了相当的证实。但是，对此研究的原因和结果，以及使用这种预测信息的好处，却一直存在争议。这一研究结果或者可以用于慈善干预（就像做这个研究的研究者预想的那样），或者可以用来做标记和强制。参见：（美）杰克·R.弗林克尔，诺曼·E.瓦伦.教育研究的设计与评估[M].蔡永红，译.北京：华夏出版社，2004:370.

调查研究是教育研究中运用最广泛的一种研究方法。调查通常不受时间、空间的限制，在自然情境中搜集数据，搜集资料广泛、迅速，节省时间、经费，效率较高。调查研究不需要控制条件或操纵被调查的对象，涉及范围广，手段多样化，便于实施，适用于描述性问题的研究。调查研究可以深入了解教育现状和发现问题，弄清事实，可以为教育行政部门制定教育政策、教育规划，为教育改革提供事实依据。

调查研究的最大优点在于可以为我们提供来自样本的大量信息。如果希望在调查中了解某个特定问题的更多细节，可以进行个别访谈，就某些感兴趣或有价值的问题进行深入的追问，能够进行追踪调查，并且能够对不太清楚的问题进行解释。但这种方法也有其自身的局限性，往往只能获取一些表面形态的资料，不能确定因果关系，所获研究结论的科学性往往与被调查者的合作态度、研究者自身的科研素养以及价值观念密切相关。

调查研究涉及三个重要问题：

(1)要确保回答的问题是清楚的，并且不会产生误导；

(2)使回答者对问题作出经过慎重思考的和诚实的回答；

(3)获得足够数量作出完整回答的回收问卷，以便能够对结果进行有意义的分析。

(六)内容分析研究

内容分析方法是一种对人类创作的作品中不可避免地传达出来的信息进行分析，对教育文献直观的内容进行客观而系统的分析并进行量化描述的研究方法。该方法的特征是直观、客观系统、量化。直观：内容是指文献形式的外在的东西，如它们的文字本身，而不是内容的含义与深刻解释。客观系统：研究技术与手段规范，采取一定的规则，按照一定的步骤来分析。量化：通过考察某一项目(概念、术语、篇名等)出现的频数或某一项目在整个内容中所占的比例等，并对这些定量的结果进行分析。

内容分析可对任何形式的文献资料进行研究，包括书报、杂志、信件、广播、音乐、演讲、录音、电影电视、图片等。该方法在教育研究中使用范围较广，可以对可作比较的文献进行内容分析，也可以通过文献内容的分析对发展趋势作出判断，还可以针对教育教学实际问题进行研究，如学生的作业量、作业中的错误类型、学生作品分析、教师课堂行为、语言风格等。例如，有研究者对20世纪90年代中期小学语文的课文内容与插图运用内容分析方法，从社会心理的角度进行分析，认为小学语文课本内容存在男性化、伟人化与成人化三个方面的社会心理偏差①。另有研究者选取八种CSSCI来源教育学期刊，对2000—2009年所刊载文献的关键词进行分析，探测分析以获取中国教育研究的热点领域与前沿主题②。

（七）预测研究

预测是对研究对象的未来状态进行预计和推测，预测研究的目的在于分析事物未来发展的前景和趋势，解决“将来会怎么样”之类的问题。如高考试卷是否适合不同群体的学生，必须做进一步的预测研究。预测研究是研究者根据历史的资料和当前的有关信息，运用适当的方法与技术，对研究对象的未来状态进行科学分析、估算和推测的一种方法。教育预测研究是用预测的方法来研究教育领域的问题，探索未来一定时期内，教育内部各因素之间以及教育与其外部各社会因素之间相互依存关系的变化趋势，对未来某一指定时空内教育信息特征的估计与推测。预测研究是帮助我们认识事物发展规律，了解实际需要，研究和确定教育目标、教育内容、教育体制、教育结构的比例关系，制定教育规划、教育投资及各项教育政策的重要手段。预测是决策的前提，预测的质量关系到决策的正确性。预测越准确、越全面，由此作出的决策就有可靠的依据，越是能适合本国、本地区的实际，也就越能顺利地保证教育与社会、科学技术的发展相适应。所以，教育预测研究是教育科学研究的重要内容之一。

预测研究在教育科学研究领域得到广泛应用。从宏观方面看，可以预测未来的社会经济结构、科学技术的发展以及人口变化趋势对教育的影响；从微观方面看，可以预测各类学校的教学体系、课程结构、教学内容以及区域性的教育发展前景，教师队伍的变化趋势以及学校学生学习成绩的变化趋势，甚至可以对受教育者在一定条件下的成才方向予以预测等。但运用教育科学理论与教育事实预测未来，仅仅是个大概性的预测，

① 佐斌.小学语文课文内容的社会心理思考[J].教育研究与实验，1998(1)：9-13.

② 潘黎，王素.近十年来教育研究的热点领域与前沿主题[J].教育研究，2011(2)：47-53.

精确性不一定很高。

因为天灾人祸，日新月异的技术，永无止境的人类欲望和其他许多不可控制的因素，做长期的预测显然不可靠。许多长期规划仅显示一种统计上的操作而已，缺乏实际应用的价值。一般短期预测研究有实现的可能。

（八）叙事研究

叙事研究是指在教育背景中包含任何类型叙事素材的分析研究。它借由图片、传记、影片、对话等刺激、触发当事人进行故事叙说，并以当事人的叙说内容为文本数据进行分析，以期反映故事叙说者本身的重要生活经历及生命主题。研究参与者向研究者叙说他们的、个人的、第一手的故事，研究者通过描述研究参与者的生活故事，撰写基于研究参与者个人生活经历的叙事故事。

叙事研究的本质特点是：强调关注个人与关注微观分析。通过搜集故事来建构田野文本数据，报告个人生活经历，并探讨这些经历对特定个人的意义；研究的目的不是要形成一种可以运用到他人身上的理论。

如果研究者既对描述和解释团体行为或观点不感兴趣，也对形成一种基于集体经历的理论不感兴趣，而只对研究个体经历及其背后隐藏的对该特定个体而言所具有的意义感兴趣，教育叙事研究可能是比较适合的选择。

教育叙事既是研究者描述个体生活的质的研究程序，也是研究者搜集和讲述这些个体生活故事的质的研究程序，更是研究者用叙事手法撰写他们的经历的质的研究程序。在教育过程中，个体叙说的故事往往与学校课堂经历和学校活动有关。在重新叙说个体讲述的故事时，教育研究者通常将注意力聚集到某一特定事件或活动上，并把这些故事按不同主题进行编码分析。中小学教师可以通过教育叙事将隐含在教育教学问题背后的故事写出来，反思自己的教育教学，以达到提高教育教学质量的目的。这里，反思是教育叙事的灵魂，反思不能仅仅停留在教学的内容、方式、组织形式、效果等“教”的层面，而要将重点放在学生“学”的层面，这样才能取得理想的效果。

第二章　教育研究由何开始——教育科研课题的选择

教育科研课题就是被作为教育科学研究对象的问题。这些问题既是人类认识和实践的成果，又是人类进一步认识和实践的起点。教育科研课题的选择与确定，是科学研究工作的起始环节。作为教育科学研究的起点或首要的工作，就是在众多的矛盾中或未被人们认识和解决的问题中，正确地选择某一领域中的某一具体问题，作为将要研究和探讨的对象。

但是关于科学研究以及教育科学研究的起点问题，目前还存在一些不同的看法，归结起来主要有三种观点：

（一）观察起点论

科学始于观察，该观点主张一切科学认识来源于对事物的观察，它从根本上把实践置于科学研究的起始环节，其主要代表人物是培根。该论点与教育实践有着直接的呼应，至今在许多教育研究工作者特别是教育实践研究者信念中依然占统治性位置。但教育研究若仅仅与教育的现实经验保持同一步调，则易导致片面的实践中心倾向，其研究成果也只能是工作手册。

（二）问题起点论

该观点提倡以科学问题作为研究的出发点，强调科学只能从问题开始，科学是从问题到问题的不断进步，其主要代表人物可以追溯到科学哲学家卡尔·波普尔。该观点对“问题”的内涵作了极其细致的分辨，认为科学中的问题有着简单与复杂之分：简单的问题是因为认识主体的无知而产生的问题，通常不触及现有理论，属于常识问题；复杂的问题才称得上是科学问题。科学问题的基本层次有：存在问题、状态问题、实质性问题、整体性问题、原因性问题等。该论点抓住了科学研究中比较普遍的因素，使得起点选择在方法上更为明确。问题虽然是客观存在的，但问题的提出却是主观对现实的选择，真正发现一个科学问题，把问题从先前的知识中引出则是相当有难度的。

（三）范式起点论

该观点在研究哲学上与观察起点论相对立，认为科学研究应从概念、原理、公式、命题和理论体系等出发，尊重由持有相同理念的研究者自发形成的一种研究规范。范式拥有三个基本要素：遵守它的研究者，一套规则与典范，所取得的历史成就。该论点认为科学是在范式的演变中向前推进的，人们应关注科研中对研究者起举足轻重作用的观念、遵循的规范与思想方法，而不仅仅只关注具体的操作程序和方法。

从哲学认识上说，强调实践是科学认识的唯一来源，但在具体研究活动中不一定“言必称实践”，因为科学发展在很大程度上也是范式的演变，考虑科学共同体的范式是必要的。但理论问题并非产生于理论真空，若过分推崇，则导致表现为概念组合、语录引证等形式的“做学问”。

问题实际上是来源于一个科研活动的现行环节，这个环节可能是实验或观察，也可能是对科学范式的辨析。近年来，教育研究领域有人强烈呼吁“多研究些问题，少谈些体系”，要从“学科体系时代”过渡到“问题取向时代”。但必须意识到，热点问题和现实问题的研究，不能代替学科建设。唯有通过学科建设，我们的学科才能后继有人；唯有加强学科建设，热点问题和现实问题的研究才能走向深入。其实问题研究和理论体系研究至少不是截然对立的，开放的理论是随着时间的发展而不断更新，问题研究是理论体系的源头活水，更是其归宿。这也提醒我们中小学教师，从事教育研究不能仅仅局限于应用，也要将研究的视野扩展到发展、丰富教育学科理论范畴。

揭示教育研究起点的多重性，目的在于说明科研的自由度和灵活性。在哲学家看来，科学从根本上说是由现有理论与客观事实之间矛盾所导致的。

第一节　选题的意义

选题是科学研究的认识起点，是研究过程的起始环节。选题决定着研究过程从何处入手，往何处发展，会得出什么结论，可能取得哪些方面的成果，这些结论和成果有无价值、价值大小等。因此，研究问题的选择对于教育研究具有重要意义。

一、选题是引发研究活动的根本动因

教育科学研究是一项创造性的认识活动，教育科研过程是这种创造性认识活动从发生走向发展，从起点走向终点的循环往复与升华提高。但若没有研究的问题，这项创造性活动就无从产生，整个创造性认识过程就无法展开。我们为什么从事该项研究，就是因为某个问题前人没有解决或没有完全解决，整个研究活动又是围绕如何解决这个问题而展开的。对于中小学教师来说，要写出一篇条理清晰的文章，首先应找出问题所在，然后将其分解成若干部分，再从多角度对它进行分析，最后以言简意赅的方式总结出解决方法，简练地把自己的观点表达出来。没有问题的提出，就没有问题的分析和解决，也就不存在成果的表述，更谈不上论文的写作与发表了。

二、选题是决定科研成败的关键因素

教育科研的任务是解决教育问题，教育科研的目的是通过教育问题的解决探讨出一些新的理念、新的原则、新的方法与新的举措，从而实现教育知识的生产与创新。但任务能否完成，目的是否达到，很大程度上取决于研究课题的选择。

(1)选题决定着一项科学研究活动的发展方向。因为教育科研是一项意识性强、目的明确的创造性思维活动，若方向不对，整个研究活动会前功尽弃。把握正确的前进方向，是达到理想境地的根本保证。

(2)选题与研究结果密切相关。两者之间的关系有着显著的因果必然性，有时甚至是一种成正比的关系。选题的学术性，直接决定着研究结

果有无突破性意义；选题的现实紧迫性，直接决定着研究成果的社会反响；选题的科学性，与整个研究过程、全部研究活动和所有研究成效紧密相连。哲学家贝尔纳指出，课题的形成和选择，无论作为外部的经济技术要求，抑或作为科学本身的要求，都是科研工作最复杂的一个阶段。一般来说，提出问题比解决问题更困难……所以评价和选择课题，便成为研究战略的起点[1]。

三、选题是衡量研究者素质的一个尺度

课题由研究者选定，选后又由研究者去做，选时运用什么样的视角，做中能达到什么样的水平，都是反映研究者自身素质的镜子。事实上，选题的科学价值、理论水平和难易程度，与研究者自身素质成比例。

研究课题不是朝夕之间就能确定的，它是一个与课题相关的因素被反复考虑时不断迫近的过程。一个课题从初步选择一个研究的问题到能够成为有效研究的恰当形式，需要精心加工，并需要研究者通过充分查阅文献系统才能确定。

第二节　选题的原则

教育科研课题是一个有待解决、验证或回答的问题。课题可以是人们发现不太满意或未解决的任何事情，如某种困难、某种需要改变的状态、任何运转不理想的事物。课题涉及研究者所关注的领域，他们想改善的条件，想克服的困难以及想回答的问题等。但问题不等于课题，课题来源于问题，问题的发现与提出是课题选择的前提条件。无论是教育理论领域，还是教育实践领域，人们尚未认识的事实和规律是多种多样的，其中有许多教育问题需要解决，但是，并非所有的问题都能成为教育研究的课题。

课题与问题的区别主要有两个方面：

(1)问题作为人们在理论学习或工作实践中遇到的困境，往往反映的是个人认识上的局限性，而不见得是他人尚未认识和解决的问题；课题必

① 隋启仁.科学方法论研究[M].北京：科学普及出版社，1983：87.

须是从人们发现并尚未被认识和解决的问题中产生,反映了全人类在某个领域中或某个事物上认识的局限性,唯有如此,才有研究的价值。

(2)问题往往反映的是对某种事物思考和怀疑的大致内容,较为笼统和概括;而课题应是明确具体的,表述上相对确切,用语严谨,符合专业规范。可见,研究课题的确立不是信手拈来,而是研究者学习教育理论,总结教育经验,研究有关教育信息,领会国家教育方针政策,进行理性思辨与实践探索的创造性过程。

科学研究中一个关键但却经常被忽略的方面是问题的质量。从偶然的想法到形成概念并具体确定一个值得探索的问题,这一过程,对科学研究是至关重要的。许多科学家认为他们的成功之处不在于解决问题的能力,而在于他们选择有重大意义的课题的能力,这种能力既需要发挥创造性,也需要遵循一定的原则。

一、价值性原则

作为研究课题,首先必须具有重要的研究价值,即具有理论价值或实践价值。

在理论价值方面,一方面,课题的提出具有一定的教育科学理论依据,其研究方向和理论基础符合教育规律,与已有的基本科学原理不相违背。没有客观事实为依据的研究是无源之水,而没有科学理论作为指导的研究是无本之木。另一方面,选择的课题应符合教育科学本身发展的需要,要有利于检验、修正、创新和发展教育理论,建立中国特色社会主义教育理论体系,体现一定的学术价值。其衡量标准是,课题研究是否为教育理论领域亟待解决的问题或关键问题,是否有新发现、新创造、新见解,是否填补了原有教育科学的空白,是否为对原有研究成果或流行观点的纠正,是否为对原有成果的补充完善等。

在实践价值方面,课题要具有一定的实践基础,面向教育实践,符合社会发展和教育发展的需要,并能促进教育的发展。通过该课题的研究,能够解决有代表性的比较普遍的教育问题,有较强的应用价值。教育研究只有立足于服务社会,满足实践的需要,才具有强大的生命力。实践价值的衡量标准是,研究对教育实践活动有什么影响,研究目的、内容、方法、手段及成果是否有利于提高教育质量，促进学生身心健康发展等。

二、明确具体性原则

科研课题应该是一个有确定涵义的具体问题。科研课题不能太大、太笼统，否则研究就无从入手。尤其对中小学教师来说，选题宜小不宜大，宜易不宜难，要小题大做，不能大题小做。课题越大，研究越空，比如"学生学习规律的研究"就无从入手，如果把课题确定为"对小学生学习方法的指导研究"就比较确切。有些大课题在实际操作时应该通过界定研究范围分解为若干子课题，子课题可以分解为一些更小的子课题。比如"发挥学生主体作用的研究"，可以界定为"在课堂教学中发挥学生主体作用的研究"，进一步界定为"在小学课堂教学中发挥学生主体作用的研究"，再进一步界定为"在小学语文课堂教学中加强学生自主学习的研究"，还可以再界定为"在小学阅读教学中加强学生自主学习，提高其阅读能力的研究"。课题具体了，研究范围缩小了，研究就容易操作，像"培养学生创新精神的研究"，就应该充分界定研究范围。

课题所反映的问题应该明确具体，研究对象、研究范围、研究内容甚至研究方法应尽量在课题中明确体现出来，不要空泛、笼统、模糊。实证研究最好能将自变量、因变量、研究方法在课题中体现。如"初二代数自学辅导教学的实验研究"，其研究对象是初二年级学生，研究内容是代数自学辅导教学模式，研究方法是实验研究，再对研究的范围作出明确的界定，其研究的问题就比较明确具体了。如果课题不明确，就会致使研究的针对性不强，科学性太差，研究设计就会无从入手，最终难以实施。

三、创新性原则

研究科学问题的目的是填补目前知识的空白或探索新知识、找到一些现象的起因、描述一些现象、解决一个实际问题或正式验证一个假设。一个好的研究问题可能是用新的工具或技巧，也可能是在方法上或理论上重新看待一个老问题。

课题所要解决的问题应是前人未曾解决或未完全解决的问题，应该有创造、有新意，如探索学科前沿、填补空白，批驳错误、纠正偏颇，补充前说、有所前进等。创新是由教育科研的本质属性所决定的，教育科研是一种创造性劳动，应该有研究者自己独特的见解和发现。

科学研究的创新具有一定的层次性，主要表现在以下几个方面①：

(1)提出新的观点、概念或理论体系，能帮助人们正确认识事物的现象、本质及其规律，从而提高人们认识社会与自身的能力。

(2)提出有价值、有科学意义的新问题，能调动人们探索未知的欲望，鼓励人们追求新的知识和真理。

(3)开拓人们尚未涉及的研究领域、研究课题，或从新的思维视角去发掘研究客体所蕴含的思想意义和潜在内容。

(4)运用人们忽视的方法或用其他学科的研究方法来研究此学科的课题，从而使研究取得突破性进展。

(5)用新的材料去证明问题，弥补原有研究成果的欠缺，使之更加全面和充实，增强其科学性。

对于中小学教师来说，教育研究课题的创新性可以体现在四个方面：

(1)时间新。问题应具有时代感，能反映教育改革发展的方向和趋势，或是教育理论研究的新问题。

(2)内容新。所研究的问题是前人没有提出、没有解决或没有完全解决的，是在教育实践或教育理论中提出的新的矛盾、新的因素，反映新时期的新经验和新理论。

(3)方法新。研究的思路、角度有新意，如能运用或借鉴其他学科的理论和方法解决问题等。

(4)理论应用的创新。科学的发展已经呈现出高度综合化和高度分化的特点，某一学科领域里的问题，可以运用或借鉴其他学科的理论和方法来解决。如运用社会学的理论和方法解决教育问题而形成教育社会学学科，运用心理学的理论和方法解决教育管理问题而形成教育管理心理学学科，运用系统论、信息论、控制论的原理研究教育问题而形成教育系统论、教育信息论、教育控制论等学科。

所选定的课题，只要在上述四个方面中某一个方面有所体现，就可以认为该课题具有创新性。要做到创新，就必须总结和发展过去有关学科

① 叶继元.学术规范通论[M].上海：华东师范大学出版社，2005：22.

领域的实践成果和理论思想，否则新创意、新突破是不可能的。因为科学上的任何重大成果，几乎都是在前人、别人工作的基础上一步步前进取得的，即使是第一次开辟的新领域，也仍然是由前人或同时代的人的工作为此研究提供了条件。所以，要通过广泛深入地查阅文献资料和调查，搞清所要研究课题在当前国内外已达到的水平和已取得的成果，了解是否有人已经或正在、将要研究类似的问题。

创新是科学研究的根本特点与生命。科学研究的选题要有创见、有新意、有特色，具有先进性；防止步别人后尘，因循别人成果，停留在简单重复、机械模仿的水准上。不能预期获得新成果、新进展的课题，不是新的问题；不是从新的角度去看旧的问题，就没有新颖性与独创性，不能作为科学研究的课题。

中小学教师要使自己的教育研究具有创新性，要注意以下几点：

(1)注重积累。相关知识积累是不可或缺的前提。创新不会凭空产生，如果积累是基础、内化，创新则是升华，是内化基础上的外化。没有积累，没有扎实的基本理论知识和基本实验技能，科学研究就难以推陈出新。

(2)胆识与勇气。创新是对旧理论、旧观念的怀疑、突破，是对权威的挑战。科学家吴建雄认为：进步是道路上的绊脚石，也是不容怀疑的传统，而传统意识从某种程度上讲是主流意识。

(3)充分的想象力。缺乏想象力，就没有研究创新的源泉和动力。正是知识积累和创造性想象力的相互作用和有机结合，才使研究创新活动得以实现。爱因斯坦曾指出：想象力比知识更重要，因为知识是有限的，而想象力概括着世界上的一切，推动着进步，并且是知识进化的源泉。

(4)正确的方法。想象力不是胡思乱想，要找一个适合自己的领域去想象、探索。要了解自己，剖析自身的知识结构，审视自己已掌握的知识和研究方法，了解所探索的领域，包括历史积淀和工作前沿，熟悉该领域的研究动态。

(5)不忽视细节。细节往往导致创新的灵感，从而能让一件简单的事情有一次超常规的突破。

四、可行性原则

提出课题是为了解决课题中的问题，研究者所选择和确定的课题应该具有完成的可能。所谓可行性是指研究者具备研究解决某个课题的主客观条件，有预期成功的可能或实际具备条件并经过努力可以完成研究工作。

主观条件主要指：研究者的理论水平、业务水平、研究能力、兴趣、特长、有关知识储备、时间、精力等。客观条件主要指：外在环境是否适合，领导是否支持，能否提供必要的条件，有关研究资料、设备以及必要的资金是否具备等。选题应充分考虑完成课题的主客观条件，要知问题之难易，知主观之长短，知客观之利弊，充分发挥研究者自身的优势条件，扬长避短。正如恩格斯所说：我们只能在我们的时代条件下进行认识，而且这些条件达到什么程度，我们便认识到什么程度。宏观研究与理论研究都是层次很高、价值很高的科学创新。但科学创新的层次越高，价值越大，对研究者的研究能力和相关条件的要求也越高。从事宏观研究，需要丰富的阅历，开阔的视野，整体驾驭的能力和敏锐的洞察力；从事理论研究，需要宽厚扎实的理论知识背景，良好的抽象思维能力，精准的文字表达能力以及长期的积淀和思考。两者都应以全面透彻地了解问题，客观准确地把握事物为前提。

中小学教师工作繁忙，教育教学任务繁重，不可能拿出专门时间进行很大课题的研究。因此，要选择自己能够胜任的课题进行研究，要做到以下三点：

（1）有的课题根本不可能取得成果就不能选，否则只能浅谈了事。比如“提高家长素质的研究”，别说是一位普通的小学教师，就是再权威的领导、专家也不可能做到全面提高家长素质。如果选择“提高家长教育子女水平的研究”就可行。

（2）有的课题限于自己的研究能力、管理权限，研究不了，就不要选。如“中国教育现状的研究”、“整体构建德育体系的研究”、“素质教育评价研究”等，就属此类。例如作为一名班主任老师，选择课题，要认真分析自己最需要解决的问题是什么，是“后进生转化，还是班干部培养”，是“学风建设还是班级人际心理环境的营造”等。从这些问题中选择提炼出的课题都能够立足于自己的工作实际和自身所具备的条件，所以具有可行性。如果一名从未担任过班主任的老师去研究班主任一类的课题，就缺乏可行性。

(3)所选课题中的一些新概念，自己能够通过查阅文献资料和思考进行界定，即能够对其下抽象定义和操作定义，否则就会造成空谈或者文不对题、词不达意[①]。

第三节　教育研究课题的来源

一般来说，选题包括两方面的工作，第一确定研究方向，第二选择具体的研究问题。所谓研究方向，就是研究者在一个较长时间内从事研究活动的领域。具有稳定的研究方向，可以使研究工作具有连续性和积累性，同时方向可以成为选题的线索和范围；没有稳定的研究方向，在纷繁复杂的教育现象面前，就不知如何入手。当然，研究方向也是研究者在某些领域研究一定的问题并取得一定成果之后逐渐开拓形成的。方向确定之后，可在这个方向作文献综述与实践调研，了解研究现状，把握该领域存在的问题与发展趋势，在此基础上发现问题并提出问题。就中小学教师而言，在自己的研究领域内发现和提出问题，其本身就是一种认识成果。教育科研的对象既有理论形态的，又有实践形态的，包括过去的、现在的、将来的及创造性的复杂多样的教育事实，其中必然有大量的问题值得研究，因此，教育科研有着丰富的课题来源。

一、课题来源于教育实践中提出的实际问题

这些实际问题主要是教育改革中反映出来的种种矛盾。中小学教师

① G.安德生认为，适合于进行研究的好的问题具有以下特征：问题能被清晰、准确地陈述；问题能概括与研究有关的一系列具体问题；问题具有理论背景或基础；问题与一个或多个学术领域相关；问题具有一定的研究文献供参考；问题具有潜在的意义和重要性；问题能在一定的时间和经费范围内完成；能够获得或收集到足够的资料；研究者采用的方法适合于这个问题；问题是新的，还没有充分满意的答案。参见：陶保平.研究设计指导[M].北京：教育科学出版社，2004：27.

是教育实践工作者,应主要从自己的教育实践中寻找课题,思考自己在教学、教育、管理工作中遇到的问题,然后进行整理分析提炼。从自己的教育实践中找课题,注重应用和实践,可以使教育科研见到实效,以教育教学工作带动科研工作,以科研促进教育教学工作,不致把科研和教育教学工作分家。教育科研的应用价值通常直接体现为学校教育改革服务,和教育实践密切结合,内容上更应强调研究教育改革和发展中现实存在的问题。

事实上,无论是社会科学还是自然科学,它的研究课题大多都与社会生活、社会生产有关。这是由理论与实践的关系所决定的,教育实践是一切教育科学理论的源泉。随着时代的前进,社会对学校的培养目标不断提出新的要求,使得教育教学过程与之不断产生碰撞,产生矛盾。教育事业就是在这种碰撞的过程中不断变革和发展的,每一次碰撞都会带来教育系统各方面的震动,涌现出许多新的问题。这些新问题,再加上那些存在已久而未得以解决的老问题,都会对教育工作者的工作带来挑战。中小学教师在教育实践活动中会遇到大量的问题,有待于去认识,寻找解决的办法。这些问题有些具有全局性,有些则属于某一特定领域,具体体现在以下几个方面。

(一)教育改革关注的热点问题

改革中的热点问题反映着改革面临的新情况,因而关系到教育改革能否持续健康发展。如课程改革问题,高考制度的改革,办学体制的改革,农村留守儿童教育问题与进城务工人员随迁子女教育等问题[①]。

(二)影响教育发展的关键问题

教育发展中的关键问题主要包括:教师队伍建设与教师素质提高问题,改革薄弱学校问题,学习困难学生的教育对策问题,巩固九年义务教

① 据教育部2011年全国教育事业发展统计公报,全国义务教育阶段在校生农村留守儿童共2 200.32万人。其中在小学就读1 436.81万人,在初中就读763.51万人;进城务工人员随迁子女1 260.97万人,其中在小学就读932.74万人,在初中就读328.23万人。这些数据说明这两部分人员是一个庞大的学生群体。

育的成果问题等。例如教师素质问题，我们通常所说的科教兴国，意味着兴国离不开教育，但教育又离不开教师，因此教师素质问题就成为迫切需要解决的问题。围绕这一问题，我们可以选择一些优秀教师成长、发展的典型经验，以此作为研究对象，探索提高教师素质的有效途径与方法等。

（三）教育实践中的弊端问题

针对弊端问题进行研究，有利于摆脱窘境，改变学校的被动局面，提高教育教学水平。如减轻学生过重的课业负担的对策研究，学生素质发展中的片面倾向研究，学生的人生观、价值观现状与对策研究等问题。

（四）特色学校建设问题

当今社会发展迅速，教育要适应社会的变化与发展，学校要在激烈的竞争中立于不败之地，必须形成自己的办学特色，进一步自我完善。而如何形成自己的办学特色，探寻影响形成特色的主要因素以及如何对特色经验进行及时总结是中小学教师在教育教学中必须经常面对并予以思考的问题。

特色是一所学校在长期的办学过程中逐步形成的一种独特、优质、稳定的办学风貌，具有鲜明的文化特征、特殊成就与育人效果。办学特色必须以保证质量为前提，培养的人必须是符合教育方针和目的的优质人才，真正意义上的学校特色往往以优质办学质量作支撑。优质性是特色的基本属性，是决定性因素。从优势项目到项目特色，到学校特色，到特色学校，是一个长期的教育创新过程，需要不断深化、不断丰富、不断积累，需要学校充分发挥自身的能动作用。一所学校要形成特色，其核心是要养成教学特色，这不仅是学校培养特色学生的主要途径，更是学校特色形成的主要方面。

从历史或办学传统中挖掘、提炼、分析、聚焦学校既有的优势，引进先进的教育理念，深化改革创新，是学校特色发展的必经之路。校长引领特色办学的方向，教师队伍奠定特色办学的基础，学生发展促进特色办学更新，地域、校本是实现特色办学的途径。

有人认为，课程改革为学校的特色发展和学生的创新型人才的培养提供了广阔的空间。因为改革开放以来,学校范围内着眼于要素和局部的改革,如课堂教学、管理体制、信息技术、道德教育、科技教育等。但缺少一种适应转型社会对教育发展需求的总揽性变革思路,尤其缺少从价值取向、结构形态到运行机制和内在动力上展开整体性、全程性改革设计与实施的转型性变革思路①。

(五)与教育实践有关的基础研究问题

这些问题的难度较大,或曾被人们忽视,但又是中小学教育不可缺少的部分,如阶段教育与终身教育的关系问题,学生社会性发展与培养问题,能力与知识的培养问题等。在教育改革过程中,必然会产生以往理论从未接触的新问题,即教育实践呼唤新的教育理论;或表现为教育实践与原有理论的不一致,教育实践要求修正以往的教育理论。

教育总是面向未来,着眼于培养未来人才,因而性质上具有朝前看的特点;但在运作上,教育又总是凭借着以往的经验行事,表现出朝后看的特征。性质上的朝前看与运作上的朝后看特征,构成一对矛盾,在这对矛盾的作用下,教育总是处于新问题不断出现,老办法需要改进的问题状态之中。因此,在教育实践领域总是存在着大量的问题需要我们教师来探索、研究、解决。中小学教师应该在教学实际中注意寻找丰富的教育教学经验及事实之间的内在联系,揭示内在规律性,另外,善于引发并留心争论,在争论中发现问题。有些问题虽有有关人员准备或正在研究,但仍然可以变换思路,改变方法进行探索。

其实,教育实践中的教育问题时刻围绕着中小学教师,教育科学研究活动就发生在他们身边。中小学教师感觉到从事教育科学研究有相当的难度,是因为在日常工作中缺少科研意识或课题意识。所以,在日常工作中应增强科研意识,有针对性地选择一些问题,运用科学研究方法展开研究,以此改善自己的工作,提高自身的素质,使自己逐步成为专家型教师。

对于普通教师来说,毕竟受到工作背景和时间的局限,在拟定课题的时候最好能够结合自己的工作实践来进行,在不影响工作的前提下开展课题研究,这样既可以通过课题研究,取得研究成果,又能够以此来促进

① 杨小微,鄞力.基础教育研究聚焦何处[J].教育研究,2008(7):31.

课堂教学或是班级管理质量的提升，可谓是一举两得。

中小学教师选题应基于教学实际、教师实际、学校实际来选择自己有能力驾驭、自己能做、能做好的题目和内容，立足于解决本校教育教学中的具体问题，直接服务于教育教学工作中的问题[①]。

二、课题来源于对学术热点与学术动态信息的分析

教育信息资料能比较及时地反映某些教育思想观点、教育经验体会、教育科研成果以及教育动态。研究者通过搜集、筛选、整理其中的一些信息，可以及时了解某些教育问题的研究动态，吸取其研究成果并发现其中的不足，从中受到启发，在别人已有研究的基础上发现和提出问题，形成研究课题。

另外，同一对象、现象或过程，存在着不同的观点，不同学派之间的学术争论是科学发展中常见的事。在社会科学中，由于对象的特殊性、具体性，由于历史、传统、文化、地域、利益等各方面因素，对于许多教育问题人们几乎都不可能达成统一的认识，人们也不满足于某种统一的概念的抽象，于是就展开讨论。那些讨论较多、争论激烈、为众多学者所关注的问题即为学术热点问题。当前与中小学教师联系密切的研究热点大致有下列几个方面。

（一）科学发展观与教育发展

中小学教师在教育教学实践和教育科学研究中，要树立并落实科学发展观，促进教育全面、协调、持续健康发展。

1. 全面认识教育的作用与地位

科学发展观极大地拓展和丰富了教育改革和发展的内涵，进一步说明了现代社会中教育的意义和价值，更加明确了教育与整个社会发展的紧密联系，进而突出了教育在整个社会中的地位。

教育不仅是扩大生产资源的手段，而且是促进社会公平、和谐，提高人们解决环境与发展问题和实现可持续发展的关键因素。人的发展是一切发展的核心和最终目的。教育是培育人的事业，是人才资源开发的基

①于洪林.论教师如何成为研究者[J].中国教师，2011(7)：50-52.

础,用科学发展观指导教育工作,就要求把教育摆在优先发展的战略地位,促进各级各类教育持续、健康、协调发展。

2. 树立科学的教育发展观

树立以人为本的教育发展观,不断满足人民群众日益增长的文化教育需要,努力办好人民满意的教育。树立全面、协调的教育发展观,树立可持续的教育发展观。教育在促进经济、社会、人和自然的可持续发展的同时,其自身也要实行可持续发展。问题有:如何处理好教育系统内部的各种关系,特别处理好教育发展中规模、结构、效益的关系,实现规模、质量结构和效益的协调统一;如何处理好教育的改革、发展与稳定的关系;教育的区域发展与整体发展的关系;城市教育的发展与农村教育发展的关系;教育与经济和社会的关系等。作为中小学教师,如何将以人为本、科学发展的理念贯彻落实到自己的教育教学实践中,可以就有关问题进行思考。

3. 把握教育发展的战略机遇期

要以科学发展观统领教育工作全局,把教育的适度超前发展作为经济社会发展的最为重要的支柱。问题有:如何以发展的观念来解决教育发展中出现的一些困难和问题?如何把发展速度建立在优化结构、提高质量和效益的基础上,着力提高教育质量和效益?

4. 以科学发展观促进教育政策创新

坚持以人为本是科学发展观的核心,是教育政策选择的根本依据。科学发展观指明了我国教育政策选择的目的和方法,即促进教育的全面发展;明确了我国教育政策选择的基本原则,即协调发展。

5. 以科学发展观指导教育科研

中小学教师运用科学发展观指导自己的教育科研时,应注意以下几点:

(1)教育研究要以人为本。科学发展观的核心是坚持以人为本,以人为本的科学发展观要求教育研究关注教育现实问题,而不是从理论到理论。教育要研究活生生的学生、教师和充满生机的学校,其第一要务是以人才为基础,贯彻以人为本的思想。

教育界倡导中小学教师要成为研究者,要做研究型教师。但目前中小学教师的现状是:教师的教学任务繁重,有考试指挥棒的压力,他们普遍没有时间和精力参与课题研究。运动式地推广教师参与科研课题,使教师成为研究型教师,不符合目前中小学教师的实际情况,教育研究成果质量难以保证。以科学发展观为理念的教育研究应该是一种关注教育发展内在要意的生命研究,而不仅是在乎教育形式繁重的物象研究;应该是一种主动与教育实践联系的前设研究,而不仅是具有说明性质的后置研究。

(2)教育研究要关注均衡发展,要坚持可持续的发展观。我国是世界上最大的发展中国家,而发展中国家的最重要特征就是发展不均衡。坚持全面、协调、可持续的发展观,对教育科研而言,就是要研究不均衡社会教育各部分之间的均衡发展问题。研究任何一个局部性问题,都必须考虑其他部分,尤其在研究教育的普遍问题时,不能将样本、案例选择在大城市的重点学校,这样会忽视中国千千万万个遍布城乡普遍困难的学校,得出的结论会有失偏颇。应处理好各层次教育发展的数量与质量的关系、速度与效益的关系,注意教育发展的区域不平衡,农村教育和城市教育等问题,要尽量缩小教育发展在区域间的差别,争取做到资源(人、财、物、信息等)均衡和性别均衡。教育需要谋求学校与社会的协调发展。

(3)教育研究要大力提倡科学精神。要提高科学精神,就必须掌握科学的方法,具有科学的态度,要尊重事实,敢于打破传统、权威,敢于怀疑,敢于追求真理;要提高科学的素养,充分认识到自身知识结构上的缺陷,有意识地努力改善。教育科研要真正成为教育决策的科学依据,对科学决策发挥积极的影响而不是误导,就必须立足于中国的教育实际,客观地看待我国尚处于穷国办大教育阶段,教育的供给与需求之间及各地教育资源的数量与质量和发展水平之间仍存在显著差距这一现实,力戒浮躁,务求实效。

(二)义务教育均衡发展问题

教育规划纲要明确了均衡发展是义务教育的战略性任务。在城乡二元结构的背景下,教育政策在价值取向和目标上都带有明显的城市倾向,由此带来了诸多的矛盾和问题。要创新体制,逐步纠正或改进造成城乡差距的体制和政策,建立以城乡协调发展和一体化为目标的义务教育均衡发展保障机制。教育差距根源于教育资源,包括人力、物力和财力资源配置的差距。因此,消除教育差距就应从教育资源配置上着手。对于物质资源,只要政府有财力和决心,就可以在短时间内实现均衡配置;然而作为生产力要素中唯一具有能动性的人力资源,要实现均衡配置却要复杂得多,因此,义务教育阶段教师资源的均衡配置是实现义务教育均衡发展的关键所在,也是难点所在。随着教育改革与发展的深入,师资队伍建设已成了制约基础教育均衡发展的瓶颈之一。教师学历合格率不高、学科结构不尽合理、师资分布结构偏差严重等现象表现极为突出。义务教育教师资源分布在质量上也不均衡,义务教育学校的中级及以上职称教师比例城乡间、地区间仍存在较大差距。在发达地区和大中城市,教师学历比较高,一些条件好的小学,教师本科学历已达80%以上,有的地方甚至出现了硕士、博士任教小学的情况。城镇学校大班额现象严重,校际之间优质教育资源不均衡问题比较突出。而在一些偏远落后的农村地区,教师队伍中相当一部分是由民办教师转为正式教师的。这些地区学校的教师普遍学历达标率较低、职称较低,而且观念陈旧,知识结构单一,教育教学方式落后,难以适应当前新课改的要求,有时甚至连基本的教育教学质量都难以保证。同时还存在严重的结构性短缺,城市、县镇教师学科结构较为合理,而不少农村学校教师由于学科结构不合理而跨科上课,用非所学现象较为普遍。一些农村学校和办学点教师常常是同时兼任多门学科的教学,集语文、数学、英语、音乐、美术、体育、信息技术等于一身,骨干教师和学科带头人更是鲜有。

制定均衡教师资源的政策离不开一定的经济支持,增加编制的政策需要以相应地增加有关学校的人员性经费为条件,需要相应的人员来执行和参与;师资培训政策要考虑到边远地区和薄弱学校教师人手紧张,不能脱产进修,甚至不可能在职进修的具体情况;工作轮换政策、定期支教政策相对而言不需要很大的经费投入,但却有可能影响到教师的工作和生活,给教师带来各种不便,如果不同学校社会地位和经济收入差距明显,那么这些政策还会直接影响到部分教师的利益。此外,这些政策也会影响到教师之间的人际关系、教师对学校的态度、学生对教师的态度等。

政策能否推行以及政策效果的好坏是与有关人员对政策的理解和支持密切关联的。教师从事的是具有创造性的智力活动，工作的满意度和努力程度对其工作成效影响显著，因而均衡化政策尤其需要得到教师们的理解与支持，否则，就可能影响教师工作的积极性，降低教育教学质量，使师资配置均衡化政策失去意义。如何改变上述现状，解决义务教育阶段师资配置均衡问题，中小学教师可以结合自己的实际，就义务教育均衡发展的政策、目标、手段等进行探讨，提出自己的看法与体会。

（三）教育公平问题

在构建和谐社会的今天，教育公平问题已成为举国上下街谈巷议的一个关乎国计民生的大问题。当前社会，教育不公平现象时有呈现，其中以教育机会分配不公问题最为突出。一方面，由于在平等与效率之间过多地倾向了效率，有限的教育机会通过竞争和选拔制度加以分配，由此导致的教育机会不公平已经成为一个亟待解决的问题。这种不公平表现在城乡之间、男女之间、阶层之间、区域之间、进城务工人员与市民之间等，教育也由此在不同群体之间设置了难以逾越的边界。从义务教育阶段人们应该获得的教育权利来看，目前所存在的种种教育不均衡状况表明教育公平还远没有实现。尽管政府和社会各界对此做出了一定的努力，但教育不公的现象依然存在，教育公平改革的成效依然甚微。其具体原因是什么，不同的学者从不同的角度进行了探讨，认为既有历史性因素，又有制度性因素，但仍然是仁者见仁，智者见智。中小学教师身在其中，感受深切，可以结合自己所处的真实情景，作出思考，提出建议。

（四）基础教育课程改革

我国原有的基础教育课程体系存在着诸多弊端，随着素质教育实施的深入，人们越来越多地认识到：原有的课程目标注重知识的传递，忽视了学生的主体性与创造力的发展；原有的内容繁难偏旧，过于强调书本知识，远离了学生的生活世界和社会实际，不符合中小学生的发展规律，以考试评价为主，只强调评价的选拔功能而忽视其他功能；原有的课程管理过分集权和统一，缺乏灵活性和多样性。

针对上述弊端，此次课程改革主要集中在课程理念、课程目标、课程内容、课程结构、课程实施、课程评价和课程管理等方面。要求教育工作者重新认识教育的价值和教育的培养目标、更新教育观念，改变传统的教育教学方式，重新定位学校的地位和教育者的角色。

基础教育课程改革核心理念是一切为了学生的发展。为促使学生更好的发展，未来课程改革应贴近时代脉搏，注重学生素质的提升，关注课程试验和德育课改，促进信息技术和课程的整合，加强基础学科和综合课程的建设，设置多样化课程，使课程评价多元化、课程体制弹性化。注重培养学生的实践能力、分析问题与解决问题的能力，强调课程内容与学生生活与现实社会的联系，倡导教材开发的多样性，鼓励教师创造性地使用教材，并主动开发校内外各种课程资源。同时，提倡评价方式的多样化与评价主体的多元化。但如何将这一核心理念贯彻落实于教育教学实践、落实于具体的课堂？还有很多问题需要进一步探讨。

课程改革的目标是：学生的均衡发展；学生的个性发展；学生的自主发展。但如何做才能促进学生的均衡发展？如何做到课程结构上均衡各学科，将分科课程与综合课程结合起来？在内容上作怎样的规划和取舍才是合理的？课程结构如何着眼于学生的学会求知、学会做事、学会共处、学会生存和发展能力的培养？教师怎样才能成为学生自主发展的引导者，以实现学生的自主发展，积极实现学生学习方式的革命？

高中教育如何在主旨上从选拔精英转向服务大众，在运作模式上如何摆脱应试的惯性，真正走向内涵式的变革与发展，这些问题尤其需要展开全面而有深度的研究。基础教育课程改革的真正实施者是教师，改革对教师提出了一些新的要求，如概念更新、角色转换、教学变革等。但如何实现更新、更新到什么程度、达到什么状态？教师的角色怎样转换，其途径与方法如何？如有人提出教师应由知识的传递者转到学生发展的促进者，学生的管理者转到学生发展的引导者。但知识传递与发展的关系如何？管理是否也是一种引导？不传授知识谈什么发展？

教师的教学行为如何改革？如由重传授到重发展，重教到重学，重结果到重过程，统一规格到差异性教育，单项信息交流到综合信息交流，权威型到民主型，教学模式化到教学个性化等。这些均应进一步讨论，如过程与结果的关系，有无统一规格要求、要求如何？传授与发展、教与学的关系与度的问题等。

实施课程改革还有一个重要问题，即高考制度配套改革问题。高考制度定得过死，评价标准单一，与课程改革培养目标的整体性产生矛盾，学校在实施中产生的顾虑太多，也不能放手大力推进改革。如何形成国家、社会、学校、家庭四位一体的高考评价系统，让新课程理念和精神贯彻到高考中去？但高考的改革势必又影响到整个课程改革的进行，并且还要与高校体制改革同步。如何让高考服务于课程改革、服务于学校（高校）改革、服务于学生，而不是用考试评价来指挥甚至控制课程和人的发展？这些都应作深入的探讨。

教育改革应是自上而下的，如果只有政治家和立法者的热情，而没有学校校长、教师和家长的积极参与，任何改革的成效都会大打折扣。对于任何教育改革来说，提高教育质量的目的与节约成本的目的是不易同时实现的。

课程改革是否成功，标志之一在于课堂教学中教师教的方式与学生学的方式是否得到改善，也在于教师、学生通过课堂改革是否获得成长与发展。要真正使学校的课程文化发生转变并获得成效，改革的理念必须得到教师群体的认同。启动学校改革工程，必须首先在学校内部凝聚重要的变革力量。只有在这一前提下，教师才会对课程改革的设计实施和评估积极地参与。

课程改革不是决裂意义上的革命，它必须依托自身的传统实现自身的完善。只有正确处理课程改革与传统课程的关系，课程改革的推进才具备宽广的现实基础。课程改革是一种实践精神、一种指导思想、一个渐近的过程，是传统教育的必然升华。

基础教育课程改革的过程是一个漫长的、充满坎坷的艰辛过程，会有失败与挫折，教育者与受教育者都承担着风险，这就存在着一个实验伦理问题。为此，他们应该得到考试制度的支持或某种补偿，在新课改的评价与以选拔为唯一宗旨的考试评价不一致的情况下，这种支持与补偿是合乎伦理的[1]。需要思考的是，基础教育课程改革对于我们重新认识教育理

① 杨启亮.走出课程评价改革的两难境地[J].教育研究，2005(9)：31-35.

论与实践的关系具有哪些启示；基础教育改革实践是否强化了我们关于教育学理论研究的问题意识；基础教育改革是否推动着教育学、教学论和课程论等一些学科领域的重建或者理论体系的更新①。

（五）高等教育大众化

近十几年，我国高等教育事业得到了快速发展，2004年各类高校的在校学生人数已居世界第一位，高等教育毛入学率已达到19%，2007年毛入学率达到23%，2009年高校毛入学率为24.2%，2011年全国各类高等教育总规模达到3 167万人，毛入学率达到26.9%，进入国际公认的高等教育大众化阶段，创造了高等教育发展史上的奇迹。但同时也暴露出不少问题与矛盾，促使人们重新审视高等教育大众化的理论内涵，反思大众化对中国高等教育的影响，关注高等教育大众化背景下的质量、公平、效益等深层次问题。

高等教育大众化背景下的一个核心问题是教学质量保障。由于高校规模的扩展，升学率的大幅度提高，高考录取分数线的不断降低，不少基础知识并不扎实的高中生进入大学。如何做到既能满足人民大众求学的愿望，又能保证高等学校的教育教学质量，是大众化阶段必须处理好的核心问题。有人担心大众教育会冲击精英教育，从而影响高等教育质量。对此，有学者认为，大众化阶段的大众教育和精英教育是高等教育两个并存的体系，既不相互矛盾，又不可互相替代，它们是高等教育的两个发展方向。我国精英教育的发展重在提高，大众教育的发展主要是数量的增加，精英教育的培养目标与大众教育的培养目标（即教育质量要求）是不同的，两个体系共同为社会培养所需的人才，不存在高低不同的层次。不能用精英教育的标准要求大众教育，应建立一个多样化的高等教育体系，确立多样化的高等教育质量观②。

我国高等教育大众化的进程，已经超越了国际上其他国家在相同时

① 杨小微，鄢力.基础教育研究聚焦何处[J].教育研究，2008(7)：31.

② 要使广大考生、家长明白，学技术的发展空间无限。没有大批合格劳动者，许多科技创新难免流于纸上谈兵，再高明的设计也难实现。基于人类社会发展规律，我们的工业化、现代化进程成败在于劳动者个体素质是否普遍提升。从国家、社会的宏观角度看如此，从个人、家庭的角度看也如此。

期、相同阶段的发展速度，要继续承载如此的发展速度，必须解决现实的投入与就业这两大问题。如果对高等教育的经费投入问题与大学生的就业问题未能很好地解决，必然对高等教育的发展产生严重的制约和影响。尽管政府与社会对这两方面作出了很大的努力，但仍然与普通大众的期待还有很大的距离。

（六）网络时代与教育

网络不仅改变着人们的行为，也改变着人们的观念。网络社会不仅作为一种文化因素影响着教育，也作为一种技术因素作用于教育的过程。网络在教育中的使用正在使传统的教育受到挑战，同时也使教育发生着全方位的变革。具体表现为：

1. 教育观念的更新

互联网上的跨区域、跨国界的多元文化的教育价值、教育观念必然冲击每个教育者和学习者，教育价值观念会得到重组和融合。信息技术改变着人们关于知识的观念，包括知识的数量与质量。

2. 对制度化教育的冲击

（1）教育组织形式受到冲击。原有意义上的有固定场地、固定班组、固定活动的学校教育形式，将成为学生进行社会交往的场所，而知识的学习将让位于不受时间、地域限制的信息技术。教育活动中学生的活动将由群体向非群体化发展。

（2）教育管理体制面临调整。如对行政人员来说，由于教学将成为24小时不间断的活动，必须建立一套有效的管理方法来适应新的挑战。

3. 赋予教育新的使命

教育要促成“网上一代”的成长，首要是加强信息技术教育。国际21世纪教育委员会指出，最好的技术如果没有与使用这种技术相适应的教学，它在教育环境中就毫无用处。

4. 教育方式的变革

网络体现为一整套信息技术设施和相关技术规则的集合体，为教育提供另外一种先进的、开放的信息传输手段。在教育活动上，网络技术应用于教育中，改变了传统的教育教学手段，同时人们还可以在网络上构建网上学校。

网络时代可能使传统教师的角色发生重大变化,并且对师生关系产生重大影响。诸如"网络条件下教师在教学过程中的地位"、"建立有效的网络教育质量测评系统问题"、"网络学习者的道德品质培养的途径与方法"、"教学过程的有效保证"、"网络免疫力教育问题"、"信息污染问题"、"网上交友问题"、"信息共享与成果剽窃问题"、"网上言论自由与法律界限问题"等都还需要作深入的研究。

(七)教师专业化问题

提高中小学教师整体素质,造就一支高素质的专业化的教师队伍是教育规划纲要中的一个重要内容,教师专业发展是我国教师教育改革的主题。教师专业化就是以合理的知识结构为基础,具有专门的教育教学实践能力,并能有效地、创造性地解决教育教学领域中的问题,其目标是提高教师的实践性反思能力。

教师合理的知识结构是从事教育教学的前提条件。但怎样的知识结构是合理的。通常认为教师应具备三个方面的知识:一般性知识、所教学科知识、教育科学知识。有研究者就教师专业知识的测量进行研究,并将教师专业知识分为四个核心要素,即一般教学知识、课程知识、学科知识与学科教学知识。一般教学知识主要为教育理论知识,具体指教师具有的教育基本原理、一般教育学、教育心理学知识;课程知识指教师具有的关于所教学科的课程目标、学习内容、知识体系的知识,具体表现为对课程标准的理解以及对教材的把握;学科知识是指教师所具有的关于执教学科的概念、原理、理论、方法等知识,即语文教师具有的中文知识,数学教师具有的数学知识;学科教学知识是指将学科知识转化为易于学生理解、接受的方式的知识[①]。

教师专业能力是教师专业发展中的另一个重要组成部分。教师应具备怎样的能力结构?有人认为教师专业能力包括一般能力与专业特殊能力。一般能力是指教师的智力条件及维持正常教学的基本能力,包括语言表达能力、思维能力等。专业能力分为两个层次:一是与教师教学实践

① 马云鹏.教师专业知识的测查与分析[J].教育研究,2010(12):71.

经验直接相关的能力，如学科教学能力、班级组织能力与教学监控能力等；二是有利于深化教师认识、改进教学实践的能力，如教育科研能力、创新能力等。

关于教师专业化的发展途径问题，目前的研究大多从宏观方面进行讨论，如改革师范教育与继续教育培训等，缺乏具体的策略及整合分析。如师范课程改革、论述调整课程结构、强化实践性课程，但在具体操作上，仍没有具体、可行、科学的方案。对于未入职的未来教师，教师专业化涉及高等学校的课程设置等问题。当前，教师专业发展存在教师教育专业和课程标准的政策性缺陷。我国教师教育已迈入师范性与学术性高层次结合为特点的现代教师教育课程体系的构建阶段，如何同步优化通识教育与专业教育、如何有效融合文理学科知识与教育专业知识是一个比较棘手的问题。学科专业课程与教育专业课程如何统一在高水平教育的目标下协调共进，更是一个深层次的难题。此外，高等师范院校普遍重视师范生的学术能力，对专业理论的依赖超过了对多变教育生活世界的关注，与中小学联系较为薄弱，对教师"转型期"的训练不够重视，导致新任教师难以胜任教师角色，成为了教师专业发展的阻碍性因素。

对于在职教师来说，专业化涉及职后的培训即继续教育问题。尽管人们已充分认识到教师继续教育的重要性，但有关在职教师的进修体系还是没有完全建立并予以完善。教师进修的课程一方面存在着陈旧保守，缺乏新颖性、前沿性问题，另一方面，又存在着盲目赶超前沿性问题。几种典型的表现是，短期的教师继续教育培训课程，常标以"现代化""最新"等名目，多少带有一定的盲目性；现代教育技术培训，因技术发展很快，淘汰更新率很高，一拥而上可能造成教育投入的低效率与浪费。研究生课程班的开设，对于在教师职业科学范围内追求更高的学历是合理的，但就其所教的学科职业范畴而言，似乎超越了需求。事实上，教育思想观念不更新，学历再高也无益于目前所教的学科。目前的继续教育并没有建立起适合于教师素质的价值体系，评价结果并不能说明被评教师的素质优劣，评价基本上不能成为改造和促进教育的真正有意义的措施。评价方法仍然是考试，其考试命题依然具有强烈的主观随意性，效度、信度均不理想。如何建立有效的继续教育评价体系仍需作系统的探讨。

我国是农业大国，绝大部分的中小学教师在农村学校，如何关注这个较大群体的专业化发展，是教师专业化发展的一个重要课题。在现阶段，农村中小学教师的专业化发展还缺乏必要的外部支持和专业引领，特别在教师还不知道做什么、怎么做，还没有形成专业反思和研究习惯的起始阶段，如果没有一定的外部力量支持，很容易使这些活动流于形式，甚至自生自灭。因此，要增加农村学校教师进修与培训的机会。积极开展校本教师培训，从当地学校的需要出发以学校为基地培训师资，强调教师教育机构与当地学校的伙伴关系的建立。在教师培训中把培训与教师的研究相结合，培养教师的自我反思意识和能力，激发他们继续学习的积极性[①]。但是校本培训又涉及培训的内容与培训者问题。关于培训内容，如何从师德、教育教学原理、教育科研方法、现代教育技术等侧重于理论的内容，发展到更强调实践的师德训练、教育教学能力训练、教师科研能力训练等方面来。如何充分发挥集体的协作和学校整体效能的改善，克服内容零散、偏重技术知识等问题，既兼顾全体教师，又能满足不同专业教师的需要。对培训主体，农村中小学的校本培训由谁来担任培训者，外请专家学者能否准确把握本校教师的实际需求，了解调查教师面临的问题？而在本校能否从自己的教师群体中挑选出足以培训其他教师的教师？即使有，他们能否在继续钻研教学业务的前提下，把更多的剩余精力花在为他人培训、提高他人的素质上来？校本培训的效果如何评价？评价的方式与方法如何等问题都值得深入讨论。

三、课题来源于对已有的教育理论、观点的怀疑

怀疑是对已有结论、常规、习惯、行为方式等的合理性作否定或部分否定的判断。怀疑必然引起人们对事物的重新审视，会在原来以为没有问题的地方发现问题。通常，学科发展水平越低，值得怀疑的结论越多。

怀疑使我们进入思考的状态，它是思考的启动装置。正如哲学家赵汀阳所说：怀疑是思想的免疫系统，它保持着思想的主权，即保持思想自主这一绝对性，使思想免于仅仅成为心理活动甚至仅仅成为生理活动。

怀疑论者的基本信念是普遍怀疑，只有怀疑才能让人抵达真相，并让

①李景.西北农村小学教师专业发展的影响因素分析[J].教育测量与评价，2009(10)：25.

人因此而宁静。怀疑起源于对宁静的期望,如果能够通过研究排除错误确定真理,那么就可以得到精神的宁静[①]。怀疑并不是随心所欲的乱猜疑,毫无根据的乱猜疑不可能提出有研究价值的新问题。怀疑的根据主要是两方面:事实与经验、逻辑。

事实上,随着社会实践的发展,教育理论、教育思想在指导教育实践的过程中,会出现一些新的矛盾,产生新的问题,需要解决。这也是教育理论自身发展迫切需要解决的问题,理论的命运从来都是由以满足社会实践需要的程度而决定的。作为中小学教师,如果自己接触的某事实或自己积累的经验与现有理论或常规不一致或相悖,此时,首先要相信自己的经验,可以对现有理论或常规提出怀疑,据此可作探讨,即提出问题进行研究。

当然,中小学教师也可以通过逻辑分析对某理论、某概念产生怀疑。如从得出结论的过程进行现阶段下的逻辑分析,发现其中的推理存在的问题,从逻辑的角度对结论的正确性作出怀疑的判断。相当多的情况下,怀疑研究的步骤是:事实与原理相悖→根据逻辑引起思考,判断原理的逻辑合理性→提出新的结论(研究假设)→验证与探讨。

缺乏怀疑精神的人,在碰到自己的经验或所接触到的事实与现有观点不一致时,习惯于否定自己,或尽量用迁就理论的方式调和理论与事实之间的矛盾,同时也很少想到要对理论作逻辑分析,而更相信书本与权威,忽视自己的经验、观察、感受,放弃独立思考。

通过怀疑提出问题,经过研究之后,有两种结果:一是部分或完全证实了研究者的怀疑,提出了更科学的结论,科研获得成功;二是研究的结果证明自己的怀疑错了,维持了原有的结论,科研没有取得预想的成果。但这种研究对改进自己的研究和工作仍然是有积极意义的。至少能使自

①历史上曾出现四代怀疑论者。第一代是古希腊的怀疑论者,他们怀疑的是关于世界本质的知识。水、火、数等都曾被作为世界的本源(古希腊泰勒斯将水作为万物之源,赫拉克利特认为万物的本质是火,毕达哥拉斯认为知其数使得知其自然的秩序与规律);第二代是休谟对归纳法和建立在因果关系之上的知识的怀疑;第三代是维特根斯坦对规则和制度的怀疑;第四代是"后现代"对所有的知识、理想、制度、伟大理想等"宏大叙事"的不信任。事实上,几乎所有的哲学家、思想家都是怀疑论者。笛卡尔的"我思故我在"几乎就是"我怀疑我存在";尼采的"重估一切价值"其实就是"怀疑一切价值"。参见:刘良华.教育研究方法专题与案例[M].上海:华东师范大学出版社,2007:309.

己对曾经怀疑的理论的正确性有更深入、确切的认识，工作中不再凭老经验办事，把握住了该理论的本质。将此经过、体会、感受，真实反映出来，使他人引以为戒。

怀疑之所以成为可能，是因为知识在没有获得亲自验证之前，都是可疑的。笛卡尔直接提出四条“怀疑”原则，其中一条就是“凡是我没有明确认识到的东西，我决不把它当成真的接受，也就是说，要小心避免轻率的判断和先入之见，除了清楚分明地呈现在我心里，使我根本无法怀疑的东西之外，不要多放一点别的东西到我的判断里”。

任何一种存在，必有一种相反的存在。存在是合理的，相反的存在也可能是合理的。每个命题都有一个相反的命题，相互反对的论证似乎同样有力。如儿童中心与社会中心，个性与社会化，自然主义教育与塑造主义教育，发现学习与接受学习，班级教学与个别化学习，惩罚教育与赏识教育等。

怀疑只是一种对眼前的现象、事实、制度、观念或知识等表达的不信任，但这种不信任并不能解决问题。我们不能仅仅满足于怀疑，需要从怀疑走向批判。但你所作的判断和选择对他人来说，同样是值得怀疑的。不过，如果你亲自思考、亲自经历了，你的判断和选择是建立在你自己的理智判断之上的，可以心安理得，比较接近真相。

怀疑与批判是有区别的。怀疑只是一种疑神疑鬼的不信任心情，对眼前的事情不信任，但并不知道这个事情的真相。批判不同，批判的前提是你已经有自己的标准与答案，已有自己的赞成甚至有自己的具体方案，是用自己的标准或方案去反对这个标准或方案。

怀疑、批判里面隐含了某种重建的期待和企图。怀疑和批判是一种否定，否定的结果导致新的肯定和新的建设。

对研究者个人来说，他可能在某个时候只负责怀疑和批判，不考虑整体转型或重建。但只要有足够的时间，怀疑者和批判者迟早会提出他们的治疗方案和建设提纲[①]。

① 刘良华.教育研究方法专题与案例[M].上海：华东师范大学出版社，2007：309.

四、在文献查阅中进行问题分析

人类几千年的文明历史为教育积累了大量宝贵的文献资料，这是后人赖以探索、研究教育的基础。但是由于人类的认识总是有其从低级到高级、从必然王国到自由王国的发展过程，也由于时代的变迁、情境的转换，任何人在认识事物中总有其局限性，因而前人或他人的研究不可避免的有遗漏和不够的地方。这正是我们从文献分析中可以找到的值得研究的课题。

一份研究报告的作者常常会直截了当地给出一些新的研究设想，他们在对研究结果进行总结的同时给出一些关于未来研究的建议。大多数情况下，一项研究引出的问题要比它回答的问题还要多，作者在报告研究结果的同时，通常还会指出那些尚未解答的问题。通过批判性地阅读他人的研究报告，会提出一些基本的问题：如何才能对一项现有的研究作出改进或扩展？任何研究都要使用一系列的指示语、刺激、测验和被试，如果改变这其中的任何一项会发生什么？例如对小学低年级（1~3年级）学生进行研究所得到的研究结果在其他群体那里也能得到吗？如果环境发生变化，刺激是否还有效？基于逻辑或其他研究结果，可以预期环境的改变会导致结果的改变。例如为什么这项研究只考察小学生？如果任务难度加大会发生什么事情？如果研究对象一直受到激励而更加努力，他们的成绩会一直提高吗？像这样一些问题会导致对现有研究的修正或扩展，这就是一个产生新的研究思路的有效方式。

在阅读有关文献资料时，有可能遇到两项研究的结果彼此矛盾，此时，你可以看这两项研究中存在差异的因素和可能造成结果不同的原因是什么？

一个好的理论除了能够解释以前的研究结果，通常还应能预测在新的情境中的行为。仔细查阅构成一个理论的不同变量（引起行为改变的因素），然后提问如果控制其中一个或多个变量，或者将其中一个或多个变量隔离开来，情况会如何？预测是理论的构成成分，对预测进行检验也是研究设想的源泉。有时，你会遇到两个不同的理论试图解释同一种行为，当两个理论做出相反的预测时，我们就有了研究的好机会。

归纳起来，从文献分析中得到的课题可以有几个方面：

（1）前人或他人尚未涉足的“空白区”。它是有待开垦的处女地，在这上面劳作，往往会给人们带来开拓性和创造性的成果。

（2）对前人或他人的理论、观点发生怀疑或产生不同的见解。可以就此展开争鸣、讨论，从而推动理论的进一步发展和完善。

（3）注意发现研究结果中相互矛盾的地方。在教育科学文献中，经常会发现两个或更多的研究者采用类似的研究方法研究同一个问题，却得出了很不一致甚至是相反的结论。此时，应多加留意、分析，说明这领域还有值得进一步研究的必要。分析时，应注意弄清探讨同一问题的不同研究究竟存在哪些差异，如是否被试年龄差异、研究环境条件差异等。如果发现不同研究在被试年龄和研究条件等方面存在差异，那么年龄、环境条件等因素很可能是造成结果差异的原因或部分原因。但如果这些研究的被试情况和研究条件基本相同，而又得出不同的结论，则需要查明、推测其他可能原因来说明结果差异。

（4）通过比较分析各种研究的不同特点，综合概括其共同的观点，从不同侧面的研究结果中提炼出更富有整合性的结论。

（5）对别人研究的问题，改变其中的某个变量或改变研究的情境，或增加某个研究的变量、放宽研究的条件进行探讨。

无论是对教育实践问题的把握，还是对有关理论动态的了解，都离不开查阅文献。查阅文献贯穿于研究的整个过程。

五、从国内外教育的比较分析中提炼问题

任何一种教育都是民族性的教育，也都是不同文化传统统治下的教育。我们不能把来自西方的做法和建议当作标准答案全盘接受。任何一种外来教育的选择、借鉴或移植，都必然要纳入本国的文化形态中，接受本国文化的筛选，因而这方面的研究课题更具有突出的意义。

改革开放以来，我国引进了不少国外的教育理论与思想，如布鲁纳、赞科夫、布卢姆等人的教育教学思想。西方的教育评估理论、教学理论、课程理论产生的背景和条件与我国有比较大的差别，对这些思想和理论如何评价，如何根据我国各地的不同情况对它们进行改造，如何在运用它

们的基础上进行理论总结，都可以作为研究的课题。

我们应该清醒地意识到，教育研究的主体是中国的教育学者，研究的对象是中国特色的教育问题，尽管我们的研究与现实需要以他国为“镜”，但将其学术化，其意义就出现了偏离，因为以建立在别国理论基础上的中国教育研究无法结出现实的果实来，是不可能促进一个国家、一个民族的教育健康稳定发展的，因而是一种不健全、不健康的教育研究。教育研究不是他国教育理论的殖民地、实验田，中国才是教育研究应该关注的基点[①]。

有学者认为，教育科研选题应特别重视题目的内容效度。当前，选题应离不开现代教育目标的指引，与教育的四大支柱紧密相连，即选题应与教会学生“四会能力”紧密联系。

（一）学会认知

培养学生认知兴趣和求知欲望，树立终身学习的观念，使每个学生明白“我学习是自我发展的需要”，是为自身的发展而学习，而不是为他人的评价而学习。但这一学习目的如何升华？学生的学习兴趣如何激发？如何改变目前的现状？教给学生治学的方法，包括教给学生掌握学习策略、确定学习风格和学习方式。

教学中要体现以人为本。如何在每一门课、每一堂课中去实现不以知识为主而体现以人为主？如何做到同感、理解、尊重和信任？所谓同感，意味着体会学生的内心世界犹如自己的内心世界一般；尊重则是指教师很珍视学生，无条件地接纳和无占有欲地重视；教师应真挚，真真实实，即使对学生产生某种独特感受时，也能坦诚告诉学生。

自主学习、主动参与、自我激励。如何实现从以教为主到以学为主，如何创设合理、全新的教学模式和教学设计？怎样改变传统的教学评价机制和评价模式，保证以学生为主体，使主体获得良性发展？目前学生的参与只是教师组织教学的手段，事实上是为教师教学服务的，如何破除这些而使学生主动参与？

自我控制力。包括妥善管理情绪、设定目标与计划、独立自主、养成

① 王兆璟.论有意义的教育研究[J].教育研究，2008(7)：42.

良好习惯等。

培养感知力、观察力。如何培养视、听、动、触、协调、注意、记忆、推理、判断、演绎、归纳、创造等能力?

(二)学会工作

教会学生设定目标与实现目标,使学生学会身体力行,改变中国知识分子重知识、轻劳动的传统,进而引导学生亲身体验、全力实践。在目标设定方面,能将长远目标与当前利益相结合,当两者产生矛盾时应追求长远目标。

(三)学会共处

教会学生与他人共同生活,使学生学会待人接物。在实际生活的待人接物活动中学到:了解自己;培养对逊于己者友善、对胜于己者合作的胸怀;严于律己、宽以待人。

认识自己的情绪,妥善管理情绪,培养自制力;培养管理他人情绪的能力,树立正确的社会价值观念,具有良好的人际交往能力。

(四)学会生存

教给学生学会成长和发展自己,具备自我发展能力。如独立自主、独立思考,树立健康的自我形象;认识自己的优缺点及个人在学业和职业上的兴趣;在日益复杂的多元社会中,能认清环境并努力探求自己的人生方向;能设定个人将来谋生与服务社会的理想目标,并尽力为实现理想目标而努力。

第四节　选择课题的一般程序

选择教育科学研究的课题是一个创造性的思维过程。要选择一个既有价值,又有创新且又可行的教育研究课题,还需要遵循一定的步骤或程序。作为中小学教师,教育研究的选题大致经历以下几个步骤。

一、确认一个感兴趣的领域，提出初选研究课题

对于中小学教师来说，寻找研究的起点是一个常见的难题。提出和进行一项研究需要潜心的工作，选择感兴趣的领域有助于教师保持积极性，减少倦怠感，而且更有可能找到愿意毕生研究的课题。因此，关于研究领域可以考虑以下几个方面：

（1）一个特定的总体或群体，如学前儿童、单亲家庭、留守儿童等。

（2）一种特殊的行为，如语言发展、青少年早恋、学习焦虑、诚实、颜色偏好等。

（3）一个总的主题，如工作压力、人格、学习、动机、老龄化等。如果一项研究对你来说是重要的，搜集和使用这些信息就会非常有趣，使其具有研究的激情与动力。

在确定了研究领域后，再选定一个适合的研究方向。理论上来说，选题首先要确定研究的方向，关于研究方向问题应注意几点：

（1）明晰的研究方向与广泛的学习并不矛盾，而是相辅相成的。没有目的的学习只是知识的简单累加和杂乱堆积，明确的目的才能将各种各样的知识连接成有意义的整体。中小学教师的研究方向是在教育教学实践以及理论学习的过程中逐步选择、确定，并逐渐明确、具体的。但理论学习并不应局限于一个狭小的范围，应有更加广泛的知识基础和开放的知识结构，从而形成开阔的视野和多维的视角，提高自己发现问题、分析问题的能力。

（2）在人文社会学科领域，研究方向的明确、具体和稳定是相对的。但必须有形成研究方向的意识，研究方向不宜过泛，反复变化。

（3）期刊对不同时期研究中的热、难、重点问题会予以特别关注，并以一定的方式集中介绍研究成果，以跟踪研究发展趋势，推动研究的发展。但如果研究方向与此相差很远，则不宜盲目跟进。因为期刊是面向研究群体而非某个个体[①]。

在确定具体的研究方向以后，可以根据自己的研究方向，从有关课题

①曾伟.高等教育学科研究生学术研究中存在的问题——基于学术期刊的视角[J].教育研究，2010(11)：72-76.

来源中选出初步的课题,注意应考虑到所选课题是否符合自己的研究方向,是否具有相关的研究条件等。

在实际资料搜集之前,必须花大量的时间进行研究的前期准备。研究主题一旦确定,搜集背景信息是一项基本工作,通常要查阅大量的文献资料,使你对研究主题更加熟悉。应该阅读足够的材料以获得对该领域最新知识的可靠和基本的理解,阅读背景材料的一个重要目标是搜寻一个聚焦点清晰的研究设想。如阅读有关发展心理学的资料,其中有关社会发展的内容引起了你的注意力,你的兴趣在于攻击行为的有关内容,而你发现攻击行为与电视暴力有很大关系。这样,实际上你已经将你的研究兴趣从广泛的人类发展领域缩小到了攻击行为与电视暴力有关系这一很具体的主题,同时也大大减少了要阅读的文献量。

二、对初选的课题作准确的表述

科研课题的表述十分关键,如果表述不准确,将直接影响到研究的进行。

(一)科研课题不宜使用肯定的语句表述

课题表述不是论文题目的表述,课题是问题,要体现出问题性,而论文是研究成果的表述形式,因为已经取得了研究结论,所以可以运用肯定的语气表述。而问题还处于一种思考状态,通常用陈述句的形式表述。如良好的学习习惯是提高中学生语文学习成绩的基础,就不适宜作为科研课题,应重新表述为培养中学生良好的学习习惯,提高语文学习水平的研究,或培养中学生良好的语文学习习惯研究。

(二)科研课题的表述要完整

科研课题的表述一般应包括三部分,即研究的问题、研究的对象、研究的方法。如XX市XX区小学生课外阅读的调查研究,研究的问题是课外阅读,研究的对象是XX市XX区小学生,研究的方法是调查法。有的课题,如在初中数学教学中引导学生学会学习的研究,表述中没写研究方法也可以,但研究的对象和研究的问题必须表述清楚。如自我学习能力形成的研究,表述就不完整,缺少研究对象。研究的问题要具体,研究对象的总体范围要表述明确,如小学生课外阅读的调查就不合适,因为这样表述总体范围就成了全世界的小学生了,无法调查。研究对象的总体范围不仅关系到研究对象如何选取,也关系到研究结论的适用范围。

(三)科研课题表述用语要严谨

科研课题在表述时要用语严谨,要用学术性的语句,不应用大白话,也不应用比喻句。如"浅谈教职工队伍建设","浅谈"不是研究。再如"特别的爱给特别的你"、"反复抓,抓反复"、"托起明天的太阳"、"扬起自信的风帆"等,看起来很生动,但很不严谨,也没有确切的涵义。再如"鼓励冒险,培养流畅的口语能力",不仅无研究对象,无研究范围,而且"鼓励冒险"用语不严谨。

三、对研究课题进行初步探索

初步探索主要围绕研究内容、研究方法、研究价值和研究的可行性等方面展开。初步探索的主要目的不是直接回答所要解决的问题,而是为研究设计提供可靠的客观依据,为正确解决研究的问题探寻可供选择的方向与道路。初步探索的任务之一是为课题研究选择正确的起点与重点,起点过低,与别人的研究重复过多,失去了研究的意义,同时降低了研究的价值;重点不突出,就难以设计出高质量的研究方案,导致不可能取得高质量的研究成果。为了正确选择研究的起点与重点,就应该搞清楚前人和他人对类似的课题作过哪些研究,解决了哪些问题,还有哪些问题没有解决或没有完全解决,特别是与课题有关的最新研究成果。任务之二是基本形成研究的假设。通过初步探索,不仅要了解前人与他人的研究概况,还要重点关注他们的建议与看法等。根据当前的实际情况对他们的观点、建议、看法作出自己的判断,形成自己对拟解决的问题的基本观点与看法,即研究假设。初步探索的另一个任务是初步确定研究的变量与指标以及课题研究的具体方法。初步探索的具体方式有:广泛查阅文献,课题组进行充分的讨论,向有关专家请教,或结合实际进行初期预备性的观察、实验等。通过这一步骤,达到对初选课题有一个更明确、更深入的理解。若通过初步探索,发现问题不适合研究,就应重新确定课题。

四、将研究课题具体化

课题的具体化可以从两个方面进行:

(一)对课题的适用范围具体化

范围即预期的研究结论的应用范围,包括地域范围、研究对象的年龄范围、性别范围等。范围的确定决定了被试的选取范围和预期结论可适用的范围和区域。

(二)将课题的内容范围具体化

课题的内容范围是指课题研究的具体内容所涉及的领域范围。范围越大,通常研究的内容就越多、越复杂。如"关于中学阶段师生关系问题的调查研究",其中心问题是师生关系,具体内容应包括:目前中学阶段师生关系的现状及特征;中学阶段应该具有什么样的师生关系;影响中学阶段师生关系的主要因素有哪些,这些因素是如何影响师生关系的;学校、教师、学生应采取什么样的策略来改进现有的师生关系。通过初步的分析及内容的具体化,可清楚需要研究的具体内容。

在课题具体化时,应充分考虑研究的主客观条件,只有条件容许,研究具备可行性,才可适当地扩大适用范围和内容范围,以提高研究的价值。对于中小学教师,所作的教育研究通常与学校教育教学有关。学校教育研究的问题通常可以从"目标、内容、方法、效果"四个方面作分解,使研究的内容具体化。

例如,与教学改革研究有关的问题研究,其内容通常可以通过四大板块来表述:

(1)研究的基本思想。一般的,教学改革研究的基本思想均来源于对传统教育弊端的反思以及对现代教育思想的认识,对弊端的反思能够产生改革的愿望与思想。

(2)研究的目标。目标是对基本思想的具体化,根据具体化的程度可分为根本目标、基本目标、具体目标，它们构成整个目标体系。确定目标体系的指导思想是“高而不空泛，具体而不失方向”。在学校教学改革研究中，其目标不仅关心认知层次的目标，也关心情感层次的目标；不仅关心作为操作过程的认知目标，也关心作为控制过程的自我认识、控制、调整的目标。

(3)研究的实施体系。实施体系的建立包括提出原则、构建模式、考虑方法。原则是作为指导思想的理念，是根据教育学和心理学规律而引起，方法又在原则的指导下得出。模式是构成系统的诸要素的组合方式及其运作流程的范式。教学模式是可供教师在教学活动中借以进行操作的简约模型，它体现了系统的运行结构，其成分是阶段与环节。方法是原则和模式的进一步具体化，它更显出操作性。方法可以由原则的操作化而得到，即通过分解逐层细化而来。通常原则有各种不同的概括水平，通过逐层的操作化分解以降低其概括水平，操作化到一定程度，就成为方法了。

(4)研究的评价体系。该体系是对目标达成状态的检查方法。它一方面可以起到教育教学行为的指挥棒作用，另一方面可用以检查课题实施的成效。评价体系包括搜集有关效果数据的方法，以及解释这些数据的标准。

上述四者的关系是，在研究基本思想的指导下得出研究的目标体系，它们构成研究的因变量，即研究所希望达成的目标。实施体系考虑的是如何达到目标，它是作为干预措施的自变量，通过实施，在它的作用下，取得一定的结果。结果是否达到预定的目标，通过评价体系来比较分析。

五、课题论证及撰写论证报告

课题论证是通过搜集和运用各种理论和事实依据，对研究课题的科学性、可行性、研究活动的价值性进行确认和评估。其目的是对选择课题过程各个方面的研究工作进行一个总结，综合反映课题选择的有关情况。

广义来说，课题论证包括两方面的工作，研究者对选定的课题的研究价值、研究的可行性等所作的说明、深入的思考与讨论；同行专家对研究者提交的论证报告所进行的讨论和评价。狭义的课题论证主要是指前者，即研究者所进行的论证。课题论证的过程实质上就是确定课题选择的正确性的过程。

（一）课题论证的意义

书面形式的课题论证有助于进一步详细阐述研究课题的目的、意义、具体研究问题，把握国内外的研究状况与水平，明确研究将采取的具体途径和方法，指明预期成果，从而使整个研究课题的提出具体化、系统化和完善化。它将作为整个研究工作的行动纲领，对保证研究顺利进行起重要的指导作用。

根据研究者的课题论证报告，有关部门、评审专家在一定程度上了解研究者的科学态度、学术水平和科研能力。因为要撰写好课题论证报告，研究者必须事先对拟选课题的研究历史进行充分的调查研究，作出综述与评价，进一步提出所要解决的具体问题，以及解决这些问题的方法与步骤，并预期这些研究的可能结果和这些结果的可能意义。因此，这种课题论证，本身已是一种研究，它必须以翔实的资料、齐全的参考文献和精致的分析来支持自己关于课题的主张。课题评审者据此可看出申报者的科学态度、学术水平和科研能力。

进行课题论证，撰写课题论证报告，是进行课题评审工作、作出科研项目立项和资助决定的需要。详细的论证报告，提供了拟研究课题和课题承担者的大量信息，既有研究者对课题目的、意义、研究问题、解决途径与方法、预期结果、已有工作条件、基础等多方面的情况说明，又有研究者工作、学习、研究业绩等的情况。这些都有助于科研管理部门、同行专家对课题申报者、课题价值、科学性、可行性、创造性等进行客观、公正、全面的评价、审查，并以此为依据作出有关决定。

论证指明了完成该课题所要达到的目标和研究成果的呈现方式，为今后对研究课题的进展和完成情况进行检查、鉴定提供了标准和具体指标。

（二）课题论证的主要内容

1. 问题的陈述

用精练清晰的文字简明扼要地把整个研究的轮廓勾画出来，说明研究课题的背景、研究的问题及其理论、实用价值。

应以“本研究的目的是……”的句式用几句精练的语言来概括研究的重要问题，点出研究的目的，避免过分注重细节说明。

应对研究范围、对象加以界定。虽然后面还要作具体的说明，但此处概括性地提出很有必要。

应简要概括说明研究的主要假设，对研究的主要结果作出概括性预测。

详细而具体地指明研究本课题对于发展教育科学有关理论，或对于社会实践、教育实践和人们的日常生活有何重要意义。如拟进行的研究将如何完善、扩展或修正现有的理论，在理论或方法上将有什么重要突破，将有助于解决哪些实践中迫切需要解决的问题。

本部分应避免将研究要达到的目标定得过高，随意夸大研究价值。

2. 文献综述

综述有关文献，介绍和分析国内外在本课题方面的研究概况、发展趋势和存在的主要问题，其目的在于进一步阐述研究课题提出的依据、意义，说明研究的科学性和可行性。

对于文献综述，有以下几点应引起注意：

(1)文献综述应紧紧围绕课题探讨的中心问题，而不要纠结于一些具体、细小的问题，尽管有时课题涉及的领域或方面可能较多。

(2)综述时应以时间或主题为线索，以高度简练的语言逻辑清晰地概括出课题所涉及领域的进展状况。

(3)已有研究存在的问题、不足可能有很多，应重点分析本研究拟进行的突破、创新、改进的那些方面。

(4)对已有文献的综述应客观、全面，切勿在未分析调研的情况下，妄下“国内尚无研究”“属空白”等断言。

(5)对已有文献尽量进行认真介绍，避免使用含有“该领域文献缺乏，值得综述的材料太少”或“太多、难以简单综述”的陈述。

(6)禁止罗列大量无关或关系微小的研究文献来充数的作法。

3. 研究方法

在本部分，应对研究对象和拟采用的方法、工具等加以说明。对于研究对象，应重点指明其特征（年龄、受教育程度、性别等）、数量，来自什么范围和环境，抽取的方法等。此外，还应简要介绍本研究将采用何种搜集资料的方法、具体测量工具和手段。本部分重点应放在说明研究的总体思路、设计的逻辑思想、主要测量方法、被试的选取方法等。

错误的做法是在论证计划中提出研究方法时，从传统的各种研究方法中简单地选择一种或几种方法，而不作任何解释。研究者如果将研究方法一笔带过甚至一笔勾销，这样做要么显示研究者的误解，要么显示出研究者的粗糙。研究者应根据自己的课题，确定课题研究的核心方法，然后询问自己是否可以选择其他的方法以便带来可能的突破。

在学校教育研究领域，希望以方法的选择带来研究的突破是比较困难的。尽管研究方法的创新是重要的，但相对而言，研究方法是比较稳定的。研究者可以拒绝某些传统的研究方法，但很难完全丢开传统的研究方法去起用新方法，总体上看，研究方法的创新是比较困难的。如果研究者打算提出自己的新方法，就必须反复提醒自己所谓的新方法与传统的方法究竟在何种意义上是新异的，在何种意义上是相同的。

一般，可以选择适宜的研究方法，而不必刻意创造新方法。研究方法不宜过多，应分清层次，注意各种方法之间的配合。有些研究方法不在同一层次，之间存在包含关系，若并列举出，则显示出研究者对方法的掌握上存在欠缺。如调查研究法、访谈法、质的研究法、叙事研究法，调查应该包含访谈、观察、问卷等，甚至包含测量法。质的研究法与调查法也不在同一层次，之间有交叉包含部分。质的研究是相对于量的研究而言，如观察、访谈等皆可纳入质的研究。叙事研究与调查研究也不在同一层次，它可能也用到调查的有关方法。

另外注意的是，文献研究与历史研究不能混同。历史研究虽然主要借助文献研究，但其主要目的是描述历史事实，揭示历史真相。文献研究主要目的是查看他人在某研究领域已经提出了哪些观点，已经出现了哪些进展[①]。

4. 研究进度与安排

为完成课题而作出具体的工作安排和时间时，应说明本研究的整个

①刘良华.教育研究方法专题与案例[M].上海：华东师范大学出版社，2007：57-58.

研究工作需要多少时间，其中又分为几个阶段，每一阶段的具体任务和时限是什么。具体应注意四点：

(1)将整个课题合理地分为若干部分，划分应当符合研究的逻辑进展顺序。

(2)在每阶段、每部分，合理、有效地分配研究者的时间和精力，注意保证研究的重点。

(3)时间安排应遵循经济性原则，并充分考虑研究工作中可能遇到的各种意外困难和出现的新情况，做到既紧凑又留有余地。

(4)进展安排应当重点预估研究的总体进展和目标，不宜定得过细、过死。

5. 研究者或课题组已有的工作基础

说明研究者的特长与已有研究工作的良好基础，为论证课题能有效地完成提供条件。对于一个稍大的研究课题，为了保证科研工作顺利和有效地进行，不能靠一个人单打独斗，而要有一个课题组共同合作完成。课题组成员的学术水平、年龄层次应当合理搭配。在已有的工作基础和条件方面，应详细说明在本课题所涉及的领域曾做过的有关研究工作，有多少该方面的科研经验，受过何种专门训练，已有的知识和技能储备，研究资料的拥有和把握情况，为完成本课题而做的各种准备，其所在单位对完成课题能给予何种支持，研究工作是否得到有关部门的有力配合等。

6. 研究经费的预算

预算研究经费时应遵循节俭的原则，尽可能以最低的研究经费争取最大的成果。经费预算应具体精确，并说明计算的理由。

第三章　如何制定研究方案——教育研究的设计

研究是为了解决问题,而问题的解决是通过对研究假设的验证而实现的。为能有效验证假设,研究所搜集的资料必须尽量与假设直接有关,即资料的搜集必须尽量针对所要验证的假设。为此,研究者事先必须从事研究设计,其目的是计划创造适当的验证情境,使所研究的事物得以出现或发生变化,并加以有效地测量,同时,对一些不相干的因素予以控制。

选题只解决“研究什么”的问题,“怎样研究”则是科研设计所要解决的问题。设计是对某个课题的研究活动和研究过程进行全面规划。科研设计,就是研究者在遵循客观规律的前提下,对具体课题的研究活动中各方面的工作和活动过程进行构思和计划,协调科研活动的各种要素,以便正确有效地达到认识客观事物的目的,获得科学结论的活动。对于教育研究来说,研究设计是指在量的研究与质的研究中所使用的数据搜集、分析、报告的程序。虽然有许多教育研究设计类型可供使用,但粗略地划分有三大类:量的研究设计、质的研究设计、量质混合研究设计。主要有八种类型:实验与准实验、相关设计、调查设计、扎根理论设计、人种志设计、叙事研究设计、混合法研究与行动研究设计。

量的研究设计包含干预研究和非干预研究两种。干预研究是想解释一项干预因素是否会影响一组被试的行为结果(如实验组与控制组的比较)。非干预研究想要做的,一是将变量用实验模型与一组个体联系在一起,如相关设计;二是为一个群体描述发展趋势,如调查设计。

质的研究设计包括扎根理论设计、人种志设计、叙事研究设计。扎根理论设计是要探索个体的共同经历以便形成一种理论,人种志设计是要探究一群人的共享文化,叙事研究设计是要探究个体的经历故事以便描述人们的生活。

量质混合研究设计包含混合法研究和行动研究设计两种。混合法研究是要将数据有机结合在一起以便解释一个研究问题。行动研究是要将量与质的数据用于个体研究其工作环境中所面临的教育问题[①]。

广义的设计应将分析问题、提出假设等包含在内，狭义的设计仅指制订研究计划。一个研究的设计，本身并不能使研究工作科学化。但一项研究设计如果能够做到以下几点，就可以认为是科学的：它能通过实证直接回答问题，能与先前的研究和相关的理论相联系，能在具体环境下得到有效实施，结果与解释合乎逻辑并排除反面的解释，研究设计与结果详细公开供科学界审查。在判断教育研究设计的科学性时要考虑：研究设计的背后是否是一套清楚的研究问题？所用的方法是否适合回答研究问题并排除其他可能的答案？该研究是否考虑了以前的研究成果？是否有理论基础？搜集数据是否根据当地的情况并得到系统的分析？研究过程是否得到清楚描述以供检验批评？如果一项研究越符合这些要求，其质量就越高。教育的特殊性也要求研究过程的设计要明确考虑到这些特殊性的实际意义。

第一节　文献检索

我们所从事的研究应该在前人研究的基础上进行，因此，研究应广泛占有和利用相关的文献资料。教育科学文献是记载有关教育科学的情报信息和知识的载体。教育科学文献的质量与数量，是判断该领域教育学科发展水平的重要标志。

一、文献检索的目的

我们在做任何研究之前，首先要搞清楚：前人在这个领域内已作过哪些研究，取得了哪些研究成果。在把握了研究现状之后，才能够思考自己所作的研究在此领域处于什么样的位置。如果前人未涉及，所作的研究就应该考虑如何填补这一空白；如果前人已经涉及，研究就应该从如何提供新的角度和看法进行思考；若前人研究中存在明显的漏洞、错误，研究

①张希希.教育叙事研究是什么[J].教育研究，2006(2)：55-56.

就要考虑如何对这些谬误进行纠正;如果不能够对研究现状予以准确把握,研究就有可能陷入重复前人研究、作重复劳动的境地。而准确把握研究现状,主要依靠文献检索。

除把握研究现状外,文献检索还可以帮助我们解决如下问题。

(一)界定研究的问题

若研究者没有充分界定问题的范畴,则他的许多研究注定要失败。通过查阅文献,能够发现其他研究者是如何在一个他们感兴趣的广泛领域内形成富有成效的研究思路的。若深入考察相关文献中界定问题的研究思路是如何形成的,又是如何进展的,将有助于你界定自己的研究问题。

(二)寻求研究的新思路

在查阅文献时,应确认在你所感兴趣的领域中哪些研究已经完成。你的经验和背景很可能使你看到其他研究者不曾注意的地方,这些新观点很可能在那些几乎未作任何研究的领域中出现。不过,即使在研究颇多的领域中,偶尔也会有人想出独一无二的、富有创造性的方法。

(三)获得有效的研究方法

查阅研究报告不能仅仅关注研究结果,还应注意其他方面的信息,这些信息有助于研究设计。文献检索中,务必注意那些在你的研究领域中已经证实无效的研究思路。譬如通过文献检索发现在一段时间内,所进行的一些类似的研究,都采用大致相同的研究方法,且都未能产生有价值的研究成果,则说明该种方法不是十分有效,可以寻求其他的研究方法。

(四)识别进一步研究的建议

研究者经常在他们的报告结尾处附上由他们的研究所引出的需要讨论的问题和其他可以进行研究的建议。这些问题和建议应特别加以仔细考虑,因为它们代表着研究者对一个特定问题进行大量研究后才获得的洞察,很多人均通过阅读研究报告中的问题获得研究课题,并进行探讨取得研究成果。

(五)寻求建立新理论的支持

通过阅读文献,寻求支持欲建立结论的有关证据与材料。我们通常提出一些设想,这些设想可能源于某些研究的结论。而这些研究的结论就是我们提出设想的理论依据。

二、教育科学文献的种类

适当搜集相关领域的文献,可以开阔思路,形成新的研究构思,或借鉴相关文献的研究手段方法等。但问题是:我们应将对哪些研究成果进行检索?为什么这些成果对我们的研究十分重要?有什么理论和发现可以用来指导或丰富我们的研究?目前在什么地方可以找到所需要的资料?将使用什么方法来进行文献检索?为什么使用这些方法?

教育科研文献是记录有关教育科学的情报信息和知识的载体。由于创造、记录和传播的方式不同,教育文献资料的分布形式多样,主要有以下四种。

(一)书　籍

书籍主要包括专著、教科书、资料工具书和通俗读物。

专著是研究者就教育领域某一学科、某一专门问题进行系统全面深入的论述而撰写的专门性著作,其内容专业性强,有一定的深度。专著中一般就某个问题产生和发展的历史、人们对其研究的历史进程、研究的方法与成果、不同学派的观点与争议、问题的现状及发展趋势等进行论述,并附有大量的参考文献和书目,阐明了自己的独到见解,介绍了新颖材料,通常反映学术研究的最新进展。专著的内容对科研工作者的研究工作有较高的参考价值,通常专著中的有关观点可以作为我们研究的理论基础。

教科书是为某个专业学生的课程学习而编写的专业书籍,它偏重于阐明某门学科的基本理论和基础知识,介绍学科领域内的研究成果和讨论的问题,在内容的选取和编排上有严格的科学性、系统性和逻辑性。教材要求学术的稳定性,名词术语规范,结构系统严谨,叙述概括,文字通俗,可读性强。但基础出版周期较长,内容更新速度较慢,因而较难跟上学术研究的最新进展。教材可以帮助我们了解学术界对某些问题的研究进展，并提供进一步检索资料的重要线索，但新的信息含量较低。

资料工具书有辞书与百科全书两种。辞书主要是提供教育科学名词术语的资料书，它规范、精确、准确，以条目形式出现。辞书的内容可以为对关键概念的界定提供参考。百科全书是对人类一切门类或某一门类知识进行完备的概述，在内容上不仅解释有关名词术语的定义，而且还概括性地介绍有关问题的缘由和研究的历史、现状、研究的主要成果与方法，着重反映当代最近的学术成就。其内容通常由各领域的专家撰写，注重对知识的科学分类，对问题的讨论全面、深入、系统，是重要的资料源。

通俗读物文字浅显，通俗易懂，最新信息含量较低，几乎没有参考价值。

（二）报　刊

报刊主要包括期刊与报纸。

期刊出版周期短，更新速度快，内容新颖，论述深入，能即时反映研究活动的动向。期刊分为三类，一类是杂志，杂志刊载有关科学论文、研究报告、文摘、综述、评述与动态，兼容性强的文章；第二类是学报，刊发专业性、理论性、学术性强的文章；第三类是文摘及复印资料，是资料性及情报性强的刊物。其中最有影响的是中国人民大学报刊资料中心的复印资料，将全国各种报刊发表的文章或研究报告按学科汇总，编印成册，内容有全文复印与篇目索引，可帮助研究者及时掌握某一特定课题的文献概况。

报纸是以刊登报道和评论为主的定期连续出版物，发行迅速，传递信息快，但材料分散不系统，不易保存。有些报纸比较讲究追求新闻效应，追逐的是社会上流行的热点问题。此外有些报纸代表着一定利益集团的利益，出于某种政治目的或经济上的原因，所载信息反映的是特定社会机构的观点，经过了某些具有自己特定动机的新闻机构的筛选，往往具有十分明显的导向性。所以，这类资料的“真实性、客观性”应引起注意。

（三）教育档案

档案资料是人类在各种社会实践中直接形成、并具有保存价值的原始文献资料。主要种类有教育年鉴、学术会议文献、学位论文、有关教育机构的档案资料等。

年鉴系统是汇总一年来重要的事件和统计资料的工具书，主要内容有教育方面的学术动态和教育实践、教育政策等方面的情况，其中统计资料对研究工作具有重要引用价值。

学术会议文献通常是会议报告、纪要及提交的论文，反映了一个学科领域的研究动向和研究成果，代表了国内外教育研究发展水平。主题集中，往往有大量的有价值的信息。

学位论文是为取得某种学位而专门撰写的科研论文，通常对问题的讨论比较深入，学术性强，有一定的独创性。但大多数学位论文均未公开发表，查阅有一定的难度。

（四）电子文献

以数字形式储存于光盘或磁盘中，运用计算机阅读的各种文献资料。借助计算机与网络系统可以查阅大量的电子文献资料。

查阅文献时碰到的问题往往是"应该检索多大范围的文献?"首先检索与自己的研究有关的领域，同时关照相关领域的主要理论和研究发现。设计阶段，检索可以相对宽泛、粗略一些，不必花费大量时间纠缠一些具体的细节，也不要为了查找一个不详的参考书而在图书馆花很长时间。当务之急是对有关文献获得一个大概了解，以后随着研究的深入，如果需要了解某些文献的具体内容，可以再仔细查阅。

三、搜集教育科学研究文献须遵循的原则

（一）时　间

查找文献的时间是从现在到过去。因为新的研究文献总是在总结、概述以前文献的基础上进行展开表述的，所以采用这种倒查的方法有助于研究人员根据新文献的参考材料部分，迅速查找到许多与研究课题直接有关的资料。

（二）数　量

数量上应有所适当限制，应以一些学术性强、影响大、质量高的学术性杂志作为主要查找对象，如教育类的期刊，可关注《教育研究》《课程，教材，教法》《教育研究与实验》《教育理论与实践》《中国教育学刊》等期刊。要紧紧围绕研究课题集中搜集，并认真阅读、理解、整理所拥有的资料。

（三）性　质

首先搜集第一手资料，亲自参与或亲眼目睹的资料是可靠的，而那些传闻中得来的资料可靠性差，经过辗转相传的资料可靠性更差。注重搜集、阅读与研究课题有关的第一手资料，有助于研究者全面、正确地了解前人的研究成果，发现已有研究的不足。

（四）代表性

应注意搜集代表各种各样观点，得出不同甚至相互矛盾结论的研究文献。在研究中，从他人的争论中受到启发，发现问题，提出新的研究课题。

（五）领　域

不但要搜集与自己研究课题的领域直接相关的资料，而且还要注意跨学科、跨领域地查阅有关资料。这对于开阔思路、形成新的研究构思、借鉴新的研究方法等有着积极的意义。

四、文献资料的记录

研究者在阅读文献时要有科学怀疑的精神，坚持用批判的眼光看待已有成果。具体可围绕以下几个问题予以思考。

（1）问题的陈述是否清楚？

（2）研究假设是否明确并且可以检验？

（3）研究的自变量、因变量、无关变量是什么？

（4）研究方法与研究问题是否相适应？

（5）研究对象的抽取是否科学，样本容量是否满足研究的要求？

(6)统计分析方法的运用是否适当?

(7)结果是否恰当、结果解释是否正确?

在阅读的过程中,需要做一些文献资料的记录,即在阅读时对文献中有价值的资料进行标记和摘录,供进一步分析研究时运用。做读书笔记时要注意五个要点:研究的问题、研究假设、研究过程、研究结果与讨论。

(一)标记与批语

标记:根据自己的习惯,用各种符号将文献的重点、难点、疑点标记出来。

批语:在所阅读文献的空白处用简洁的语言记下有关内容的评论、见解、疑问。

(二)摘　录

摘录是将有价值的、自己需要的研究资料有选择地抄录下,以方便在研究中使用。但应注明资料类型、主题、作者、出处等,同时应避免写作时误把别人的语言当做自己的来用,并注意在自己的论文中摘录所占比例不能太大。

(三)撰写文献综述

文献综述即文献的综合评述,它是在全面搜集国内外有关资料的基础上,通过归纳整理、分析鉴别,对一定时期内某一学科或专题的研究成果、进展进行比较系统、全面的综述与评论。文献综述也是研究者对选题领域的研究状况和主要问题作出的综合阐述与评价,以说明本研究的背景和基础。有时,它本身就是研究论文的一部分。

撰写文献综述的目的是为了告诉自己与他人,对预计研究的问题而言,哪些是已知的,哪些是未知的,弄清预计的研究是如何与文献中所陈述的现有知识相联系,又如何以它们为基础的。

文献综述的主要特点是能比较全面、系统地反映国内外某一学科、某一专业或某一研究专题在某一时期的发展历史、当前状况及发展趋势。它把原始文献中的大量数据、资料和主要观点进行归纳整理,得到一个脉络清晰、有内在逻辑关系的发展概况。其目的在于通过深入分析过去和现在的研究成果，指出目前的水平、动态、应当解决的问题和未来的发展方向，并依赖有关科学理论，结合具体的研究条件和实际需要，对各种研究成果进行评论，提出自己的观点、意见和建议，指明这些研究成果已达到的水平和具有的实际意义，以及存在的问题和出路。

文献综述以严密的分析评价和有根据的动向预测为新课题的确立提供了强有力的逻辑论证，使研究者在今后的研究工作中方向明确、研究系统化、条理化，避免盲目性。因此它起到了总结既往，开辟未来，提出理论和指导新课题的重要作用。

文献综述一般由六个部分组成：

1. 序　言

问题提出部分，主要阐明本综述撰写的目的、意义，对科学研究工作的重要性，介绍本文的基础内容、性质、使用范围和读者对象等。本部分应力求重点，简明扼要。

2. 历史发展

以时间为纲，叙述各个阶段的发展状况和特点，特别要指出重大进展阶段是在什么条件下发生的，其特点和意义如何，新理论、新方法的引入及其效果。对课题历史发展的溯源追踪，目的是探讨其发展变化的因果规律性，弄清已解决了什么、用什么方法解决的、遗留了什么问题有待解决。阐述时应说明前人对这一课题的不同看法、论点和研究成果。

3. 现状分析

对各国、各派、各观点、各方法的发展特点、取得的成效、现有水平、发展方向、需解决的问题等进行比较，客观地评价其优点与不足。论述时，应着重阐述它们之间的差异，全面分析其产生的原因和背景，明确提出现有的问题。

4. 趋势预测

根据发展历史和国内外现状，以及其他专业、领域可能给予本专业领域的影响，根据对比发现主流与规律，指出几种发展的可能性和对教育、社会、生产、生活可能起到的重要作用以及可能出现的问题等。趋势预测应力求客观准确，务必结合我国教育、社会的实践需要和教育科学发展的实际状况，为解决有重大价值的理论和实际问题提出可能的有效途径和方法。

5. 改进建议

根据上面的分析、评论和预测，参照国内外研究情况，考虑到我国社会、教育的实际需要和当前的条件而具体地提出应采取的途径、发展步骤、新的研究方案或设想，对其进行研究的可能性等。

6. 参考文献目录

将所有参考文献准确、齐全、无误地列在目录内。目的在于提出综述撰写过程中所依据的资料，为使用追溯法检索文献资料提供方便，也便于读者查对所引证的文献正确与否。

在写作过程中，应注意：搜集文献应当全面，所引用的资料和数据要真实可靠；坚持材料与观点的统一，避免介绍过多而评论太少，也避免具体根据太少而评论过多，评论应以客观材料为基础，做到言之有据；注意作者自己的观点与文献中的观点的区别，历史发展部分可以对比分析文献中的各种观点，现状分析、趋势预测和改进建议部分可以充分发表作者的观点，一般不宜将自己的工作放在综述中进行自我评价，若特别重要，也应客观地以局外人的态度对待①。

撰写文献综述应注意以下几点：

(1)要选择与当前研究课题有直接关系的研究文献，综述的长度视研究计划或研究报告的类型而定。

①杰克·R.费林克尔认为，对一项研究的分析评价可从以下几个方面进行：目的/理由：是否符合逻辑，是否令人信服，是否充分，作者指出研究的结果在理论与实践方面有无重要意义，假设是否明确；定义：主要术语的定义是否清楚，如果不是，在上下文中是否清楚；以前的研究：是否充分地覆盖了有关该问题的过去研究，过去研究与当前的研究是否有清楚的联系；假设：假设是否被陈述出来，他们是否是隐含的，对于本研究来说是否恰当；取样：使用了什么类型的样本，是否为随机样本，如果不是，对于样本是否进行了充分的描述，作者是否建议或暗示结论要概括到一个总体；如果是，是否对目标总体作了说明，是否讨论了结果的可推广性，可能具有的局限性；工具：对手段的描述是否充分，是否给出了充分的信度证据，是否提供了效度的证据，这些证据的说服力或由该工具作出的推论的效度争议如何；内部效度：什么样因素的影响是明显的，是否得到了控制，如果没有，是否对它们进行了讨论；数据分析：数据的总结和报告是否恰当，描述统计和推断统计的使用是否恰当，统计的解释是否正确，是否讨论了局限性；结果：他们呈现得是否清楚，摘要是否与数据分析报告一致；解释/讨论：作者是否把该研究放在一个更宽阔的背景里，他们是否指出了该研究的局限性，特别是在有关结果的总体可推广性和生态效度方面的局限？详细内容可参见：(美)杰克·R.费林克尔，诺曼·E.瓦伦.教育研究的设计与评估[M].蔡永红，译.北京：华夏出版社，2004：285.

(2)把各个研究成果放在一起,使它们之间的关系更清楚,并使读者明白所考察的研究成果与其研究课题的关系,不要只是提供一段综合性的概要。

(3)适当地引用文献资料,但不要把综述变成引证材料的罗列。研究者应围绕和研究课题相关的关键点来组织文献综述。有些研究成果可能是互相矛盾的,应仔细检查它们的不同点,尽可能作出解释。这样有利于认清问题的复杂性。

(4)文献综述也要有结论,研究者应清楚地表明一种事实:所考察领域的研究还有待于拓展,从而给该领域的进一步研究提出了要求。

文献综述反对述而不评,也避免流于形式,不能一味告诉别人我读了什么,必须说明研究者对研究状况的见解,并使之成为自己更广泛或更深入研究的导引。

第二节　建立研究假设

研究假设是研究者根据经验事实和科学理论,对所研究的问题预先赋予的有待验证的暂时性答案,是对研究结果的预测,是对课题涉及的主要变量之间的相互关系以及互相作用的结果和可能性的设想。一般来说,科学研究以假设验证为主。

假设是科学理论发展的思维形式,是人们根据已经掌握的科学原理和科学事实,对未知的现象及其规律性,经过一系列的思维过程,预先在自己头脑中作出的假定性解释。假设是科学性与假定性的统一。

科学假设并不是直接从科学事实中引申出来的,而是为了说明科学事实发明出来的。它们是对正在研究的现象之间可能获得的各种联系的猜测,是对这些现象本质的猜测[①]。

教育研究通常要探讨的是两个变量之间的相互关系,在尚未获得结果之前,研究者总要事先提出一种暂时性的、有待验证的答案,然后通过搜集合适的资料来验证假设。例如,当探讨教学方法与学业成绩的关系时,先提出用改革的教学方法能大大提高学生的学业成绩的假设,然后通

① 刘大椿.科学活动论·互补方法论[M].桂林:广西师范大学出版社,2002:106－107.

过搜集事实或数据来验证提出的假设。

研究者应根据研究的性质来决定是否需要正式提出假设。定量研究、验证性研究及涉及两个变量相互关系的研究通常要求明确提出研究假设;而定性研究、描述性研究及单一变量的研究则不一定要预先提出研究假设,其假设往往隐含在研究过程中或在研究过程中形成。在实际操作中,能直接提出研究假设最好,如情形不适合提出假设或不知如何提出假设时,研究者至少应该提出待回答的问题,对研究结果作大概预测。有的科学家和哲学家把创造性思维的本质归为想象,把科学发现的本质归为猜测。猜测包含着某种虚构,科学假设从本质上讲就是一种虚构,只不过科学的虚构需要事实的检验。

假设成为理论必须满足两个条件:第一,解释性条件。把假设运用于实践,如果有愈来愈多的事实与该假设相符合,并且没有任何已知事实与之矛盾,则就证明该假设是客观规律的正确反映。此为假设转化为理论的首要标志。第二,预见性条件。如果由假设作出的科学预见得到实际的证实,即标志该假设已经转化为理论[①]。

一、研究假设的类型

(一)按假设中变量关系变化的方向分为:条件式假设、差异式假设与函数式假设

条件式假设:指假设的两个变量有条件关系,即"如果……,那么……"的标准逻辑句型。如果教师采用言语强化的方式组织教学,那么学生的课堂行为就会改变。

差异式假设:指假设两个变量之间在程度上存在差异关系,例如假设$A=B$,或$A \neq B$等。如果以A代表讲授式教学方法的教学效果,B代表讨论式教学方法的教学效果,讲授式教学的教学效果与讨论式教学方法的教学效果具有显著性的差异,即为差异式假设。

函数式假设:指假设两个变量之间存在因果共变关系并且用数字形式表达。假设用数字形式表示意味着假设的精确性,例如男孩的攻击性

① 刘大椿.科学活动论·互补方法论[M].桂林:广西师范大学出版社,2002:109－110.

(或侵犯性)行为是女孩攻击性行为的两倍。

(二)按假设的性质分为特定式假设、一般假设与虚无假设

特定式假设:推测特定对象之间关系的假设,指向个别的、具体的、特定的事例。如在思维能力上,接受某种处理的甲班学生比未接受处理的乙班学生的推理能力强。该假设只能用于甲班和乙班,不能推论到其他班级中去,只有具备其他特别特征,才可推论。

一般假设:是推测一般种类之间关系的假设,指向普通的、抽象的、可推广的事例。如在思维能力上,男生比女生的推理能力强,此处的男生和女生涉及一般种类。

虚无假设:属统计假设,是推测某种不存在的、无倾向性关系的假设,指向中性的、无差异的、无区别的事例。虚无假设在表述上大多采用某变量与某变量之间"无差异"、"不相关"、"没有影响"等词语来陈述变量之间的关系。

虚无假设一般不反映研究者对研究结果的期待,人们之所以使用虚无假设是为了使假设与推断统计逻辑相适应。虚无假设的本意是想通过事实的检验来否定自己,否定了虚无假设,结果的倾向性就明显地显现出来。它尽管难以理解,但是为了避免研究过程中主观偏向的先入为主,易于提出假设,易于统计检验,不少研究者是乐意采用虚无假设的,因为其对立面就是备择假设即研究者期待的某种研究设想。

二、假设的作用

首先,假设为研究活动指明方向。假设引导研究,起纲领性作用;假设帮助我们明确研究的内容和方向,通过逻辑论证,使研究课题更加明确,并按确定的目标决定研究方法并搜集资料。一旦有了明确的假设,研究者就可以根据验证假设的需要,在特定的范围内有计划的设计和进行一系列的观察、实验;假设一旦得到观察、实验的支持,就会发展成为建立科学理论的基础①。

其次,假设是教育科学探索的必经阶段。事实、经验与新的理论之

①杨小微.教育研究的原理与方法[M].上海:华东师范大学出版社,2002:81.

间,并不总是存在着逻辑通道,研究人员在长久的对一个重大问题的思虑中,时常能借助一些非逻辑(如灵感等)方式得到解决问题的某种假设,从而实现转折。若假设被证实,则成为新的理论,或引出新问题并可提出新的假设,开始新的研究;若被证伪,研究将持续下去。研究就是搜集资料证据来验证假设的过程。

此外,假设还能够指导我们的研究,能使研究者知道从何处开始研究,到何处结束;使研究者在研究过程中知道做什么,应当从事何种观察,搜集何种资料。

研究者还可以自假设中推论出个别而特殊的实证事物或关系。如“贫穷可导致犯罪”这一假设,可以推论出“城市贫民区的犯罪率高于非贫民区”,而后一范围较小的假设将更易于验证。

假设常自某一理论演绎推论而得,而经由证实或证否推论的假设,可增进科学的知识。即使假设并非来自理论,验证的结果也会构成科学知识的一部分。

假设之所以必要,是因为从个别的事实中,规律是不可能直接看到的。不管事实积累有多少,本质跟现象总是有质的差别。在理论形成之前,就要产生作为未来理论的前提或雏型的各种可能的方案和适当的思想。理论准备的这整个时期,从最初的推测,到建立依赖于某些基本推测的演绎体系,到对结果的实验检验,都可以称作假设形成和确立的时期。可见,假设是通向理论的必要环节①。

但是,一个好的、有价值的假设的提出是要经过一个过程的,需要研究者在研究的过程中不断地修改完善。事实证明,一个好的假设,是探讨教育问题、发现教育规律、形成科学理论的前提,是进行教育研究的核心②。

三、形成假设的要求

假设既是一个环节和思维方式,又是一种重要的研究方法。假设经过实践的验证可以上升为理论。假设包括基础事实、背景理论、对现象本质的猜测、推演出的预言和预见等要素,具有科学性、假定性、易变性。在

①刘大椿.科学活动论·互补方法论[M].桂林:广西师范大学出版社,2002:110.
②杨小微.教育研究的原理与方法[M].上海:华东师范大学出版社,2002:81.

自然科学研究中运用假设取得了很多突破性的成果。

假设是科学研究中常用的一种思想方式,是认识从生动的直观经过抽象思维,到达科学理论的道路上不可缺少的中间环节。假设作为逻辑思维的形式,表现了人的创造能力和水平。因此,在现代科学研究中越来越引起人们的重视和关注。

科学假设的提出要遵循一定的要求和规则[①]:

(1)按照特殊到一般的方法,提出假设或观点。将特殊情况下已被证明的正确思想提升为一般情况下的假设或观点。

(2)由一般规律推出特殊情况下的假设或观点。因为,一般规律具有指导全学科的作用。

(3)由事物的对称性和相关性提出假设或观点。通常,人们对于所研究的对象越陌生,就越希望拿熟悉的事物、过程和规律来和它做类比。许多本质上虽然不同的现象,只要它们符合相似的规律,就可以运用类推的方法提出假设,并进行深入的研究。如果已知在对称的一面某个结论是正确的,则在对称的另一面类似的结论也可能成立。

(4)从调研事实中找出规律,以此作为假设或观点。将调查得来的事实分类归纳和排序,找出规律,并以此规律作为假设或观点。

(5)以适合的事实为基础提出假设。要有科学事实或已被证实的理论为根据,有较可靠的客观基础。

(6)不受传统观念的束缚提出假设。由于受到很长时间的封建传统的影响,中国传统教育忽视对创造力的培养。在社会生活中,人们还存在着安于现状、崇拜权威、畏于推陈出新的传统观念。这些都会使人们轻视假设、惧怕假设、缺乏创新精神和创新意识。因此,必须全面理解辩证法,辩证法是指导思想,但不能替代所有的科学研究方法。当前理论落后于现实,现实迫切需要理论的指导。应提倡批评自由和创造性讨论,遵循科学发展的规律,鼓励人们勇于提出假设和善于提出假设。

(7)提出假设或观点应能解释已有的事实,并具有预测功能。提出的假设不能与已有的事实冲突,应能对已有的事实作出满意的说明和解释。此外,还能对尚未存在或尚未发现的事物和现象作出前瞻性的预见

①叶继元.学术规范通论[M].上海:华东师范大学出版社,2005:67-73.

和推论。对尚未存在和未发现的事物作出的假设,有时暂时无法得到科学事实的最终检验,但随着科学实践的发展,事实会一步步地验证这种预测性假设。无论是证实还是证伪,都会推动科学研究的发展。

四、提出假设的途径

建立一个好的假设,是探讨教育问题、发现教育规律、形成科学理论的前提。提出或构思假设的途径为:

(一)在对问题的阐述中提出假设

通常在选题时,已积累了一定数量的、无法用已知的理论进行解释的教育事实,即发现了尚未认识或未解决的教育问题。在明确问题的过程中,大多人会运用相关的理论知识和经验对问题的性质或解决方法进行猜想和假定,进而直接提出课题的研究假设。

(二)从对文献资料的分析中形成假设

分析和研究课题相关的文献资料,这些资料在一定程度上反映了人们对教育现象及其发展变化规律的认识。这些认识成果为我们认识新的问题提供了多方面的借鉴和参考,可以成为我们构思课题研究假设的一个重要途径。如某人探讨如何提高小学生在单位时间内的学习效率时,查阅到的资料表明,大量研究证实小学生学习困难和行为问题与社会适应不良有着密切的关系。据此资料,提出“通过矫正学生的行为障碍,增强学生的社会适应,改善学生的学习效率”的假设。譬如在社会学研究中,社会学工作者研究“在社会变革时期,为什么有些人比较激进、有些人比较保守”?通过查阅有关文献,发现社会秩序的规则与延续后代的规则有密切的联系。作为父母很清楚,孩子是大人对历史的抵押物,孩子能够获得良好发展有赖于社会的稳定,而发展也意味着与社会秩序的稳定延续利害攸关,而热衷于剧烈变革的人,大多数无子女,他们不能认识到这一点。据此研究者提出假设:无子女的人更可能持激进的政治态度;有子女的人更可能持保守的政治态度;持激进态度的人,有了子女以后,政治态度会转为保守。

(三)从对问题的初步探索中提出假设

确定课题以后,若研究者一时缺乏对问题的认识,也没有足够的文献资料来支持其形成假设。可以考虑采用一定的方法,如观察、调查、实验等,对问题作初步研究,积累经验,以此为基础提出假设。

五、判断假设优劣的标准

美国学者博格和高尔认为好假设应符合四条标准[①]:

(一)假设应该有一定的理论或事实依据

尽管假设是人们在研究活动开始前对课题研究结论的一种猜测、一种预测,但不能是毫无根据的猜测,而应该有一定的理论基础或事实依据,能反映研究者对要研究的问题的初步认识。因此研究者在假设提出后,要能明确该假设有被检验的价值。

(二)假设应是两个或多个变量之间关系的说明

假设作为一种预想的研究结论应该是对事物发展变化的客观规律的一种预测,而规律则经常表现为事物之间或事物不同方面之间存在的某种关系。好的研究假设应是在这种关系被揭示之前对其进行的预测,因而它必须表现为对两个或两个以上变量之间的某种预期关系的具体说明。如"教师评价方法多样化能促进学生自我评价能力的发展"作为"教师评价对学生自我评价能力的影响研究"的假设即体现为两个变量的关系。一个变量或对变量之间的关系不作说明,都不足以构成研究假设。

(三)假设应是可以检验的

建立假设的目的就是为研究活动确立一个具体目标,即检验或证明其真伪,借以揭示所说明的变量之间的期待关系存在与否。要达到这一目标,所建立的假设就必须是能够检验的,即假设应具备可检验性。

具有可检验性的假设首先要求假设中的用词必须是确切的,可以被

① 杨爱华.学前教育科学研究[M].南京:南京师范大学出版社,2001:67-68.

操作性地定义与测量,能准确地描述课题中需要研究的具体问题。如“聪明的学生的创造性水平高”,其中“聪明”“创造性水平”“高”等用词就较为笼统、粗略,难以操作和测量,“聪明”与“创造性水平”之间的关系也模糊不清。其次,假设的可检验性要求假设中表述的关系应该是现有的科学手段能够进行检验的。应注意到,有些假设在理论上说是可以检验的,但由于研究技术和手段的缺乏,实际上难以检验,如“多动症儿童的中枢神经系统的细胞组成成分与一般儿童有差异”这一假设,目前还没有成熟的技术来测定神经系统细胞的化学变化,至少在教育研究中还不现实,使得对这类假设的检验难以实现。

(四)假设在陈述上应尽可能简洁明了

假设必须是陈述句,而不能使用疑问句,当然可以是否定陈述,但通常都表现为肯定陈述。假设应简洁明快,冗长的表述经常会导致歧义,使人产生误解,不利于人们在研究活动中对其准确地把握。如上述关于学生创造性水平的假设,可以表述为“在14~15岁学生中,IQ测量分数与创造性测量分数之间存在显著正相关”。

关于判断研究假设好坏的标准,也有研究者提出以下几点[①]:

(1)科学性。假设必须有一定的事实和理论依据,应符合逻辑,理由充分,能解释与假设有关的事物与现象,假设应与现有的知识相协调。

(2)预测性。假设应具有预测性,其正确与否有待于事实的检验,其对因果关系的解释也是不确定的、或然的。

(3)新颖性。假设是对变量之间关系的大胆设想,应具有创新意义,不要老是用现成的结论来代替假设。

(4)可验证性。假设涉及的概念、变量应是可以操纵、测量的,具有被证实或证伪的可能性,因为每一个假设都要接受检验。

(5)简明性。假设在表述上应简要明晰,简明的假设既有利于读者理解,又便于研究者检验。当简单的假设和复杂的假设具有同等假设能力时,应选择简单的假设。

(6)概括性。好的假设大多能产生或推演出大量的推论,并且在所涉

① 陶保平.研究设计指导[M].北京:教育科学出版社,2004:59-60.

及的范围内具有较大的概括性。一般来说，能演绎产生大量推论的假设必定是好的假设。

是否所有的问题研究都要预先建立假设，目前还存在一些争议。

反对者认为，建立假设是从自然科学引入的“假设先行”的方式。由于假设是以研究者选择的抽象概念（或变量）对现象之间关系所作的尝试性或推测性的判断和解释，因此“假设先行”会严重歪曲客观事实。首先，从方法论的观点看，抽象概念是研究者主观设定或选择的，它不同于从经验资料中概括出的概念，它只代表研究者所偏好的理论或研究范式，这就会使研究者仅局限于他的特定角度或眼界中去观察问题，而且有可能会有意、无意地搜集对他的假设有利或不利的证据（视验证或否定假设而定）。其次，从技术角度看，事先建立假设会排除许多可能有影响的变量，这就不仅使观察带有框架，而且会忽视许多未预想到的经验事实。由于这些弊端，他们主张“观察先行”，即不带假设进行客观地调查。

赞成者认为，假设对于研究具有重要意义。首先，假设并非完全是主观的猜测或臆想，它是建立在以往的经验和理论之上的。其次，任何研究都是受一定理论或方法论的指导，都基于一定的理论前提，即便是“观察先行”，也要以一定的理论框架来概括经验资料。再次，假设所选择的变量是从实际生活中筛选出来的，这一筛选过程实际上跟“观察先行”的方式是一致的。最后，任何研究都要以一定的假设或设想为指导，否则，观察会是盲目的。当然，这种设想的清晰程度是不同的。例如，在有些情况下或对新的现象，只能提出初步的、粗糙的设想，不过随着研究的深入，这些设想会逐步清晰起来，在以后的研究中，就可以提出较明确、较精致的研究假设。因此，这种观点认为“假设先行”与“观察先行”并不对立，其作用和相互关系如同归纳法与演绎法的研究作用一样。

第三节　选取研究对象　确定研究方法

一、选取研究对象

为揭示教育现象与过程的发展规律，必须选取有典型意义的研究对象。教育研究通常采用抽样研究,而不可能作总体研究。

(一)抽样概述

抽样是教育科学研究中选取研究对象的基本方法。关于抽样,首先涉及总体与样本等基本概念。

总体,研究对象的全体,是具有某种共同特征的许多单位的集合体,是一定时空范围内研究对象的全部总和,而构成总体的每一个研究单位被称作个体。总体中所包含的个体的个数称为总体容量。例如,要在安徽省范围内研究小学生学习习惯的现状与特点,则安徽全省的小学生组成的整体即为总体,而每一个小学生则为一个个体或单位,截止2011年,安徽全省共有小学生4 435 582人,其总体容量即为N=4 435 582。总体是研究者感兴趣的群体,研究者希望能够将研究结果概化到这个群体。但作为教育研究的总体通常都是容量较大的群体。

样本就是从总体中抽取的、对总体有一定代表性的一部分个体。它是能够代表总体的一定数量的基本观测单位。样本所包含的个体的个数称作样本的容量。例如在安徽省小学生中抽取1 800人进行研究,其样本容量即为n=1 800。

所谓抽样或取样是指遵循一定的规则,从一个总体中抽取一部分有代表性的一定数量的个体进行研究的过程。抽样的目的就是通过对一个样本的研究,获得有关结论,由样本获得的信息以推测总体信息及一般性结论,即从样本的特征推断总体,从而对相应的研究作出结论。

抽样的缘由是由教育研究对象的特点决定的。教育研究的直接对象是学生或成人,除个别或少部分课题研究的是少数人外,绝大多数课题涉及的对象比较广泛。例如,研究中学生学习习惯的现状与特点、初二年级学生学习分化的原因等课题,应该研究的对象非常多,鉴于研究者时间、精力、人力、物力的限制,进行总体研究非常困难,也不必要,此时,就必须从中抽取一部分中学生进行研究。通常的抽样均以概率统计理论为基础,遵循随机化原则,所以抽样的误差可以事先计算并加以控制,从而保证了研究结果的准确性和研究的可靠性,并且由于研究对象的数量较少,研究可更深入细致,使得研究有一定的深度。

在实际研究中，由于未掌握抽样方法而造成人力、物力、时间及数据资源的浪费，造成调查问卷泛滥而产生抵触等也较常见，这既与行政干预有关，也与抽样方法的把握程度有关。事实上并不一定是样本容量越大越好，越大虽然抽样误差减小，但工作误差势必加大，而这种误差又是无法控制和估计的。

（二）抽样的基本要求

抽样涉及抽样的标准、方法、容量等问题，因此，抽样应遵循以下基本要求：

1. 明确规定总体

应该从内涵与外延两方面明确总体的界限。研究目的、课题的性质决定总体内涵，例如“初中生学习现状调查与学习指导的研究”，总体就是全国所有的初中生，而“初中生学习困难学生教育对策研究”的总体则是全国所有有学习困难的初中生。当然，这里必须对“学习困难”的含义予以明确界定，通常要作出操作性的定义。应注意，研究目的决定了总体的范围，研究者准备将研究成果推广到什么范围，或结论是在什么范围内有效，就应该在该范围内抽样。从某一总体中抽样的，其结论也只能推广到这个范围。这也在某种程度上说明了，别人的先进经验只能借鉴而不能生搬硬套。

2. 抽样的随机性

要尽可能使总体中的每一个个体都有被抽的可能，并且机会均等。只有这样，才能最大限度地避免因研究者的倾向、好恶或某种人为因素而造成样本的系统误差。

事实上，只有随机才能保证样本的代表性。有代表性的样本是与总体的所有特征都很相似的样本。由样本的特征推测总体的特征正是基于样本的代表性而作出的。

3. 合理的样本容量

样本的大小，既要满足统计学上的要求，又必须考虑实际上搜集资料的可能性，并使误差降到最低限度。可以根据总体内部的结构、差异等，确定不同的抽样方法，选择不同的公式计算 n 的大小。

n的大小由以下因素决定:(1)允许误差的大小,即研究的精确度要求。允许误差越小,样本容量就需越大;(2)总体内部的差异程度。总体内部的差异越小,说明总体内个体的同质性较高,此时其样本容量可以要求小一些;(3)研究变量的个数。变量的个数越多,样本容量要求越大。此外,还要考虑到研究者的时间、人力和物力的允许程度以及所使用的取样的方法等。

根据长期教育研究的实践经验,得到以下取样的参考值。

(1)描述研究、调查研究:样本容量要保持在总体容量的10%左右,除少数情况外,调查研究的样本容量不能少于100人。

(2)相关研究、比较研究的满意样本每组至少在30人以上,否则所得结果可能因偶然因素的影响而不可靠。

(3)对于实验研究,若条件控制较严密,譬如心理学的实验,每组的人数应在15人以上;条件控制不够严密的教育实验,最好每组在30人以上,如通常的自然教学班。

注意:并不能绝对地理解"总体越大,样本容量就应越大",不是绝对的按比例取样。

(三)抽样的方法

常用的抽样方法有:简单随机抽样,系统随机抽样,分层随机抽样,整群随机抽样。这几种方法可以单独使用,也可以几种方法结合起来综合运用。具体操作技术可参见有关抽样技术方面的著作。

二、确定研究方法

方法技术是教育科研的三个要素之一。任何一项课题都需要一种或几种研究方法来具体实施,没有研究方法,课题就不可能研究出结论。

选择研究方法,可以从以下两个方面考虑:

(一)要考虑到研究的目的和内容

凡符合研究问题的性质,并且能达到研究目的的方法,才是适当的方法。例如,"XX区小学生课外阅读状况的调查研究",其研究目的是了解

XX区小学生课外阅读的状况，在课题表述中已经有“调查”这个词，显然应该用调查研究的方法，而且应该是以问卷调查为主，访谈调查为辅，在这个课题研究中，不可能用实验法或行动研究法。又譬如，“初二数学自学辅导教学的实验研究”，该课题的研究目的是探讨自学辅导教学方式对初二学生数学成绩的影响，看其能否促进学生数学成绩的提高，课题名称中使用了实验这个词，显然主要的研究方法是实验研究方法。研究的自变量是教学方式，研究必须检验“自学辅导教学方式”是否明显优于通常所采用的常规教学方式。如何检验教学效果，主要以学生的学业成绩来体现，当然，对学生学习成绩的检查需要运用测量等评价方法，因此，研究中还要运用测量等评价方法。再如，“家庭情况与儿童成长关系的研究”、“义务教育阶段学生课业负担相关因素分析”之类的课题，虽然从课题表述来看，要运用相关研究的方法，但调查也是研究的基本方法。尽管课题中没有使用“调查”这个词，但调查研究方法的运用是必需的，因为都需要通过了解实际情况，才能进行相关分析，得出结论。而像“小学低年级学生上课时注意力集中时间和程度的研究”，只能通过观察来搜集资料，显然该课题只能运用观察方法进行研究，当然，也需要其他的研究方法予以配合才能完成课题的研究。

“在小学阅读教学中加强学生自主学习，提高其阅读能力的研究”，从这个课题的表述中就可看出，研究要采取一定的措施，即“加强学生的自主学习”，通过采取这种措施，看其能否提高学生的阅读能力，所以该课题的研究应该以实验法或行动研究法为主，而不可能以问卷调查法、观察法、测量法为主。到底是以实验研究为主还是以行动研究为主，则视研究的目的而定。如果研究目的是探索加强学生自主学习是否能提高小学生的阅读能力，则以实验研究方法为主；如果研究目的是为了解决X班、X校或X地区小学生阅读能力差的问题，研究如何提高小学生的阅读能力，则“加强学生自主学习”只是研究者用的一个“手段”，那还是以行动研究法为宜。当然研究中为了测量学生的阅读能力，还要使用测量法或观察法等。

此外，选择研究方法，还要考虑研究方法的可行性。凡研究者具有足够的时间与经费等资源，并且要考虑能获得必要的支持与合作的方法，才是合适的方法。要考虑研究者本身的研究能力，凡研究者力所能及、能胜任的方法，才是适当的方法。研究方法是否适当，并不在于方法本身的好坏，而在于方法与研究目的、研究资源以及研究能力的符合程度。任何一种方法都有它的地位与价值，而且任何一种研究方法要有效地发挥作用，必须以其他方法辅助为前提。

（二）研究方法应该取决于问题

一般教育研究的问题可以归结为三大类：正在发生什么？它是否产生了系统性的效果？系统性效果是如何或通过什么机制产生的？每一种问题可以使用不止一种方法，这取决于特定研究问题和所要遵循的与教育科学研究有关的指导原则。譬如“正在发生什么”这类问题要求进行描述，我们可以用统计方法描述一个教育系统中的教师、学生和工作人员的数量，还可以通过学生的视角描述一个教育系统——学生在某个学校的经历如何？此时，质的研究方法比较适合。

同样，针对系统性效果（因果关系）的问题，也可以采用不同的方法。当然，在可行的和符合道德的情况下，应该尽量采用随机实验。但是并非所有问题都可以用随机实验的方法，比如虐待儿童问题，就无法采用随机分配实验对象的方法。另外随机实验的实施费时、费物，可以采用准实验或追踪回溯研究等方式[①]。

错误的做法是在研究计划中提出研究方法时，从传统的各种研究方法中简单地选择一种或几种方法，而不作任何解释。研究者如果将研究方法一笔带过甚至一笔勾销，这样做要么显示出研究者的误解，要么显示出研究者的粗糙。研究者应根据自己的课题，确定课题研究的核心方法，然后询问自己是否可以选择其他的方法以便带来可能的突破。

但是希望以方法的选择带来研究的突破是比较困难的。尽管研究方法的创新是重要的，但相对而言，研究方法是比较稳定的。研究者可以拒绝某些传统的研究方法，但很难完全丢开传统的研究方法去起用“新方法”，总体上看，研究方法的创新是比较困难的。如果研究者打算提出自己的“新方法”，就必须反复提醒自己所谓的“新方法”与“传统的方法”究

①（美）理查德·沙沃森，丽萨·汤.教育的科学研究[M].曹晓南，程宝燕，刘莉萍，译.北京：教育科学出版社，2006：11-12.

竟在何种意义上是新异的，在何种意义上是相同的。

一般来说，可以选择“适宜”的研究方法，而不必刻意“创造”新方法。但一项出色的问题研究很可能是因为在研究方法上有所突破。这意味着研究者需要对“研究方法”持谨慎的态度。而且，任何一项研究都需要使用几种研究方法，但研究方法不宜过多，应分清层次，注意各种方法之间的配合。有些研究方法不在同一层次，之间存在包含关系，若并列举出，则显示出研究者对方法的掌握存在欠缺。如“调查研究法、访谈法、质的研究法、叙事研究法”，调查应该包含访谈、观察、问卷等，甚至包含测量法。质的研究法与调查法也不在同一层次，之间有交叉包含部分。质的研究是相对于量的研究而言，如观察、访谈等皆可纳入质的研究。叙事研究与调查研究也不在同一层次，它可能也用到调查的有关方法。

另外应注意的是，历史研究与文献研究不能混同。历史研究虽然主要借助文献研究，但其主要目的是描述历史事实，揭示历史真相。文献研究主要目的是查看他人在某研究领域已经提出了哪些观点，已经出现了哪些进展[①]。

第四节　确定研究变量与指标

在确定教育科研课题之后，有一个非常重要的研究工作，即界定课题中的研究变量。所谓变量，就是在研究过程中，需要进行操纵、控制和测量的诸因素。在每一个研究课题的表述中，都有几个关键概念，这些概念大致可以分成两大类，即常量和变量。常量是仅有一个不变值的概念，通俗解释就是理解起来没有歧义的概念，如XX市XX区、XX市第一中学、数学教学、小学生等。这些概念，用不着解释，大家都非常清楚，不会有不同的看法和认识。与常量对应的概念是变量，即有一个以上值的概念，通俗解释就是理解起来有歧义的概念，如新时期、当代、厌学、学习困难学生、课外阅读、心理健康、学习态度、创新精神、合作学习、解题思维策略训练等，这些概念都比较模糊，不同人有不同的解释和理解[②]。

①刘良华.教育研究方法专题与案例[M].上海：华东师范大学出版社，2007：57-58.

②李春山.界定课题中的研究变量[J].北京教育（普教版），2004（5）：26-27.

在研究中，首先要对所研究的变量予以准确地界定。研究变量的界定就是给研究变量下定义，下定义的目的就是要理解、明白这些概念的涵义。不理解、不明白这些概念的涵义，随便乱用就会导致研究的错误，造成文不对题、偷换概念。例如研究“创新精神的培养”，最后谈效果时却说“考试成绩提高了”，这就是对研究变量缺乏明确界定造成的。研究变量有了明确的定义，就可以使课题研究在确定的范围内展开，使思路明确清晰。譬如“思维品质”“创造性思维”“逻辑思维”“形象思维”等概念的涵义是不相同的，“课业负担”“作业负担”“学习负担”的内涵与外延也是不一样的，我们在研究时一定要持严谨的态度。由于在教育科学的研究和实践中，许多概念说法不一，观点各异，所以给变量下定义，也便于别人按照研究者规定的范围来理解研究结果和评价该研究的合理性。

界定研究变量，包括给变量下抽象定义和操作定义。首先是下抽象定义，变量的抽象定义是对变量共同本质的概括，其作用是揭示变量的内涵。中小学教师给自己课题中的研究变量下抽象定义，应该通过查阅文献资料，使用辞典、教育理论书籍、教育大纲、教材等对概念进行科学定义，或参照国家和教育部及有关上级领导对教育问题的方针、政策、法规、守则、职责要求等。如果实在查不到，一般应回避使用这些概念，另换别的概念。如果特别需要，也可以尝试自己下定义，这就要求研究者具备一定的理论基础，在研究之前要进行学习，要查阅文献资料，对所要研究的问题有个基本的了解。变量的操作定义是用可感知和可测量的事物、事件、现象和方法，对变量作出具体的界定和说明。任何变量或概念都是一组操作，变量与相应的一组操作是同义语。没有操作定义，研究就不具体、不可操作，就只能停留在“浅谈”的层次上，缺少实践依据。变量的操作定义虽然可以借鉴文献资料中别人的研究成果，但更多的是需要自己的研究，这既属于研究设计的内容，也是研究成果的一部分。

在研究过程中，有些变量是需要加以改变的，有些是应该详细加以考察、记录的，有些则要尽量控制使其恒定或加以排除。根据其性质不同，研究变量分为自变量、因变量和无关变量。

一、自变量

（一）自变量的特征

自变量是指由研究者安排的，人为操作控制的、作有计划变化的诸因素，它是研究中要采取的具体措施和方法。自变量具有如下特征：

（1）它的变化会导致研究对象发生反应；

（2）它的变化能够被研究者所操纵、控制；

（3）它的变化是受计划安排、系统性变化的。

譬如在研究“对同一教学对象和教学内容，使用不同的教学方法将会产生怎样的教学效果”时，各类不同的教学方法即为自变量。

在实际研究过程中，需要对自变量下操作性定义，对自变量下操作性定义的目的就是要明确怎么操作。如“初二年级物理课不同实验程序的比较研究”，对“不同实验程序”的界定是：教师在教授新课的过程中，对学生的听课和动手实验在程序上的不同安排。这里有两种程序：第一种是教师在课堂上集中讲解新知识，然后另行安排学生实验课。这样学生学习新课的程序是听讲与实验分两步进行，称作“先听讲后实验”。第二种是教师课堂讲解与学生动手实验同时进行。学生的实验步骤与教师的讲课进程结合在一起，学生学习的程序是边听讲边动手实验和观察实物，称作“边听讲边实验”。

（二）自变量的种类

在教育研究中，研究对象个体的状态、团体的状态、教学环境状态、教学的操作行为等都可以作为自变量。这些都可以受研究者操纵或选择、控制或掌握，人为地做某些安排变化等。常用的自变量有：

（1）研究对象的个性特征。如研究对象的年龄、性别、受教育程度、职业、职务、居住地、经济状况等。

（2）研究对象的团体特征。如学校的类别、性质、班级集体的素质、人际关系、组织形式等。

（3）教学环境状态。如教学时间、教学地点、教学设施条件、教学实验设备等。

(4)教学组织状态。各种不同的教学方式与学习方式等,如课堂集体教学、小组合作学习、计算机辅助教学、自主学习等。

二、因变量

(一)因变量的特征

因变量是随着自变量的变化而变化,是研究者打算观测的变化因素。因变量通常与研究目的相关联。因变量具有如下特征:

(1)必须是随着自变量的变化而变化的因素,或对自变量作出反应的;

(2)是根据研究需要,有待观测的因素;

(3)是能够以某种反应参数来表征的可测量因素。

(二)因变量的种类

在教育研究中,研究对象对于某种刺激因素所作出的即时行为反应,持续累积的行为反应,以及态度、倾向等都可以作为因变量,都可以通过某种方法加以观察测量。常见的因变量有:

(1)即时行为反应。指研究对象个体对刺激所作的即时行为反应,如语言行为反应、非语言行为反应(表情、动作)、特殊语言行为反应等。

(2)个体状态变化。指研究对象个体受刺激后,持续累积的状态改变,如知识的增长、能力的提高、心理的变化等。

(3)群体状态变化。指研究对象群体在接受刺激后的状态变化,如教学规模的变化、教学质量的变化、教学效率的变化、态度倾向的变化等。

(4)态度倾向等级。指研究对象的评价性态度、情感性态度、行为倾向性态度、观念性态度的变化,通常以态度倾向等级描述。

(5)学习行为变化。指学生学习的主动性、学习的积极性、学习时对参与的需求性(迫切性)、学习时的参与程度等学习行动的变化等。

上述各种因变量,均应以某一反应参数(指标)来衡量其变化程度。若将知识增长作为因变量,可以用考试成绩作为测量指标,以确定因变量的变化情况。

(三)设计研究指标的原则

1. 设计研究指标应以一定的理论假设为指导

设计指标,搜集有关数据资料,目的在于检验研究提出的理论假设,所以较好的研究指标必须反映理论假设的内容。用理论指导指标设计,常采用演绎的方法:先由理论假设到研究变量,再由变量到指标。如根据理论假设,分析研究可能会涉及:研究变量1,研究变量2,……,研究变量k。再将各研究变量通过若干个具体的指标予以反映。

设计时,应首先明确理论构思与假设,然后弄清理论假设涉及的各种变量,最后根据这些变量的客观要求,制订搜集实际数据与资料的指标,并由此构成一个有内在逻辑联系的、完整的研究指标体系。

2. 设计研究指标应当具有完整性

设计时要注意使指标能全面、完整地反映理论假设与研究变量的主要维度。如用问卷了解被试自尊心的强弱,所选的几个指标(项目)应当能较全面地代表被试在实际生活中自尊心的一般、典型、有代表性的情况。贯彻完整性原则,应注意从理论和实际两个方面分析研究变量的各个测量维度,检查所设计指标是否具有完备性、互斥性;是否残缺不全,有所遗漏;是否互相交叉,相互重复。

3. 设计研究指标要简明、可行

复杂、繁多的研究指标,不但会增加数据搜集与分析的工作量,而且还可能影响研究完成的质量。实际操作中,应尽可能删除一切不必要的多余指标。此外,应通过理论分析自己或他人以前的有关研究、日常生活经验、预测等方法来制定可行性强的研究指标。

4. 设计研究指标必须有明确的操作性定义

对于定量指标,应该有统一的计分或计算方法。因变量是研究中要调查的问题和效果,对其下操作定义的目的就是要实际测量出来。

(四)变量操作性定义的方法

在试图解释和预测行为中,研究者常常提出一些包含假设机制和模糊要素的理论。尽管这些机制和要素可能不是真实的存在,而只能是假设的,但我们可将其作为真实的存在来接受,因为它们能够揭示和解释我们看到的行为。例如,一个聪明的学生在学校里的成绩很差,是因为他的“动机”强度低;一个幼儿园的老师可能不愿意批评懒散的孩子,因为那可能会伤害孩子的“自尊”。但自尊、动机是什么? 是不能直接看到的。许多研究变量,特别是行为科学家感兴趣的变量,实际上是产生于理论或想象的假设性变量,这些变量被称作概念或构念。尽管概念本身不能被直接观察和测量,但对在理论上与概念相关联的外部因素和行为是可以被观察和测量的。研究者可以测量外部的、可观察的事件,将其作为测量概念本身的间接方法。一般来说,研究者确认与一个概念相关联的一种或一组行为,然后对行为进行测量,并以此作为概念的定义和测量,这种定义和测量概念的方法称作操作性定义。

当研究中的变量是假设的构念时,我们必须使用操作性定义来定义和测量这些变量。当规划我们的研究时,建议最好使用常规的方法定义和测量所研究的变量。按照这种方式,研究的结果与过去研究的结果就可以直接进行比较[①]。

关于变量的操作性定义,就是用可感知、可度量的具体事物(如学生的年龄、具体学习成绩分数),或具体现象(如迟到、早退、旷课、逃学、违反纪律次数),或具体方法与程序来描述、说明变量。同一概念、变量可以用不同的方法下操作性定义。有的操作性定义易于设计,简单明了;有的比较复杂,设计起来难度较大。研究中,应善于选用最适宜的方法给假设的变量设计操作性定义,使变量能被具体、客观的指标明确界定与测量。具体方法有:

1. 动态特征描述

通过描述客体或事物所具有的动态特征给变量下操作性定义。如“聪明的人”在操作上可定义为“善于解决问题、运算灵活、记忆速度快的人”。在教育研究中,作为主要研究对象的人,具有许许多多的动态特征,并通过行为客观地表现出来,这种方法在设计操作性定义时较普遍。

---

① (美)Frederick J Gravetter Lori-Ann B. Forzano.行为科学研究方法[M].邓铸,译.西安:陕西师范大学出版社,2005:63-64.

2. 静态特征描述

通过描述客体或事物所具有的静态特征来给变量下操作性定义。如将“聪明的人”定义为“知识渊博、词汇丰富、运算技能多、记忆东西多的人”。此方法与动态特征描述的区别为：动态主要描述客体或事物所具有的能动的、动态的行为表现，侧重的是过程；静态描述主要描述客体或事物已经具有的静态特征和内在性质，侧重于结果。静态特征描述适合于问卷、测量等方法的研究。

3. 方法与程序描述

通过特定的方法或操作程序给变量下操作性定义。此方法特别适合于实验研究。如研究被试在一定方法下产生的“挫折”状态，设计操作性定义不是对“挫折”状态的本身作出描述，而是要创造或找到一种能引起“挫折”状态的特定方法或程序，即按照此方法去操作，就可以保证“挫折”现象的产生。如“通过阻碍一个人达到其渴望的，近在咫尺的目标而使该个体所发生的一种心理状态”。例如，将“饥饿”定义为剥夺个体进食24小时后所存在的状态。

通常在对研究变量下操作性定义时，需要将上述几种方法综合使用。如研究者在课题“在小学阅读教学中培养学生创新意识的研究”中，对“创新意识”下的抽象定义是：直接激励和推动人们从事创新活动的内在驱动力。其操作性定义是创新意识的指标体系，主要包括：

(1)好奇心。容易被未听到过或未见到过的事所吸引，容易对新奇的问题发生兴趣，想去别人没去过的地方，想拆开能拆开的东西，喜欢想一些新点子，即使是用不着也无所谓。

(2)探索兴趣。喜欢探究事物的根底，做感兴趣的事情常常废寝忘食，喜欢听变化多端和富有想象力的故事，做有兴趣的事时眼神有光、面部兴奋。

(3)质疑欲望。敢于向权威挑战，提出疑问，对“我不知道的事”比“我知道的事”更想知道，做完一件事后总爱想一想“要是……该怎么办?”常想从别人的谈话和行为中发现问题。

(4)求新求异意识。在讨论同一问题时能用与众不同的方法解决，习惯毫无顾忌地说出自己的新想法，对自己学过的东西能从新的角度去思考,喜欢反向思维,对事物的看法喜欢追求与众不同等。

三、无关变量

无关变量是指除研究者操纵的自变量以外,另外一些能引起研究因变量变化的其他影响因素,它使研究者无法作出正确判断,故又称作干扰变量。例如,有些被试的主观态度、习惯、动机、准备度、目标定势,或对被试的诱发启示,研究者本身的倾向性、指导语、与研究(实验)无关的动作、表情、环境因素等,都可能影响测试结果。

对无关变量应予以有效地控制,但有时控制较难,即使如此,也应加以详细记录,以备资料分析时参考。

在研究设计中,要全面考虑各种变量之间的关系,即要考虑如何有效操纵改变自变量、记录观测因变量、控制无关变量,以使得研究达到预期目的。

第五节 制订研究计划

研究计划是在进行研究设计的基础上,对研究活动各方面的工作和过程的全面规划,是指导和规范研究活动的纲领性文件。计划的完成,标志着设计构思阶段基本结束。

一、撰写研究计划的目的

研究计划传达了研究者的意图,说明了研究的目的和重要性,并说明了详细计划和步骤。在研究计划中,要确定研究的问题,陈述研究的问题与假设,确定要研究的变量,并且对关键的术语进行定义。研究样本中所包含的被试、要使用的研究工具、研究的设计、研究所要遵循的程序以及数据分析方法等,这些问题都要在研究计划中详细地陈述出来。

在研究计划中,研究者要详细地写出要做什么。它能够允许其他人了解研究者想要做的研究,并且提出一些改进意见,它可以帮助研究者阐明需要做的事情,以及需要避免的一些无意的缺陷和不可知的问题。

二、研究计划的主要内容

作为对课题研究工作的总体规划，应对研究活动各个阶段的主要的内容、方式、预期的研究成果等进行全面的安排和叙述。重点围绕研究什么问题、为什么要研究这个问题、如何研究这个问题以及通过对这个问题的研究能够取得什么样的成果等方面进行表述。具体内容为：

（一）研究的问题

1. 研究的目的、意义

简明陈述研究者做研究的目的是什么。一般来说，任何一个研究都要试图阐明研究者所感兴趣的并且认为很重要的领域的某个方面，从而为人类的总体知识和实践作出一些贡献。目的随课题的性质与所探讨问题的不同而不尽相同。通常研究活动的最终目的体现为：具体探明某种教育现象的本质特点或特征；揭示教育活动中某些因素之间的必然联系或内在联系；寻求科学的教育活动方式方法等；其他，如提高人员素质、培养专门人才、建设队伍等。

意义与目的是相联系的，但有时也存在一定的差异。具体表现为预期的研究成果在教育的理论发展和实践中所应有的、或可以发挥的作用、功能等。理论方面，如发展某种或某方面的理论、澄清或修正某种理论观点、填补某方面的空白、形成某种理论体系等。实践方面，提供某种行之有效的操作方法、纠正实践中某种不科学的做法、改变某种不合理的认识等。意义的表述应具体明确，有很强的针对性，不应抽象、笼统。不少计划暗含着一种观点，即认为目前的一些研究还不是很令人满意，但建议明确说明为好。

也有研究者认为，教育科研的目标大致分为三类①：

（1）决断性目标：指通过研究去判断某一现象、某一种因素是否存在；某种联系是否成立；某项措施、方法是否可行。这类研究往往在推翻了一个结论之后，会产生一种新的观念、假设或形成一个新的理论问题。

（2）对比性目标：通过研究对两个不同的群体（学生或教师等）、不同

① 李克东.教育技术学研究方法[M].北京：北京师范大学出版社，2003：43.

的时间、不同的环境条件、不同的媒体运用、不同的方法等进行差异性比较,从而寻找一些事实和规律。

(3)析因性目标:通过研究去探索在影响某一事件的发生与变化过程中起决定性或主要作用的因素。

2. 问题的陈述与假设的提出

问题的描述应简洁、具体、明确,准确地概括研究的内容和方法,并说明课题的来源与性质,特别是指出研究的具体内容。内容的表述应首先列出课题中必须探讨的每一项具体内容。如"班主任德育素质对中学生思想品德影响的研究",至少包括三点:"班主任德育素质的基本内容、班主任德育素质的基本概况与评价、学生思想品德与班主任德育素质的关系"。

通常研究假设有助于阐明研究问题。如果研究者已经形成了一个假设,就应该尽可能清晰地、简洁地将它陈述出来。

3. 定 义

研究者应该对所有的关键术语进行尽可能清晰地定义。如果在以前的文献中所发现的定义非常清楚,就可以直接引用。但通常,那些定义必须经过一定的修正才能适合于现行的研究。一般来说,对一些术语进行操作性定义,定义越清楚,在接下来的研究开展过程中所遇到的困难就会越小。

在教育研究中,很多观念的内涵与外延并未得到严格界定,这些观念多为普通名词而非科学术语。例如"教学模式",探讨的较多,但在教育界仍有不同的说法:有人主张教学要有个性,反对固定的模式;有人则认为模式是有用的,有害的只是程式;也有人提出教学需要模式,但不能模式化。仔细分析各自的观点,可见各种说法本意并无实质性差别,所谓"模式""程式""模式化",其含义往往带有很大的随意性,有褒有贬,弄得不熟悉该研究领域的读者无所适从。可见,概念不清,含义不明,会影响教育研究的效度与信度,所以在进行深入研究之前,探讨研究课题中的概念及定义非常重要。

教育研究中的概念可以通过五种途径获得:

(1)吸收。吸收就是从前人那里寻找适合于研究问题的概念。譬如有研究者在对一辍学学生作个案调查时,对"辍学"概念,采用国家教育发展研究中心编著的《义务教育效益研究》对这一概念的定义,"所有未完成学制规定年限的教育而中断学习、离开学校的现象统称为辍学"。

(2)从其他学科中移植。从自然科学、社会科学等移植到教育研究中的概念,需要经过重新界定与引申。如有人研究教育沟通问题,借鉴传播学中"沟通"的概念,将"教育沟通"界定为"发生在教育过程中教育者与教育对象之间以教育信息和教育手段为中介的一种人际沟通,其特征是沟而求通"。

(3)从日常用语中引进。把日常用语引入教育研究,要进行一定的加工与改造,比之于日常用语更为精确,可能消除原来的某些含义,也可能赋予某些新的意义。有研究者在研究中使用的"差生"概念时,将其定义为"智力属正常范围的儿童由于各自不同的原因,不能适应普通学校教育条件下的学习生活,最终导致学习困难的状况。这种状况是可逆的,而且仅限于学业而言"。

(4)独立地创造。某门学科能够独立存在,条件之一是具有自己的特殊概念,即由本学科学者首次提出的概念。创造性的建构概念,可借助理论思维与经验观察。

(5)转译他国学者的新概念。转译可能根据我国的情况,会失去原概念的部分意义,并赋予部分新含义。

在该部分,有几个关键问题要把握住:

(1)是否已经确定了想要研究的问题;

(2)是否已经指出了对于这个问题打算做什么,即具体的研究内容;

(3)是否已经论述了为什么这个问题值得研究;

(4)是否已经形成了一个假设?如果是,是否已经作出清晰的表述;

(5)是否已经清晰地定义了所有的关键术语,如果可能的话,是否给出了关键术语的操作性定义。

(二)研究背景和相关文献综述

在该部分,研究者应展示他对以前的研究工作的主要趋势和与研究问题有关的一些观点的熟悉程度,并说明理解这些以前的研究工作与正在计划的研究的相关程度。这个部分可以包括理论性的概念、直接相关的研究和一些能够对要研究的问题有独到见解的研究。不少文献综述的一个缺陷是,引用了一些参考文献,但是并不阐明这些参考文献的相关性或它们对要做的研究的意义。

在这部分,还有几个关键问题要表述清楚:

(1)是否已经搜集和描述了与研究问题有关的研究成果;

(2)是否已经综述了与研究问题相关的有关专家的观点与看法;

(3)是否已经对有关该问题的一些观点和研究进行了归纳并作出评价。

(三)研究方法与程序

对于研究方法与程序,要予以详细描述,一方面规范、指导自己的研究;另一方面,让同行专家通过这部分内容,评价研究方法与研究问题的适切性并评判研究者的研究能力。

1. 研究设计

在实验研究中,设计可以用特定的符号或模式来表示。研究者应该确定出在研究中所运用的具体的研究设计。

2. 样　本

在研究计划中,研究者应详细地描述将如何获取研究对象。如果条件允许,应该运用随机抽样的方法获取样本。如果采用随机抽样,研究者应该描述与样本相关的人口统计信息,如性别、民族、学业成就、智力等。最后,对研究结果所要推广到的合理总体也要作详细描述。

3. 研究工具

只要有可能,在研究中应该运用现有的研究工具,因为即使是编制最简单的测验或问卷也是相当耗费时间和精力的。但必须有适合于研究目标的可信而有效的研究工具。

在没有现成的研究工具可用的情况下,研究者应该描述出编制新的研究工具所遵循的步骤,并且要特别注意描述如何增强研究工具的信度与效度。在研究计划中,至少应该包括一些研究工具的例子。即使有强有力的证据支持所用的研究工具有很高的信度和效度,但这也不能保证该研究工具能够在研究中以同样的方式发挥作用。研究对象与研究条件的不同可能会使对研究工具的信度和效度的评价方式发生变化，甚至认为不适合该项研究，这一点在计划中应有所考虑。

4. 研究程序细节

在该部分，研究者应该详细地描述出研究要遵循的程序：要做什么、什么时候做、在什么地点做、怎么做？特别是在干预性研究中，更需要描述一些处理的性质以及所引入的处理方法的一些额外细节，以便对研究作重复验证。

5. 数据分析

在该部分，应说明如何搜集、整理、分析数据。

该部分有几个关键问题应予以特别考虑：

(1)是否对抽样计划作了详细的说明；

(2)是否对样本的相关特征进行了详细描述；

(3)是否已经确定了研究结果可以推广到合理的总体；

(4)是否已经对研究中将要使用的研究工具作了详尽的描述；

(5)是否已经说明了这些研究工具与所进行的研究之间的相关性；

(6)是否已经对现有的研究工具的信度与效度指标作出具体说明，而对于自己编制的研究工具，如何对其效度与信度进行检验；

(7)是否充分地描述了研究所要遵循的程序，是否将如何搜集、整理、分析数据的方法、工具等作了详细描述。

(四)研究预算

根据各项用途，具体列出研究计划。应注意，研究计划中各个部分应该是一致的。例如，研究中所使用的术语应该自始至终都用相同的定义；研究假设应该与研究问题相一致；研究工具必须和研究问题或研究假设以及数据搜集程序相符合；获得样本的方法与所用的研究工具相符合，而且应该与处理研究结果的其他假设的方法相一致等。

第四章　如何审视教育现象(上)——教育调查研究

第一节　调查研究概述

一、调查的特点与意义

调查法是社会科学研究中所特有的方法。调查研究是一种描述研究,是通过对原始材料的观察,有目的、有计划地搜集研究对象的材料,并形成科学认识的研究方法。调查研究通过直接接触有关的社会现象及研究对象,获得资料,目的在于了解真相,探索客观规律。

教育调查法是研究者根据研究目的和要求,有计划地运用问卷、访谈、测验等手段来搜集研究对象的有关资料,并通过对资料的整理与分析,来认识教育现状及其发展变化规律的研究方法。教育调查含有调与研两个有机联系的过程,调查是用科学手段和方法搜集研究对象的客观事实材料,研究是对所搜集来的事实材料进行整理与理论分析,从中发现规律,形成结论。这两个过程在调查研究过程中有机联系,共同构成一个完整的研究活动。

教育调查研究内容广泛丰富,常涉及经验总结、观察、实验、测量等方法中的某些技术与手段。教育调查起初是作为社会调查的组成部分出现的。在19世纪之前,调查在教育上只属于了解一般情况,做法也比较粗糙。19世纪末,教育在资本主义国家逐渐普及,对教育深入研究的要求日渐强烈,出现了专门的教育调查。历史上最早的教育调查是美国莱斯的"拼写练习"调查。之后,调查方法在教育领域广为应用,并逐渐形成了教育调查、教育测量热,调查对象的复杂程度、调查量表的使用都有了较大的发展，并且调查测量也逐渐超出了课程的范围，扩展到各种教育问题的调查研究。1925年，斯坦福大学编辑出版《学校调查》一书，至1933年，美国现象调查报告总数已达400多份，教育调查的迅速推广本身就说明了这一方法对研究教育的重要价值。在美国，从1948年到1964年，每四年进行一次全国性的阅读调查，以了解学生的阅读水平。1983年4月，美国高质量教育委员会发表了《国家处在危险之中：教育改革势在必行》的著名调查报告。该调查研究所采用的调查方式包括：

(1)约请专家就各种各样的教育问题撰写论文；

(2)组织各种座谈会、听证会与研讨会，与会者包括行政管理人员、教师、学生、专业人员和公众团体的代表、家长、企业领导、政府官员与学者；

(3)搜集和阅读“现存的对教育问题的分析”材料；

(4)搜集和分析社会人士对教育问题提出的批评性意见的信函；

(5)搜集和阅读相关的文献材料。

该报告的主要内容包括：危机、危险的指标、希望与挫折、高质量教育、学习的社会、可资利用的手段、公众的允诺。调查结果主要包括：有关教学内容的调查，有关学校对学生要求的调查，有关学习时间的调查，有关教学的调查。根据调查的结果，调查报告提出了有关建议，内容包括：教学内容的建议、标准和要求的建议、时间安排的建议、教学的建议、领导和财政资助的建议等。该调查报告对于促进美国的教育改革，提高教育教学质量起到了积极的推动作用，并在世界范围内产生了重要影响。

(一)教育调查的特点

教育调查最主要的特色是科学的精神实质。调查研究从决定研究课题、形成假设、提出理论架构、乃至于调查材料的取舍、运用、分析与解释，都是按科学的逻辑途径实施。另外，研究的结果可以复制、验证，研究的结果能进一步促进理论的发展。此外，调查研究常列出图表、数据等证据，尽量维持调查者的中立地位，避免主观的涉入，而让客观的数据“说话”。

教育调查研究具有以下特点：

1. 研究对象的广泛性

教育调查是以活动形态或现实存在形态的教育问题、教育现状为研究内容，这些问题和现状广泛存在于教育的各个领域之中。调查对象的选择可以不受样本容量大小和地理空间的限制，因此，理论上来说一切教育现象都可以运用教育调查的方法来研究。教育调查特别适合于搜集人们对现实教育问题的态度、观点和做法等方面的资料，以期了解那些普遍关注的热点问题和亟待解决的问题。通过调查研究，使人们从某类教育问题的现实状况、他人曾经付出的努力及其效果等方面获得相关知识，帮助研究者分析问题存在的原因，寻找解决问题的有效途径。

调查法可以获得难以从直接观察中获得的材料。例如，人们对某些教育现象的评价，有关学生的兴趣爱好、价值观、人生观等方面的材料，采用调查，可以不必在教育现象发生的现场，而运用间接的方法，从几个侧面对现象或事物予以了解，以获得资料。在时间上，调查可以在事件发生之后，从有关当事人或其他人那里获得已经过去的事情的材料；在空间上，只要研究课题需要，可以不受地理位置的限制，可以研究一些数目相当大的总体以及一些宏观上的教育问题，如有关当代青少年问题的国际比较研究等。

调查可以解决那些无法进行实验或重复的问题研究，如"青少年犯罪原因的探讨"、"中小学生近视眼发病的原因问题的研究"。通常采用选择大样本作调查，从众多的特殊对象的研究比较中找出一般规律。

2. 手段的广泛性

教育调查的手段多种多样，如问卷、访谈、测量、开调查会等。在具体研究过程中，可以根据课题的大小和性质以及研究者自身的情况选择适当的方法。小样本，可以采用访谈方法；大样本，可以采用问卷、测量等；调查某单位的各方面情况，可用调查表与深度访谈相结合。既可以通过细致地访问、座谈等方式深入研究某些事物或现象，又可以采用问卷、测量等手段，作区域的或大范围的调查研究，也可以两者结合，由点到面地开展，能在较短的时间内获得大量材料，并将研究引向深入。有时调查本身还可能起到推动有关单位工作的作用。

3. 实际变量的操作化

调查研究期望由最少的变量来了解最多的现象，研究者往往要从现实中选择一个或数个最关键的变量来进行研究。另外，变量的"概念化"

与“可测量性”是调查研究在处理变量问题时的一个很重要的过程。由于同一概念的理解往往因人而异，为避免意义分歧，为变量选择适当的指标，使其可测量，以帮助研究者获得具体的资料，是调查研究努力的方向之一。通常，在调查实施前，进行严格的调查设计，通过尝试性调查验证并修正设计；此外还要求研究者掌握相关的一系列技能和技巧，如问题编制与排列，口头语言和书面语言的表达等。

4. 追求普遍性的原则

调查研究除了可了解样本的实况外，在应用调查研究的结果时，由于其信度与效度较高，代表性较强，通常结论都能推至一般性或总体性的结论，甚至可以达到预测行为的目的。

（二）调查研究的功能

1. 调查是科学认识事物及其发展规律的重要工具

科学认识事物是随着调查研究所获得的成就而前进的。调查研究每前进一步，科学认识事物就提高一步，随之就进入了一个更广阔的天地。人们的社会生活是纷繁多彩、错综复杂的，人们要在社会中生活，就要不断地适应和改造社会，而要适应与改造社会，就要正确地认识社会。通过调查活动取得的对社会的认识要比单纯依靠传统知识和权威人士提出的权威性认识可靠得多。同样，通过调查对教育现状的认识与把握比通过专家的论断更直接、更有效、更可靠。因此，调查研究方法是认识教育现象、探索教育规律的重要技术和手段。

2. 调查是进行预测、决策和实现科学管理的前提条件

教育改革阶段，会出现和存在这样或那样的问题，此时，人们多在寻求协调发展的途径和方法，加强预测和决策工作，实现科学管理，促进教育事业的协调发展。而作出科学预测和决策离不开对教育状况的了解和信息的掌握，特别是在目前信息变化迅速的情况下，就更要求准确和及时掌握信息。而了解现状、获取信息，不运用现代的调查研究方法是很难实现这种客观要求的。

3. 调查研究正成为现代社会人们必须具有的知识

当今社会已进入数字社会，各种数字信息充斥世界。如教育领域中的各种指标、社会生活领域中各种指数等,都与调查联系在一起。若不具备这方面的知识,就不能适应现代化的社会生活。若不懂得调查研究,就不能很好地鉴别各种信息以及各种文献资料的真伪与价值。

教育调查是搜集教育现象资料的基本方法之一,是教育科研在经验层次上获得第一手材料的根本手段,是研究者从理性层面把握教育现象的内在属性和规律的基础和前提。对于教育实践工作者,调查不仅是研究的需要,也是工作的需要,是了解学生点与面上情况的有效手段。如家庭访问、摸底测验、学科教学座谈等,但这些日常工作,被中小学教师视为例行工作,没有注意到运用调查方法及其技术性与科学性,因而常常不能较好地实现科学研究的目的。

在教育领域,调查可以揭露教育发展中现实存在的问题、暴露矛盾,通过不断解决教育内外部的各种矛盾而促进教育的发展;帮助教育工作者和研究者发现和总结推广先进的教育思想和先进经验,更好地改进工作,提高教育质量;为实现不同层次和不同要求的教育管理和教育预测服务,通过搜集教育现象的事实材料,为各级教育行政部门制定政策、法令法规以及教育发展计划提供依据。

现阶段,社会、经济发生巨大变革,为适应社会、经济发展的需要,教育本身也必须进行根本性的变革,而变革措施的制定,都必须以调查研究的结果为依据。

上述可见,调查作为一种相对独立的研究方法,适用范围较宽,对教育研究与实践具有重要意义。具体来说,可以通过调查解决以下问题:

(1)现况研究。如对某一地区的学校教育现有的教育质量的调查、家庭教育现况调查等。

(2)比较研究。对不同时空的教育现象的有关特征进行比较,如农村与城市学校教育的物质条件的比较研究等。

(3)纵向研究。如对某些研究对象的定期追踪调查研究,以获得有关发展变化的资料。

(4)历史与未来的有关研究。如对一些还未成为文献的历史遗物的搜集,对还健在的历史人物的采访,向专家征询关于未来教育发展规划的设想与建议等。

通常,教育调查研究的课题涉及以下几点:改善教育实践策略、指导教育决策、深化教育理论认识。如对这三点没有什么帮助,其调查价值不大。

二、调查研究的三个基本要素

调查研究包含三个基本要素:调查者、被调查者、教育事实(或现象)。

1. 调查者

调查者是调查的第一要素。调查者已有的知识、价值观念、思维方式与寻找事实的方法,均会渗入调查过程而发生一定的作用。其中,个人偏见、粗疏的工作作风、不科学的方法,是客观、正确、深入地反映事实的主要障碍。正确描述现象,首先必须摆脱同情感与经验而产生的个人偏见,做到客观公正;克服马虎、漂浮、低标准等粗疏作风,做到认真、踏实与严格要求;防止非科学手段与工具的使用,提高调查手段的科学程度。

2. 被调查者

被调查者往往是特定事实的参与者,也可能是特定事实的目击者、知情者。若他们在调查者面前停止或改变某些行为、隐瞒或歪曲某些东西,则会使调查者难于获得真实的信息。因此,必须争取被调查者的合作,使其一如既往的表现他们的行为,真实地反映他们所知道的有关信息。被调查者有合作派、冲突派之分。合作派的研究对象乐于进入研究现场并与研究者合作,能如实地反映他们所知道的有关信息。冲突派则往往掩盖自已的所作所为,不愿与研究者合作,甚至产生对抗情绪与行为。尤其是那些被认为是不正常的团体,如犯罪团伙等。对冲突派研究对象,研究者如果不隐瞒自已的研究目的,不采取相应的技术手段,就很难得到真实的信息。

3. 教育事实

我们所研究的教育事实越复杂、越隐蔽,正确予以描述就越困难,但越是复杂隐蔽的现象研究才越具有价值。克服这种困难的途径可以从三个方面进行:

(1)对作为研究对象的特定事实进行界定,把它从其他现象与事实中区分出来;

(2)对特定的教育事实进行分类,使它从杂乱中显示出有序状态;

(3)找出特定事实同外部事实的相互联系;

具备这三点,就具备了正确描述事实的前提条件。

三、与调查相关的概念

调查研究要运用一定工具进行,以搜集与调查主题相关的资料。若工具不适当,则研究的分析与结果会产生偏误,从而导致调查研究的失败。因此,在资料的搜集阶段,研究工具的选择决定了未来研究能否有效的持续进行,而决定选择何种研究工具或检验研究工具是否合适的两个指标为"效度、信度"。此外,"抽样"在调查研究中也举足轻重。有效地选择研究样本,有助于将研究结果推论到总体上。

信度是指测调查结果的一致性程度。信度分为再测信度(稳定性系数)、复本信度(等值性系数)、再测与复本信度(把同一测验A式对某组施测,间隔一段时间把同一测验B式对该组施测,两者的关联程度)、分半信度(内部一致性系数)、评分者信度(和谐系数)等。效度所讨论的问题是一种测量技术能否真正测量到它所要测量的问题,亦即测量结果的正确性。效度可分为内容效度、效标效度以及结构效度。对于效标效度,视其所选的外在标准而定,标准不同,其关联程度亦不相同。关于信度与效度的具体意义及计算方法可以参见有关教育测量学书籍。

关于抽样问题,调查研究通常采用概率抽样,以避免主观的偏差选择。样本容量大小取决于三个因素:

(1)需要达到的精确程度。精确度越高,相应的样本容量要求越大。

(2)总体的变异性或多样性。总体变异越小,总体越同质,所需的样本容量就可以小一些。

(3)资料分析时,统计检验的变量的个数。变量的个数越多,所需样本容量越大,最起码的要求是,样本容量不小于变量个数的10倍。

第二节　教育调查的一般步骤

教育调查研究具有浓厚的实证主义色彩。它反映出人类对自我能力的自信，企图借讨论变量之间的关系来发现客观的事实，进而达到预测未来的功效。但由于其强烈的实证主义色彩，强调客观性、价值中立，通常将研究对象看成是一个独立、外在于我们的客体，未必能真正探清事物的本相。现已不把它当成唯一的研究方法，但仍具有较高的参考价值。它所宣扬的科学客观精神，是希望避免个人主观导致的误差，希望研究者所看到、发现到的与他人观察到的都一样，这样才能创造出一个让大家相互沟通、讨论的平台。

调查研究的认识活动，具有梯级结构。

第一梯级为经验认识活动。经验认识活动主要是回答“事实是怎样的”问题，即描述特定的调查对象“是什么”、“有什么”。具体包含三方面内容：

(1)了解研究对象，即运用各种工具与手段对研究对象进行观察、实验、测量与了解；

(2)记录，即记录那些通过观察、实验、测量、了解而得到的反映研究对象的材料；

(3)整理，即对于调查材料进行鉴别、分类与加工。

当然，经验认识活动也不仅仅停留于感觉阶段，它还包括一定的思维活动，如分类就必须运用一定的思维活动。

第二梯级为理论认识活动。科学认识必须超越经验水平而达到理论水平。只有达到理论水平的认识，才能为经验认识提供依据与说明。理论认识活动主要回答“事实为什么会这样”的问题，解释特定的调查研究对象“为什么”如此存在与发展。

理论认识活动以某种同现实的间接联系为特征，包括对特定的事实进行间接认识与反映的各个阶段、步骤和梯级。理论认识本身也存在各种水平，它的多层次、多梯级是与教育事实的多级本质相一致的。

教育调查是一种有目的、有计划的活动。各种具体的调查方法在形式、特点、实用性、对象及具体操作技术上有很大差异，但作为一种调查方法，在程序上基本都需经历选择调查对象、确定调查项目、设计调查问题、进行实地调查、调查结果的处理等五个环节。理论上来说，教育调查的基本步骤还应有选择调查课题、确定调查目的、提出研究假设这几个环节，这些应该在选题与研究设计过程中解决,此处仅就教育调查的操作步骤作简单介绍。

一、选择调查对象

任何一项调查工作,都要包含调查谁、调查什么、如何调查、调查结果分析等基本环节。调查谁就是如何确定调查对象的问题,选择的调查对象对总体的代表性程度的高低直接影响到调查结论的准确性和科学性。关于调查对象的确定,要从调查的目的出发,严格界定研究对象总体的范围与属性,根据研究的需要和研究者的主客观条件确定样本容量,再从所界定的总体中,按照一定的标准与要求,选择所需的研究对象。教育调查中研究对象的选择,通常采用随机抽样的方法。

二、确定调查项目

调查项目就是调查目标具体化以后,可以实施调查活动的项目。调查研究中,需要将研究课题具体化为可以进行具体实施操作的具体项目。调查项目一定要全面、具体,具有操作性和可比性。所有影响调查对象某些特征的直接与间接因素,都要予以考虑。依据调查目标与调查项目,进一步制定出与之相应的研究变量,并建立每一个研究变量的具体指标。简单地说,确定项目就是确定需要调查的哪些方面,通过什么因素、变量或指标来反映所研究的现象。如"学生的社会适应能力的调查研究""学生""社会适应能力"应作具体、可操作的定义。

例如有研究者对于"少数学生为什么厌学的调查研究",首先在文献分析或初步调查的基础上,分析形成假设:"有些学生因为学习成绩不好而厌学,有些学生因为人际关系处理不当而厌学"。其次,对几个关键概念进行定义:学习成绩、人际关系、厌学。再次,围绕上述几个关键概念,确定调查的主要因素。如主要确定为:对学习内容的掌握情况、测验成绩、与教师的关系、与周围其他人的关系、对教师的态度、对学校的态度等。然后,将调查的主要因素通过几个具体指标来体现。具体指标为:入学成绩、期中成绩、期末成绩、平时测验成绩、作业情况;与教师的关系、与同学的关系、与学校行政人员的关系、与家长的关系;不愿意上学、对教师所讲的内容不感兴趣、对教师的说教有厌烦心理、对学校环境不适应,等等。

三、设计调查问题

该步骤的主要任务是紧扣调查项目,拟定出一系列可以让被调查者直接回答、填写或进行交谈的问题。问题的设计应注意以下几点。

(一)问题应紧扣项目

既不能离题太远,浪费时间与精力,又不能直截了当,以免被试不假思索就按常态的观点予以回答。如上述案例,其问题就应紧密围绕所分析出的几个主要指标来设计问题。如“你的入学考试成绩如何?你经常做作业吗?你能适应学校的环境吗”等。

(二)问题应当明确具体

题目容易回答,没有难懂或含糊的措词,不会因为被试的语言水平而影响理解或产生几种理解;不会造成不回答不好,要回答又说不清楚的场景。另外,还应考虑到书面语言与口头语言的区别。

(三)问题应尽量是中性的

题目不能流露出研究者的倾向性意见,更不能有所暗示。这主要是避免由权威作用或调查对象为迎合研究者的心理而受“启发”影响到调查结果的客观性。

另外问题中也不能用那些蕴含着社会上看法一致的问题问句,如“课堂上培养学生的能力很重要吗”之类的问题。如果需要提出,也应该用迂回的方法提出,如将前面的问题改换为“由于教学时间紧,在多教一种解题方式和分析已教例题的解题思路中,两者之间选其一,你倾向于选哪种”,则较为适合。

(四)被试在问题的回答上应具有一定的差异性

题目能比较客观、准确地了解到不同调查对象在该问题上的差别。一般来说,对同一个问题回答应是有差异的,否则,此题目应予以淘汰。

通常在对某事的评价或态度等级方面的调查,采用选择题较为恰当。

(五)项目的调查结果要便于整理与统计

各种调查手段都是搜集资料的一种方式,应服务于资料的分析与研究。为使分析与研究更有效地进行,需对调查结果进行统计与整理,若结果不便于统计与整理,势必影响到分析研究的开展。因此,回答必须简明、集中,易于整理与统计分析。

四、实地调查

这一环节是调查者在调查计划和目标的指导下,实际操作的过程。实施调查的主要任务是搜集资料,搜集资料要力求全面、系统,注意资料的典型性、客观性、真实性。

为确保调查质量,又节省时间,减少调查对象的负担,在搜集资料时应注意以下几点[①]。

(一)由搜集“死材料”到搜集“活材料”

“死材料”指被调查者单位原先已有的一些书面文字材料、实物、音像等,也包括对同类问题他人已作出的研究成果。“死”是因为材料已脱离产生它的主体,在调查之前就已经存在,搜集起来较容易,既可以提供基本情况,又可以节省精力,但不能凭“死材料”作结论。

“活材料”指研究者与被调查对象接触过程中获得的材料。“活”是因为材料原先并未与主体分离,或存在于被调查对象的头脑里,或存在于某种活动状态中。

搜集“活材料”的目的在于补充“死材料”,或验证“死材料”。尽管从程序上来说是先“死”后“活”,但其重要性则是“活”的占首位。调查研究中的新发现主要来自“活材料”而非“死材料”。

(二)搜集“活材料”时,由直接调查对象到间接调查对象

直接对象是指与调查项目直接有关的人,如某种活动的参与者,某种

①叶澜.教育研究及其方法[M].北京:中国科学技术出版社,1990:116-118.

观点、某种态度、某种思想的持有者等。

间接对象是指与调查项目间接有关的人。他们或是通过直接对象与调查项目发生联系的人，或为某种活动的旁观者，某种思想、某种观点的评论者。

搜集“活材料”，首先应把注意力集中在直接对象身上，因为由此获得的材料更容易接近具体事实。若不能满足需要，可将重点移至间接对象，他们可以从另一角度提供材料，对于研究也很有价值，哪怕前面的材料已足够丰富。

（三）由事实性材料到评论性材料

材料的内容可分为事实性材料和对事实作出评论的材料。对于研究者来说，首先应注意事实性材料，只有在事实搞清之后，才可能判断评论性材料的价值。

此外，还应注意到，尽量结合调查单位和被试的常规活动，把专门为调查研究而组织的活动减少到最低限度，少打扰原单位的正常活动，减轻调查对象的负担，否则会产生一些副作用。因为学校每天都有一套常规活动，这种正常秩序受到干扰会带来不良后果，引起调查单位的反感。

五、调查材料的整理与分析

用各种方法搜集来的资料，必须加以整理，使之系统化。整理材料的工作，在进行调查时，就应该着手进行。整理的主要任务为：核查、分类、汇总。核查主要辨别材料的真实性、客观性、可靠性、完整性。分类就是将材料按有关标志分为若干类别，使材料处于有序状态。汇总是将材料在分组的基础上予以汇总，通常以统计表的形式反映调查资料。

材料的分析可从定性与定量两个方面进行。定量分析主要有：数量描述，如百分比、平均数、标准差、相关系数等；频数分析，如分布状况及其分析等；差异分析、相关分析、趋势分析等。定性分析主要方法有：比较法（寻找共同点与差异点）、分类法（按一定的标准将材料分为若干类别）、演绎法、类比法、综合法、分析法等。

根据分析的结果，作出调查结论，并对调查的结果作出科学的解释。

如果对调查结论作出了合理、有效、科学的解释,就意味着研究者已经将调查研究由研究的第一梯次经验认识层次上升到了第二梯次理论认识层次。调查研究的目标不在于记述“是什么”,而在于说明“为什么”;不在于描述,而在于解释,这对于调查研究具有重要意义。解释是对研究对象为什么那样存在或变化的回答,亦即解释是关于内在原因或外部因素对研究对象的作用作出的说明。尽管许多研究者往往把主要精力放在发现与描述现象与事实上,但都不放弃解释的努力。

调查研究作为一种科学方法,其最终目的还是系统的、确实可靠的解释,如“为什么学生的课业负担减不下来”“为什么片面追求升学率得不到遏制”“为什么校本课程只是流于形式”等。人们希望找到这些“为什么”的正确答案,就是期待解释。期待解释的热情,是人们从事调查研究的主要动力。

调查结果的解释具有如下特征:

(一)可检验性

解释的对象是过去的现象与事实,或已经发生或正在发生的事实。因此,解释是否正确,不仅可以进行逻辑的证明,还可以通过现实的教育实践进行检验。实践的检验往往不是一个人、一时一地能完成的,而需要群众性的多次反复检验。经过检验是正确的解释,就是教育现象发生与变化的必然性,就是教育规律。调查研究的目的,主要在于揭示教育规律,探索遵循教育规律的教育活动与管理机制。

(二)不完全性

解释的内容是教育现象或状况“为什么这样”。任何教育现象或教育存在,发生与变化的原因是极其复杂多样的,一定的教育存在是许多因素共同作用的结果。系统的解释,也只是用我们所能认识到的主要变量和因素,对一定的教育存在进行说明。一项教育调查研究项目的解释,一般都是不完全的,我们不可能把一定现象或状况发生发展的所有变量都解释出来,即使某些主要因素,也许会受到调查资料或认识能力的限制,而可能有所遗漏。我们强调这一点,并不是对解释失去信心,而是要对解释树立应有的正确观点。认识解释的不完全性并不降低追求解释的热情,而是促使我们更切合实际地确定解释的目标,同时在已经掌握的调查资料范围内,应尽可能寻找更主要、更多的解释项。

值得注意的是,解释的不完全性并不等于片面性。片面性是承认局部而否认其他的局部与整体,只承认某些变量而否定其他变量的存在。解释的不完全性是由客观事物的暴露有一个过程的特性,以及人们的主观认识总有一定局限的特性所形成的。正是解释的不完全性,推动我们不满足于前人的调查研究结论,推动我们不断地调查研究新情况与新问题。

(三)有效性

解释的结论是关于一定教育事实或教育存在发生发展规律的逻辑表述。这种规律性的表述,可以说明某一类教育现象,即对该类教育现象有一定的解释力。解释的不完全性并不影响解释的有效性。解释的有效性,一方面在于正确反映教育现象发生与存在的规律,另一方面在于正确引导人们适应与改善。解释是预测未来的基础,是寻找未来问题的对策的依据。有了客观的描述,有了正确的解释,就容易形成正确的预测,进行合理的设计。调查研究人员之所以对解释感兴趣,主要原因就在于解释的有效性。

最后,将调查结论及其解释最终以调查报告的形式保存下来,成为社会财富。调查报告是科学研究活动的结晶,调查报告是显示调查研究水平和价值的标志。只有表达出来,才能被社会所了解、所承认。

调查报告一般应包括以下几项基本内容:

(1)研究缘由。包括问题的提出、研究的目的意义与文献综述等。

(2)研究方法。包括研究对象、研究工具与研究过程等。

(3)调查结果的分析与讨论。讨论就是对调查结论的解释,调查结果是客观的,而讨论则是研究者对特点结论的看法与认识或解释。

(4)调查结论与有关建议。在必要时,应将研究中所使用的研究工具、部分重要的原始数据及材料作为附录附在调查报告后面,以便让其他人分析鉴定搜集调查材料的方法是否科学,材料是否可靠,并供其他研究人员参考。

第三节 问卷调查研究

问卷调查是研究者将所要研究的问题编制成表格,分发给调查对象,让他们按要求填写事实或意见,及时收回调查资料的研究方法。问卷是一系列事先设计好的问题的书面组合,它反映出研究者希望获得的信息。问卷调查是书面形式的调查,一般是间接的,主试与被试不一定直接见面,所得资料形式一致,具备标准化的特点。

问卷方法的运用,最关键的问题是问卷表的设计,它直接关系到问卷的效度与信度。问卷设计是一项十分细致的工作,它既要做到问卷中的问题能体现研究者的意图,又要使得答卷人对一系列问题乐于回答并作出真实的回答。能否满足这两点,主要取决于研究人员对所研究课题的理解程度以及是否具备与课题相关方面的理论素养与实践经验。问卷的一系列问题背后,反映了研究者的水平。

一、问卷的特点

问卷调查作为一种搜集研究资料的方法,在教育研究中运用广泛,与其他的调查方法相比,具有以下特点:

1. 标准化

提问、回答的形式与内容统一,对于所有调查对象都以同样一种问卷进行询问,同时以同一种方式发放与填写问卷。这样,既可以反映平均趋势与一般情况,又可以进行比较分析,甚至还可以作追踪调查。但因为提问与答案都是固定的,难以适应各种不同的对象的实际情况,难于根据具体情境灵活与深入地了解情况。

2. 匿名性

问卷回答时可以不署名,减少了调查对象的顾虑,有利于某些敏感性与威胁性问题的提出,并得到真实的回答。

3. 间接性

一般情况下,研究者与调查对象双方不直接见面,可以避免见面带来的不良印象与偏见。由于书面调查的间接性，使得问卷调查可以不受地理空间与样本容量的限制，并节省时间与经费。但是对调查对象填写问卷时的情境不能控制，不知道被调查者是否在外界干扰的情况下填写、是否受人诱导或指使、是否敷衍了事、是否清楚问题与答案的意义；调查对象也没有机会向研究者询问和了解问卷中的有关问题，无法对问卷中的有关问题提供问卷所不能容纳的情况与看法。因而，真实性程度难以确定，材料的真实性要低于访谈研究。

二、问卷的结构

一个完整的问卷，一般包括五个部分：标题、介绍词或前言、填写说明或填写要求、调查项目或问题、结束语。其中最主要的部分是调查项目或问题。

1. 标 题

一个问卷要有标题，用以特别指出本问卷的主题。如果没有标题，调查对象在接触问卷时不知道是什么主题的调查，可能导致对回答失去兴趣。问卷的标题在一般情况下起到对问卷内容进行说明的作用。但是当问卷的内容容易引起被试作假、警惕等反应时，问卷的标题应该隐藏真实的调查目标，而将问卷描述成其他不太敏感的目标，但同时应该注意的是修改后要使得问卷具有表面效度。

2. 介绍词或前言

重点说明调查的目的、意义，关于匿名的保证，说明被调查者参与填写问卷的价值和重要性，研究者的个人身份或组织名称等。介绍词可以起到缩短与调查对象的心理距离，打消疑虑与顾虑的作用。

例如，某研究者对教师的职业价值观进行问卷调查，其介绍词如下。

亲爱的老师：

您好！感谢您花费时间完成这一问卷，您符合实际情况的回答，将使我们了解当代中小学教师的职业价值观的重要情况。您的回答对于我们的研究具有重要意义，感谢您对教育科学研究作出的贡献。本次问卷是无记名的，问卷中的所有问题没有对错、好坏、高低之分,与您的生活、工作、学习没有任何利害关系,您的回答结果只反映在经过汇总的调查报告中,没有人能够辨清您是如何回答问题的。请放心根据您的实际情况和真实想法回答问卷中问题。

谢谢您的合作!

XXX(单位名称及盖章)

3. 填写说明或填写要求

它是告诉调查对象如何正确填写问卷的指导书。它的内容应该包括:填答问卷的方式,对问题回答的要求与注意事项,回复问卷的时间期限等。对于应该如何填写,最好能举一两个范例作说明。如果问卷较短,填写说明可集中安排在介绍词后面,甚至可以作为介绍词的一部分;如果问卷的题目较多,回答方式比较复杂,填写说明应分散安排在每个大题的前面。

例如,下面即为某问卷调查的填写说明。

(1)请将每一个问题后适合您自己情况的答案的序号填在题后的括号中,或在_____处填上适当的内容。

(2)如果没有特殊说明,每一个问题只能选择一个答案。

(3)填写问卷时请不要和其他人商量。

(4)问卷填写完后,请于XX月XX日前回复(或邮寄)给我们。

要注意的是,问卷中每一个可能使调查对象不清楚、不明白、难理解的地方,所有可能成为调查对象填答问卷障碍的地方,都需要给出说明或指导。

4. 调查项目或问题

这是问卷的主体部分。

(1)按要求答卷人回答问题的方式,分为开放性问题与封闭性问题。

开放性问题:就是要求答卷人自行填写答案,研究者在问卷上不作回答范围限制，也不提供现成答案供选择的问题。问题体现为问答题的形式。如“您对我国目前高校收费制度有何看法”“请用简明的语言，表述您对今后学校教育改革的想法”“班主任应如何处理中学生早恋现象”“家长是否应该支持小学生看动画片”等。

开放性问题的优点就是灵活性大，适应性强，特别适合那些答案类型较多、答案比较复杂或事先无法确定各种可能答案的问题；可使调查对象在无拘束的状态下充分表述自己的意见，能增强与研究者的合作意识，给对方较多的创造机会与自我表达的机会；有时可获得一些超出预料的、具有启发性的答案。其缺点是所得回答的标准化程度低，调查资料整理分析比较困难，无法进行统计处理；会出现许多一般化的、不准确的、无价值的信息；由于回答问题比较复杂，可能导致回收率较低。

封闭性问题：就是在问题后面为被调查者提供可选择的答案，答卷人只需按规定，从中选择自己同意的选项即可。封闭式问题的回答，一般都要对回答方式做某些指导或说明，这些指导或说明通常用括号括起来附在问题的后面。封闭式问题的常用形式有是非题、选择题、排序题等。例如：

①您正在担任班主任吗？ （　）

A.是　　B.否

②您认为上级教育行政部门评价一个学校最重要的标准是什么？ （　）

A.升学率　　B.学生素质全面提高

C.学生个性得到发展　　D.毕业后得到社会认可

E.其他

③您对目前的工作环境是否满意？ （　）

A.十分满意　　B.比较满意

C.一般　　D.不太满意

E. 很不满意

④你认为当前中学体育存在的主要问题是什么？(选出三个最合适的选项) （　）

A.领导不重视　　　　　　B. 教师教学水平低

C.学生不重视　　　　　　D. 教学方法不恰当

E. 教学专用设备条件差　　F. 没有系统科学的教材

G.其他原因　　　　　　　H.不了解,不清楚

⑤你认为你们学校教师观念上变化最大的是什么?(按重要程度排序)　　　　　　　　　　　　　　　　　　　　(　　　　)

A.教育以学生为中心　B.分数不是衡量学生学习成绩的唯一标准　C.教学相长,老师与学生共同成长

D.其他　　　　　　　E.……

封闭性问题的答案是预先设计的、标准化的,有利于被调查者正确理解和回答问题,节省回答时间,提高问卷回答的有效性与回收率,调查资料易于统计处理与分析。同时,封闭式问题有利于询问一些敏感性问题,虽然被调查者不愿意写出自己对这类问题的看法,但对已有现成答案还是有可能进行真实选择。其缺点是编制比较困难,特别是一些比较复杂、答案很多或不太清楚的问题,很难设计完整、周全,一旦设计有缺陷,被调查者就无法正确回答问题。回答方式机械,没有弹性,难以适应复杂的情况,不能发挥被调查者的主动性与创造性。另外,被调查者可能在没有阅读问题文字的情况下,随意填写,从而使调查结果的信度过低。

(2)按问题在问卷中的功能与作用,分为实质性问题、过滤性问题、验证性问题、补充性问题与调节性问题。

实质性问题:即围绕调查主题而询问的问题,这是研究课题所期望获得的材料的主要来源,是整个问卷中的主干部分。它往往由两类问题组成:客观性方面的,如已经发生或正在发生的行为和事实等;主观性方面的,如人们的思想、感情、态度、愿望等。实质性问题设计得如何与研究质量直接相关。

过滤性问题:其功能是判断被试是否有可能回答某个实质性问题。例如,要调查中学生对武侠小说的态度,首先应搞清楚,被试是否读过武侠小说,“你是否读过武侠小说”这类问题即为过滤性问题。在过滤性问题后面,会出现答卷人需要根据自己的情况回答不同内容的另一组题

目。一般,应将实质性问题与过滤性问题用符号或指导语区分开并连接起来,以免漏答或不知道如何回答。

验证性问题:为检验回答是否真实、准确而设计的问题。验证性问题可以检验被调查者是否真实地、认真地回答了某个实质性问题。在问卷中对同一个实质性问题设计两个相依性的问题,其中一个就成为另一个的验证性问题。若两个相依性问题的回答并不相依,就可以根据这个问题的回答将此卷作为废卷。

例如,为了验证小学老师对自己性格的自我评价是否认真或真实,可以提出以下两个问题。

①您认为自己的性格属于哪种类型? ( )

A.内向型　B.中间型　C.外向型

②当您出现在一群陌生人中时,常常会有怎样的感觉? ( )

A.愉快　B.新鲜　C.拘束

D.不舒服　E.没有特殊感觉

另外在问卷中常夹杂一些正确答案显然与习惯看法不同的问题,以鉴别答卷人是否有迎合、隐瞒或不理解题意等情况,若在这些题目上低于一定水平,此答卷应作废。

补充性问题:其作用是当答卷人在回答问题发生困难时,帮助他克服困难。这类问题并非在所有的问卷中都存在,它通常出现在需要回忆较长时间之前的所发生的有关行为或事实一类问卷中。在实质性问题需要回忆时,为注意防止可能出现回忆困难或失误带来的结果失真,通常利用一些补充性的问题加以帮助。

调节性问题:是用来消除疲劳、紧张以及由于问题突然转移而产生的不适应感,既起调节作用,又起连接作用,使之顺利地从一个问题组过渡到另一个问题组。另外,为了使被试对调查活动留下一个有始有终的印象,也为了消除在大的问卷结束后仍然存在的紧张疑虑感,以及为被试畅所欲言、表达个人的情感和意见提供方便。

5. 结束语

结束语可以是简短的几句话,对对方合作再次表示感谢,以及关于复核与不要漏填的要求。也可以稍微长一点,顺便征询一下关于本次调查形式与内容的看法,如“您填写完问卷后,还有需要补充的吗?”或“您填答完这份问卷后有何感想? A.很有意义;B.可能有用处;C.没有意义;D.不清楚。”

三、问卷设计的基本步骤

(一)理论构思

任何问卷都有其目的性,问卷设计应紧紧围绕这个目的展开。在教育领域,目的本身往往比较笼统、抽象,直接不能达到,需通过间接的方法和手段,把抽象的内容转化为可操作的具体内容。问卷调查中调查目的与调查问题是通过转化为一系列调查问题体现的。因此,在调查目的和调查问题之间应该有一座桥梁,即严密的理论构思。构思是指由于特定科学研究目的而有意识提出或采用的概念,即研究者想象中的不能独立地观察到的行为准则,但可以从一些问题推论而来。问卷设计中重视理论构思,就可以保证问卷中每一个问题都是围绕着研究目的而设,既没有游离于目的之外的多余问题,反过来又不会“丢失”和目的有关的相应问题,使得问卷不再仅仅是一堆调查问题的简单堆砌。

设计问卷问题首先应考虑的问题是——建立问卷的逻辑结构。问卷的逻辑结构,是指问卷内容的整体组合以及各部分之间的相互关系。问题的产生应有一定的逻辑根据,使其结构严谨,切中要害。

1. 确定研究的主要方面,即“维度界定”

如对学生学习习惯的调查研究,可以从“预习习惯、听课习惯、参加小组活动习惯、完成作业习惯、发问与质疑习惯、自我检查习惯”等方面来搜集资料,这几点就是问卷调查的维度。

2. 根据研究维度确定具体的题目内容,即“维度的操作化”

该环节的主要任务是找到能确切反映每个维度的具体问题,即行为状态的描述。如“听课习惯”可以从三种行为来描述,“听教师讲课的认真程度、做课堂笔记的认真程度、思考问题的积极性”。“参加小组活动习惯”可以从“与同学积极讨论、努力完成自己分担的任务、协助其他同学完成任务”等方面来搜集、调查。经过正确的“维度操作化”之后，问卷的问题将变得清晰、具体、可测，研究对象也容易作出回答。又例如，关于家庭教育方式的调查研究[1]，由于家庭教育方式是一个抽象的、笼统的概念。

首先，要确定有哪些家庭教育方式。通过查阅文献作理论构思，把家庭教育方式分为民主型、溺爱型、权威型、放任型四种，这是研究者想象中的家庭教育方式。

第二，要确定哪些方面可以用来区分某个家庭属于何种家教方式，即要考虑到这四种不同的家教方式会在哪些方面有不同的表现。经过缜密思考，四种家教方式会在以下几个方面有不同的表现。

(1)家长和孩子的关系；

(2)家长怎样对待孩子的要求（满足合理要求、迁就任何要求、无视合理要求、不将要求放在心上）；

(3)家长对孩子优缺点的了解程度；

(4)是否给予孩子一定的自主权和活动机会；

(5)对孩子该不该做事情的态度；

(6)如何对待孩子的错误。

因此，问卷调查的问题就可以归结为这六个维度，通过了解家庭在这六个方面的主要表现，即可以得出该家庭属于何种家教模式。

第三，进一步思考如何得出家庭在这六个方面的不同表现，可以围绕上述六个维度拟定一些调查问题，家长在这些调查问题上的不同回答就体现了各自家庭的家教方式。

（二）设计问卷初稿

经过理论构思，就可以动手设计问卷问题。设计问卷问题，要按照理论构思的逻辑结构或问卷维度进行，针对每一个维度，拟定出具体的调查问题，按照有关要求，编排好问题的顺序，从而形成问卷初稿。问卷调查实质上是调查者与被调查者之间的一种社会互动过程，一项问卷调查是

① 裴娣娜.教育研究方法导论[M].合肥：安徽教育出版社，1995：179.

否能够获得成功,关键在于被调查者能否很好地同调查者合作。因此,设计问卷问题需要对你所调查的对象有一个很好的了解,以便使用他们能理解的语言,获得你所需要的信息,而无须耗尽他们的耐心。让问卷所设计的问题激发他们的兴趣,使他们愿意真实回答。如果问卷设计不当,会引起一些不良反应,降低调查的质量。有研究者认为,明确阻碍问卷调查的有关因素,有利于提高问卷问题质量,取得良好的调查效果①。阻碍问卷调查的因素分为主观因素与客观因素两个方面。

主观因素包括以下几个方面:

(1)畏难情绪。如果问卷内容过多,回答难度较大,会导致调查对象放弃回答,或敷衍应付,使所获资料的真实性受到影响。

(2)顾虑重重。担心如实填写会给自己带来不利的影响,会有损于切实利益,特别是问卷中的有些问题涉及敏感性内容时更是如此。

(3)毫无兴趣。由于问卷涉及的内容脱离调查对象的生活实际,或所用语言与调查对象的社会文化背景不协调,或问卷设计呆板、杂乱,或未能使调查对象明了调查的意义、价值,对方常常会将问卷置于一旁,不予理会,甚至将其作为废纸弃之不理,从而影响问卷的回收率。

客观因素包括以下几个方面:

(1)理解能力的限制。受对方文化水平的限制以及个人社会生活环境与成长经历的影响,对问卷内容不理解,对调查的意义、价值不明确,会影响到问卷资料的质量与调查的效果。

(2)表达能力的限制。对一些开放性问题,有些被调查者可能受表达能力的影响,未能将自己的本意表述清楚,或表达错误等,都将使调查的成果受到影响。

(3)记忆能力的限制。人的记忆能力存在不同程度的差异,而且并不是每个人都愿意进行有关个人经历方面的回忆。所以,设计问题要充分估计调查对象回忆某件事情的可能性以及他们回忆的准确程度。否则,问卷中的有些问题可能会使调查对象难以回答或不愿回答,从而放弃同调查者合作。

①杨小微.教育研究的原理与方法[M].上海:华东师范大学出版社,2002:116-117.

台湾学者杨国枢等认为,设计问卷的问题应考虑如下标准[①]:

(1)问题的类型是否正确而合适;

(2)问题是否切合研究的假设需要;

(3)问题的项目是否含糊不清;应避免太普遍化的问话,使被试不知道真正目的;语意不清的措词,使被试费解;包含两个或两个以上的观点与事实,使被试不知如何选择;

(4)问题是否涉及社会禁忌与爱好;

(5)问题是否产生暗示作用;

(6)问题是否超出被试的知识与能力。

(三)试用和修改

从计划抽取调查对象的人群中选出一个样本进行测试。其目的是搜集批评与改进意见,并估算回收率与有效回收率等。若回收率低于60%,说明设计中有较大的问题,有效回收率则更能反映问卷初稿的质量。

通过试测,可发现一些填写错误,如填写内容答非所问,这是对问题含义不理解或误解所致。如果问卷中有多个问题普遍未能被回答,则就要仔细检查这几个问题,分析未回答的原因。通过试测仔细检查问题的用语是否准确、清晰,含义是否明确具体。填写方式过于复杂、指导语不明等可导致缺答等问题。另外,还可了解填写方式、填写地点、时间等是否合适。试测还应鼓励对方多提出批评与改进意见。

试测的人数通常视调查对象的同质与异质情况而定。若调查对象同质性较高,20人即可;反之,则应多些。试测是问卷编制的必要环节。如果试测发现问题较多,经修改后还要再作试测,进一步分析问卷的质量,直到达到研究的要求为止。

四、问卷问题设计的基本要求

编写问卷问题总的原则是合理地、科学地、艺术地提出每一个问题。具体来说,设计的问题应遵循以下要求。

①杨国枢,文崇一,吴聪贤,等.社会及行为科学研究法[M].重庆:重庆大学出版社,2006:333-334.

(一)问题的内容应有效地反映研究课题的需要或要求

这是首先应遵循的原则,涉及问题设计的效度。注意看问题是否符合课题研究的目的和假设的需要,所列项目对于研究目的有无较好的覆盖面,答案能否全面反映所要研究问题的主要方面,要保证全部问题都是特定课题及理论假设所必须了解的。

目前存在的问题是,趁此机会搭几个问题。实际上,这种做法会加大问卷填写的工作量,影响问卷的回收率,问题要做到多余的,全部删去;可有可无的,不列入;不知以后如何分析的,不提出。

(二)题目要清楚、不含糊

使用的术语要能使所有的调查对象明白,避免使用模糊的、技术性的术语及行话。提出的问题对全部被调查者都普遍适用,如“您认为您孩子的情感如何”,情感概念既专业又含糊,不同的人有不同的理解。

问题含义模糊不清的原因有:

(1)使用抽象概念。提问宜用具体指标,不宜用抽象概念,因为抽象概念往往使人不知如何回答为好。例如,“您认为我国现行教育体制总体上如何?”“体制”是一个抽象的概念,含义比较复杂,并不是每个人都能理解的,从而使每个人的回答不可能基于同一种理解。

(2)使用专业词汇。在被调查者不懂专业词汇的意义而又必须回答包含专业词汇的问题时,就只能凭猜测回答问题从而导致不科学的结果。另外可能引起被调查者的不满而放弃回答,降低问卷的质量。

(3)表述不当。提问若表述不当,会引起歧义,造成误解,使回答失去统一性。例如,“大学毕业就业最理想的职业有哪些”则语句不通。本题本意是询问毕业生将选什么职业还是询问毕业生对大学生择业情况的评估,从提问中难以确定。另外最理想的职业应是一种,而不是复数。再如,“你通常是否关心社区事务?”什么是社区事务,关心到什么程度等均须仔细考虑,不能立即回答。

（三）在一个题目中只准包含一个问题，即只包括一个调查指标

题目中没有并列双重或递进式的问题。如“有人认为目前我国中小学教师收入偏低，你是否赞成”“你是否喜欢乘火车与汽车旅行”“你们学校的领导对教职工的发展与前途能做到尽力予以考虑与照顾吗”等都属于一问两答题；“有人认为我国目前教师工资偏低，要改变这种现状，你怎么看待这个问题”属于递进式问题。对双重意思有不同看法时，就不便回答。通常，问题中应尽量避免出现“或”“和”等字词。

（四）题目应当是中性的，并且没有任何导向与暗示

如“现在学生的学业负担过重，你认为是这样吗”“大多数教育工作者认为体罚有碍学生身心发展，你赞成这种看法吗”“现代医学科学证明，青少年近视的主要原因是看书的姿势不正确，你是否同意这种观点”等这些问题都具有明显的导向性，不适宜在问卷中出现。

（五）避免问那些个人的、微妙的问题

如个人的收入、年龄、卷入某种违纪违法的程度、给被调查者带来某种社会或职业压力的问题。此类问题若需要提出，可以采用虚拟法，先假定一种情境，然后要求被调查者在该情境下回答问题。

（六）所提问题应是答卷人能够提供信息的问题

所有题目都要与答卷人的信息背景相适应。有些问题只对一部分被调查者适用，对此须作合理化处理，如把非普遍性问题作为后续问题，或相依性问题，或采用包容性措词。

（七）题目应尽可能短些并且简单

短比长好、简单比复杂好，宁可用两个短一些的题目，也不要用一个详细复杂的题目。

(八)避免使用否定与双重否定的题目

这类问题使人难以判断问题的实质,容易出现错误的答案。如“你是否认为教师并非不应该惩罚学生”“你认为大多数高中生没有不想上大学的吗”等这类问题使人难以把握。

(九)题目的选项应是穷尽的,并具有排他性

对有些题目,为避免强迫被调查者做不愿意做的回答,可以提供一种中立或中庸的答案,如“没有明确的态度”或“不确定”等。

(十)题目的形式应活泼多样,能引起被调查者对回答问题的强烈兴趣

若题目一成不变,题型古板,没有新意,则易让被调查者感到厌倦,不愿认真回答问题,从而降低问卷的质量。

五、问卷中问题排列的基本要求

问题排列的总的原则应是先易后难、先次后主、先一般后特殊。具体为:

(一)问题的排列应先易后难

将比较接近对方实际生活,比较熟悉的问题排在前面,如同办任何事情一样,有“开头畏难情绪”。若将不容易回答的问题放在前面,会让对方产生威胁心理或畏难情绪,从而放弃回答。

(二)对回答其他问题有启发或奠基作用的问题安排在前面

如背景问题在前,与课题理论假设紧密相关的问题放在中间或后面。背景问题可能会引起被调查者对另一些问题的联想、回忆或知识迁移,通过回答这类问题,可以启发或帮助对其他问题的回答。

（三）问题的排列应具有一定的逻辑性

因为人的思维是按一定的逻辑顺序展开的，回答问题也不例外。为切合思维的逻辑性，在设计问卷问题排列的先后顺序时，必须考虑到问题的内在逻辑性，不能跳跃太大或颠倒重复。

（四）将成对或相依的问题分开

这样排列是以免答卷人识破其意图。否则，将有可能导致调查失败：其一，若让对方识破其验证的意图，他们就会故意使自己的回答前后一致，从而破坏了巧设问题的目的；其二，若对方识破意图，有可能会花大量的时间去检查自己的答案，使其前后回答一致，从而中断答题；其三，对方有可能将这视为调查者玩弄的欺骗伎俩，并觉得这与研究者所宣称的无所谓答对或答错的观点相矛盾，导致拒绝与研究者合作。

（五）把敏感性问题和开放性问题放在后面

敏感性问题若放在前面会引发敌对情绪，导致拒绝合作。而开放性问题需要对方花费大量时间去思考，也容易使被调查者望而生畏，从而中止答题。

六、问卷的发放与回收

问卷发放的方式多种多样，各有利弊，常用的形式有：有组织的分配、当面填写、邮寄等。在正式发放问卷之前，尽量预先同调查对象联系，预先联系调查对象可以提高回收率。特别对于邮寄问卷来说，预先联系会提醒对方注意查收将要收到的问卷，降低把它当做邮寄宣传品而扔掉的可能，另外还使研究具有人情味。这样，一旦同意合作，收到问卷后，对方就会在一些心理压力下认真去做。在发放问卷时，应注意使对方相信你的研究是合法的、有意义的，对他们不构成威胁，另外借助某种组织机构可能更具合法性，并且保持高回收率。邮寄问卷应说明截止日期，通讯地址及联系人等。设计合理、卷面整洁以及附上恳切的信件说明都将有助于提高回收率。

对收回的问卷,在剔除废卷以后,应计算问卷的有效回收率。一般来说,回收率仅在30%左右,其资料只能作为参考;50%以上,可以采纳其建议;当回收率达到70%以上,才能作为形成结论的依据。所以,回收率不应少于70%。

问卷的回收率是调查有效性的基础。影响问卷回收率的因素很多,调查主办者的社会地位与权威性、调查对象的具体情况、调查主题的价值与吸引力、问卷设计的质量等。因此,要提高问卷的回收率,必须注意以下几点。

(1)争取获得有一定权威性的组织机构的支持。调查主办者的身份和地位会影响到被调查者的答题态度以及是否愿意回复问卷,因为这关系到他们对调查是否合法、是否有价值的信任程度。通常,如果调查主办者久负盛名或在被调查者心目中具有较高的权威性,就会增强被调查者答卷的兴趣和责任感,并提高问卷的回收率。如调查主办者如果是合法的科研机构、政府机构、学校或者有影响的非赢利性的职能机构,则其回收率就会很高。

(2)提高问卷设计质量。问卷设计质量,对问卷回收率往往产生巨大的甚至是决定性的影响。内容恰当、篇幅简洁、形式活泼、版面清晰的问卷回收率较高;反之,内容不当、篇幅冗长、形式呆板、版面庞杂,都会导致回收率较低。没有特殊情况,问卷的长度应控制在两页纸以内;填答问卷也不能花费太多的时间,时间不能超过30分钟,因为若超过30分钟,大多数人会产生厌烦心理;而且,题目要容易回答且回复方式简单明确。

(3)注意选择恰当的调查对象。问卷内容对调查对象而言重要与否既影响反馈信息的准确性,又影响问卷的回收率。有研究认为,调查的问题对调查对象来说是重要或有价值的,其回收率至少能达到77%;认为比较重要的,也能达到66%左右;而认为不重要的,其回收率只能保持在40%左右。另外,调查对象本身的特点,如年龄、社会经济地位、性别、文化程度、经验及个性等都会对回收率产生不同程度的影响。值得引起注意的是,已婚或年龄在50岁以上的人经常会发生请人代答问卷的情况。

若不回答的人数过大,就应注意样本的代表性问题,要考虑未回答的这部分被调查者的特征与回答的人有无特别之处。可随机抽选20个左右未回答的被调查者,作比较检验,将他们的回答与第一批回复者的回答作比较,可判断不肯回答问卷是否有什么偏见。这种差别应在调查报告中就其意义展开适当的讨论。

第四节 访问调查法

访问法又称访谈法,是指研究者通过有计划地与调查对象直接谈话来了解情况、搜集资料的方法。"访谈"实际上是研究者"寻访"、"访问"被调查者,与其进行"交流"和"询问"的一种活动。访谈的过程实际上就是访谈者与被访者双方面对面的社会互动过程,访谈资料正是这种社会互动的产物。

访谈是一种特殊的人际沟通,是了解人们过去与现在经历或动机与看法的科学方法。访谈与日常交谈的区别是:访谈大多发生在原来陌生的人之间,而日常交谈则大多发生在原来熟悉的人之间;访谈有计划、有专门的主题、有一定的工具或辅助手段,日常交谈则不具备这些;访谈主要由被访者提供信息,而日常交谈则为双方更均衡地相互交换信息。

访谈调查是一种口头调查,它既可以理解当地正在发生的教育现象,也可询问已经发生或曾经在外地发生过的教育现象;既可以调查有关教育事实行为方面的问题,也可以询问有关观念、态度、情感方面的问题。调查内容广泛,可以探讨各种教育问题。

访谈的最一般程序是:由访谈员探访调查对象,把要调查了解的问题逐一讲给调查对象听,由对方根据调查者的要求一一作答。同时将被访者的观点意见及有关印象详细记录下来,然后进行汇总分析,从而得出研究结论。

一、访谈的特点与意义

(一)访谈的特点

1. 访谈双方直接沟通

访谈中,双方直接接触、面对面交流,从被调查者那里搜集信息。通常对话有两种形式:一种是调查者提出问题,被调查者回答的单向对话;另一种是双方围绕某一个专门的题目进行讨论的双向对话。双方原来往往并不熟悉,因而访谈的过程也是双方相互了解、相互影响的互动过程。互动中的任何一方,都通过适应来形成自己的言行,适应于他人对自己的看法。调查者要根据被调查者回答的内容、面部表情、动作等提问;被调查者则根据调查者的态度、身份、性格、口音、服饰、举止等回答。

2. 访谈过程灵活可控

调查者面对被调查者提出问题,如果发现对方不清楚或不理解所问的问题,可以重复解释;如果发现对方不愿意回答某个问题,可以采取迂回技巧达到询问的目的;如果发现对方提供的情况有误,则可以进行核实;如果发现对方提供的情况不完整,可以要求对方予以补充回答。总之,有互动的访谈比没有互动的调查方法要灵活得多。由于具有相当的灵活性,可使访谈的质量有保证,有利于降低被调查者不合作、敷衍了事的可能性,减少被调查者对问题不清楚引起的回答误差。由于调查者在现场,可以控制回答问题的情境。这是因为若调查者不在场,有人可能在精力分散、互相提示,或在他人干扰与反对的情境中填写答案。这些情况,可以通过调查者的主观努力予以排除。

3. 访谈结果易有偏差

访谈的潜在威胁是有些被调查者言不符实,或对某一问题存在偏见,从而带来资料的偏误。产生偏误的因素有:

(1)记忆不清。被调查者经回忆,不能清楚、准确地叙述过去的事情。

(2)应付敷衍。被调查者不认真回答问题,随便提供答案。

(3)理解有误。被调查者对研究者提出的问题理解时出错,从而根据自己的错误理解作出回答。

(4)无意出错。被调查者由于未经仔细考虑或其他原因,无意识地提供某些与事实不符的情况。

(5)有意说谎。由于双方原来陌生,刚一接触难于建立无所顾忌的融洽关系。被调查者为了自己的利益,在研究人员面前调整行为,可能会隐瞒若干研究者试图了解的情况,或编造一些根本不存在的情况。

4. 标准化程度低，难以作统计分析

由于访谈的问题大都属于开放性问题，对回答的方向没有作严格的控制，所获得的资料通常比较分散，资料的量化处理比较困难，通常调查资料无法进行统计处理。

5. 难以保证匿名性，使得有些问题不能或不宜于当面询问

访谈调查是面对面的直接调查，被调查者不能匿名回答问题。因此，对于那些敏感性、尖锐性、保密性和隐私性问题，或者是调查者不能和不宜当面询问，或者被调查者不愿当面回答和不可能真实回答，这些都会对访谈结果产生不利影响。

6. 访谈成效很大程度上取决于调查者的素质与被调查者的合作态度与能力

对调查者，若有高度的责任感和丰富的经验以及熟练的访谈技术，就能获得真实、具体准确而完整的资料，反之，就只能搜集到一些表面的、不真实、不具体、不完整的资料；对受访者，若能积极合作并有较强的回答问题的能力，就可提供真实、具体、准确而完整的资料，反之，就不可能提供很多有用信息，甚至提供一些虚假的信息。所以，访谈调查结果所反映出来的有关差异特征，可能是客观现实中所存在的真实差异，也可能是由于访谈者或被访者主观素质不同而造成的虚假差异。因此，对访谈资料进行分析时，一定要充分考虑访谈者与被访者主观状况这一重要因素。

（二）访谈的作用

（1）透过面对面的交谈，有助于获得了解人们品质特征的知识。广度上，可以了解影响行为的背景；深度上，能暴露内心的争斗、紧张、态度和愿望。

（2）了解受访者过去的生活经历以及他们耳闻目睹的有关事件，并且了解他们对这些事件的看法。

（3）对研究的现象获得一个比较广阔、整体性的视野，从多角度对事件的过程进行比较深入、细致的描述。

二、访谈的类型

按照不同的标准，访谈调查可划分为不同种类。常用的划分方式有三种：按访谈的内容与结构是否统一，划分为结构式访谈与非结构式访谈；按访谈所进行的时间或次数，划分为一次性访谈与重复性访谈；按访谈对象的多少，划分为个别访谈与集体访谈。此外，还有两种特殊形式的访谈类型：儿童访谈与电话访谈。

(一)结构式访谈与非结构式访谈

1. 结构式访谈

结构式访谈也称作标准化访谈，它是一种对访谈过程高度控制的访谈。研究者对访谈的走向和步骤起主导作用，按照自己事先设计好的、具有固定结构的统一问卷进行访谈，并且按照事先规定的顺序提问，不能任意改变提问顺序，并要求访谈对象按规定标准进行回答。问卷一般不作解释，若解释，则要对解释的内容作统一规定。该方法适宜在调查者对受访者一般特点已有一定了解的情况下使用。结构式访谈的特点是，访谈提纲标准化，提出的问题，提问的方式与顺序，被访者回答的记录方式都是统一设计的，有时甚至要求访谈的时间、地点、环境条件等都尽量保持一致。标准化访谈的优越性在于可以在短时间内获得所需要的材料，能够对访谈结果进行统计定量分析，可以对不同访谈对象的回答进行对比研究。其缺点是访谈缺乏弹性，访谈形式呆板，访谈者难于临场发挥，难以对复杂的境遇现象进行深入交流，也不利于发挥被访者的主动性与创造性。

结构式访谈事先设计的表格一般包含以下内容：

(1)附记：地点、单位、时间、意见(意见包括：访问过程中，除主、被试两人外，是否有其他人在场，是什么人。对方思想是否集中，融洽程度如何，是否合作等)等。

(2)访前语：自我介绍与访问说明，争取对方的接纳。通常先设计好，再根据现场灵活叙述。

(3)表头：了解对方的基本情况，如性别、年龄、学历、职业、家庭成员、收入等。

(4)正题:调查的主要项目。在主要问题或敏感性问题之前,写一个导语。如“现在有一些流行的说法,我想了解您对这些说法是如何看待的。我一个个念出来,请您回答‘同意’或‘不同意’,这种回答无对错之分,只是一种个人的看法。”然后逐个提问。

(5)结束语:以个别问题及感谢辞作为结束。其目的是消除紧张,留下良好印象。

尽管结构式访谈具有问卷调查的一些特点,但它可以有选择性地就某些特定问题作深入探讨,也可以问一些复杂的问题,所以访谈调查比问卷调查使用范围广泛。另外,在访谈过程中,通过对访谈对象的态度行为进行观察,可以获得许多非言语信息 。可以根据这些观察资料,判断回答问题的真实性,当然其费用、成本、时间都比问卷调查要高。

2. 非结构式访谈

非结构式访谈,也称作非标准化访谈,事先不预定表格、问卷或定向的标准程序,只按照一定调查目的和一个粗线条的调查提纲进行访问,就某些问题自由交谈,访谈对象可以比较随便地提出自己的意见,而不管研究者想得到什么样的答案,甚至有时访谈所得的资料与访谈的主题不一致。虽然也有调查结论的主题,但并没有要求所有访谈对象按统一的格式或标准的程序作答。访谈过程中,鼓励受访者用自己的语言发表自己的看法,访谈采用自由漫谈的形式。受访者不感到压力而遵循“自由联想的自然方法”,研究者可以自由地提出问题与自由地探索回答者叙述中含糊的部分。这种访谈,有利于探讨问题,并在自由的交谈中不知不觉地涉及某些敏感的问题。其目的是了解受访者自己认为重要的问题,看待问题的态度,对事件的解释,以及使用的概念及表达方式。可以通过日常接触,在自然气氛和环境中进行,这种调查可用于人们对某一特定事件所引起的人们的态度或看法,有时可以获得一些事先意想不到的材料。如就学生课外读物问题与邻居、朋友等的交谈访问等。

这种访谈,通常采用事后记录的方法,这样可以消除对方的防卫心理,更多地向研究者提供真实情况。事后记录应注意,留心记忆对方提供的有关情况,访谈结束后立即回忆访谈情节并作出记录。

非结构式访谈的最大特点是弹性大,能充分发挥访谈者与被访谈者的积极性。双方可围绕访谈主题,就有关的问题、事件、现象,从历史到今天,从原因到结果,从动机到行为,从个人到重大的社会环境等进行深入广泛的交流与探讨。考虑这种形式的访谈能够适应千变万化的客观情况,可以获得一些原设计方案中没有想到的新情况、新问题。但这种访谈对访谈者要求较高,其访谈成效取决于访谈者的素质、经验与技巧,同时对访谈结果难以进行定量分析。

有时可以根据实际情况将结构式访谈与非结构式访谈有机结合,作半结构式访谈。半结构式访谈对访谈的结构具有一定的控制,但同时也允许受访者积极参与。通常事先备有一个粗线条的访谈提纲,根据自己的研究设计对受访者提出问题。但提纲主要作为一种提示,访谈者在提问的同时鼓励受访者提出自己的问题,并且根据访谈的具体情况对访谈的程序和内容进行灵活的调整。

半结构式访谈具有如下特点:

(1)预先建立假设。可作几种假设,根据假设确定访谈的内容与要求。

(2)受访者经历一种特殊的情境。如看一种特殊的影片,收听一种特殊的广播,观察一种特殊的社会情境等,然后在这种情境发生之中或结束之后,同受访者进行访谈,搜集受访者的反应。

(3)根据调查需要,可以先将整个情境作一番分析,决定调查它的哪些方面。

这种调查方法,克服了结构式访谈的束缚,保留其易于汇总的优点,至于具体如何发问,根据当时情况灵活决定。访谈双方都有一定的发挥余地,又有同一个交谈主题,往往用于研究特定情境下人们的反应模式,特别是未能预知的反应。

(二)一次性访谈与重复性访谈

一次性访谈是指对人们在某一社会时刻或某段时期内的思想、态度及行为等方面情况进行的一次性完成的调查方法。这种访谈常用于对某个特定问题进行的调查研究,或者在某一事件发生后人们对该事件的态度以及该事件对人们的影响的调查研究。它的特点是调查一次性完成,所得的资料多为静态信息。

重复性访谈是指在一个较长时间内，经过多次访谈才能完成的访谈调查。重复性访谈主要用于随着时间的推移和环境条件的变化，人们在思想、态度和行为等方面所发生的变化的调查研究。该方法是一种较有深度的访谈调查，具有较强的科学研究性质，得到的结果较深入并具有动态特征。但费用高，耗时长，对访谈者的素质也有较高的要求，一般多用于小范围的专题调查研究。

（三）个别访谈与集体访谈

个别访谈是指由访谈者对每一个被访者逐个进行的单独访谈。这种访谈方式的特点是，访谈者一次与一个被访者进行访谈，有利于两者之间的心理沟通，能够对某些敏感性问题进行深度的交流与探讨。所得资料真实可靠、细致全面，但访谈效率过低，只适合于个案调查。

集体访谈是指由访谈者召集一定数量的被访者，就访谈主题作集体谈话的访谈研究。集体访谈也是通过交谈方式进行口头调查，也是双向传导的互动式调查，也是需要一定谈话技巧的有控制的调查。集体访谈效率相对较高，在座谈过程中被访者之间可以相互启发、相互补充、相互核对、相互修正，其提供的信息相对可靠、真实。但由于参加者人数多，受时间的制约，讨论问题可能不够深入。同时有其他人在场，某些被访者可能会在从众心理或权威效应的影响下，说违心的话。另外，访谈的质量与效果取决于研究者驾驭会议的能力。

三、访谈法的基本步骤

（一）访前准备工作

（1）掌握与研究课题有关的以往的研究状况。只有这样，才能明确课题应进一步研究的问题。

（2）尽可能掌握一些有关受访者的基本情况，如语言、文化、兴趣、爱好、习惯等。

（3）掌握有关文件与政策精神。这样能保证在访谈中把握分寸、打消顾虑,使调查顺利开展。

(4)掌握有关的理论知识。理论知识既可以作为访谈中提问的指导,也可以用于整理和分析资料的基础。没有相应的理论知识,则会被对方轻视,失去回答问题的兴趣,使讨论无法深入,有时对方还会故意欺骗。

(二)访谈设计

访谈不见得很困难,但也不是想象的那么容易。当我们进行访谈时,一般都有个主题,沿着主题谈下去,资料就会慢慢积累起来。可如何才能把握主题,不致被受访者领着走,或将重点分散?如何才能使获得的资料真实可信?如何控制策略,才不致浪费时间、金钱和精力?这一连串的问题,都值得我们事先考虑,并作周密设计。

1. 详细说明访谈的目的与变量

通常,目的指明了研究所要达到的总目标,所以要对研究的范围、对象等作出一些限定。首先需将一个比较笼统的、大的研究目的和问题转化为一个比较具体的、限定的研究目的和问题,并提出自己对研究问题的各种具体假设。然后,根据这一具体问题,详细列出研究所涉及的所有变量的类别与名称,进一步明了回答研究问题、检验研究假设需要搜集哪些方面的信息。

例如,关于大学生对中小学教师这一职业的态度的访谈:既可以从教学工作本身的性质,如有哪些吸引人的地方,有哪些不吸引人的地方等去研究;又可以从教育的社会作用和教师目前的社会地位的角度来探讨;还可以从大学生的个性特点,如不同性格学生的不同偏好、态度等角度进行分析。可见,问题是笼统的,需要作限定,然后选择不同的变量、指标进行研究。

2. 设计访谈问题的形式

访谈问题的形式主要有两种:封闭式与开放式。究竟采用哪种问题形式,视访谈研究的具体目的、访谈对象的具体情况、访谈者的有关知识经验而定。通常,若不了解访谈对象,研究初始阶段则采用开放式问题,以取得有关基本情况和资料,然后在此基础上再设计若干封闭式问题,以搜集有关数据资料。

设计问题的编排顺序，一般都遵循“漏斗顺序”原则。先由一般、非限定问题逐步到具体的、限定性的问题，由较大的问题到较小的问题。这种做法的优越性体现在，给访谈者与访谈对象提供了一个建立良好关系的机会，防止受访者对研究问题形成不成熟的心理反应定势，有助于访谈对象对自己以前没有认真想过的一些观点、意见或情感进行精选、思考与整理。

3. 编制具体访谈问题

具体问题应紧密围绕具体研究变量进行，每一个问题都应满足某一变量操作定义的要求，成为某一变量的具体度量指标之一。

拟定具体问题应注意：

(1)问题应清楚明确，不含糊、不模棱两可；

(2)问题的文字表述要适合访谈对象的文化程度和知识经验水平，特别注意，我们所研究的问题自己熟悉，但对方并未考虑过；

(3)不要提对方不能回答的问题；

(4)对某些可能需要解释说明的问题，应制定统一的解释说明方式、说明范围、内容以及说明用语；

(5)避免提引导性问题，提问的措词、态度没有个人偏见；

(6)避免使用奉承性问题。

4. 选择访谈问题的反应方式

开放式问题，制定一些代码系统，及时准确记录访谈对象的谈话内容。

封闭式问题，反应方式有填空式、等级排列式、量表式、核对式等。选择反应方式应考虑到：

(1)所研究的变量的性质；

(2)统计处理的需要；

(3)反应的灵活性，填空式的灵活性大；而核对式，如对与错、是与非等，反应的灵活性较低；

(4)完成访谈所需时间的多少；

(5)各反应潜在反应误差的大小，通常，量表式、核对式的反应误差最大，等级排列、填空式的反应误差较小，因为等级排列强迫对方对多种选

择答案进行区分;

(6)计分的难易程度。

5. 试谈、修订访谈计划

通过实际试谈来检验提问措词是否妥当,提问顺序安排是否合适,整个访谈问卷是否符合研究目的。

试谈的注意事项:

(1)试谈对象应与以后的正式对象是同一类人,在一定程度上代表正式对象;

(2)试谈过程中,应作详细记录,包括问题本身、谈话中的相互交往、态度以及未曾预想到的一些问题;

(3)如有可能,做录音等,以备有针对性的训练。

根据试谈情况对访谈计划予以修订,在修订时,应考虑到:

(1)全面检查问题与回答,有无遗漏、疏忽以及时补充;

(2)重点分析提问顺序的合理性、措词的清晰程度;

(3)根据试谈结果,考虑某些问题是否需要提示;

(4)分析试谈对象的代表性问题;

(5)若修改过大,应再作试谈,以供验证。

6. 选择、培训访谈人员

小样本可由研究设计者自己承担。若范围较大,则需选择其他人员参与,但要给予培训。培训主要围绕研究的目的、访谈所需的有关知识与具体的方法等。

(三)实地访谈

访谈中涉及访谈者的基本知识及政策、心理、习惯等各种复杂的因素。实地访谈包括进入现场,接近受访者,取得受访者的信任及访谈技巧等问题。

进入现场要做到善于接近受访者,应注意:称呼恰如其分,做到亲切自然,符合双方的亲密程度和心理距离,既尊重又恭敬;衣着干净整洁,服饰尽量符合当地的特征;自我介绍沉着自信,邀请访谈诚恳热情,解除疑虑方式恰当,言谈举止适合对方,轻松自然,结合实际。注意寻求与受访者的共同语言,以关心联络感情,建立信任。在被拒绝时,有耐心,不轻易放弃,弄清原因,设法克服。

开始访谈前向对方保证绝对的保密性,必要时向对方讲述确保机密的程序。在访谈过程中,只要对方感觉舒服,有这种表面的融洽和谐关系就足够了。若想要对方表露更深层次的个人的或敏感的信息,就需要更深的融洽和谐的关系。但需注意,不必为使对方感到舒服而把访谈时间花在谈论与研究目的无关的事情上。

访谈过程中提出的问题,根据研究的目的可以归结为两类,即实质性问题与功能性问题。实质性问题是指为了掌握访谈调查所要了解的情况而提出的问题,主要包含事实方面的问题、行为方面的问题、观念方面的问题、情感态度方面的问题。功能性问题是指访谈过程中为了对受访者施加某种影响而提出的问题,主要包含接触性问题(提问不是为了获取资料,而是为了比较自然地接触受访者)、试探性问题(提问是为了试探一下谈话的方式是否恰当,以便决定是否进行访谈和如何进行)、过渡性问题(由一个主题过渡到另外一个主题时,为保持访谈的连贯性和自然性而采用的问题)与检验性问题(为检验前一个问题回答是否真实可靠而提出的问题)。通常研究者对实质性问题都比较重视,而对功能性问题往往比较忽视。熟练的研究者不仅要善于以恰当的方式提出实质性问题,还要善于灵活运用各种功能性问题,以促进访谈顺利进行。

提问的方式多种多样,究竟采用哪种方式提问,应考虑如下三个因素。

(1)问题本身的性质与特点。对于比较尖锐、复杂、敏感、有威胁性的问题,应采取谨慎、迂回的方式提出,反之,就可以直接、正面提出。

(2)考虑受访者的具体情况。对于顾虑重重、敏感多疑、对情况不熟悉、理解和回答能力不高的受访者,应采取循循善诱、逐步前进的方式提出问题,反之,就可以单刀直入、连续提问。

(3)考虑访谈者与受访者之间的关系。在尚未建立基本信任与初步感情的情况下,应以耐心谨慎的方式提问题,反之,则可直率、简捷提出问题。

一般来说,访谈问题应该由浅入深,由简入繁。可以先问一些开放的、简单的、对方人员理解的问题,然后随着访谈关系和内容的深入逐步加大问题的难度和复杂性。这里所说的难、复杂是指那些对方难以启齿的事情,如个人隐私、政治性、敏感性、有违社会规范的行为、想法等。如果一开始就谈论此类问题,对方心理上尚没有完全接纳研究者,可能会感到唐突甚至反感。若从比较容易谈的问题开始,受访者就比较容易打开话匣子。另外,先就最近发生的事情谈起,然后再询问很久以前发生的事件。因为最近的事件还记忆犹新,比较容易交谈,而较前发生的事则较容易淡忘,需要一定的思维准备和内容提示。故访谈采用由近及远的策略,逐渐延伸。

在一个进行的比较顺畅的访谈中,访谈者所提的问题内容上应该有一定的联系。在一个完整的访谈记录中应该可以看到一条贯穿访谈全程的内容线,而将这条内容线连起来的便是一个个的提问。问题与问题之间的衔接应该自然、流畅,与受访者前面的回答在内容上有内在的联系。要做到访谈问题之间衔接自然、流畅,访谈者应该注意倾听受访者的谈话,将对方前面所谈内容中的某一点作为构建下一个问题的契机,即访谈问题应该以受访者的思想作为起承转合的主线。如果访谈者将自己放到对方情感和思想之中,用对方的语言和概念将访谈的问题联系起来,则这个访谈不仅会行云流水,而且会展现出生动活泼的生命。

有时访谈者为了获得更详细的资料,需要做一些适当的追问。追问是访谈者就受访者前面所说的某一观点、概念、词语、事件、行为进行进一步探询,将其挑选出来继续向对方发问的方式。追问的主要功能是引导受访者更全面、更精确地回答问题。此外,追问还可以使受访者的回答结构化,保证所要探讨的问题都已问及,减少无关信息。追问也可以帮助访谈者进一步了解受访者的思想,深挖事情发生的根源以及发展的过程,是开放性访谈中不可或缺的提问手段。但追问应遵循的一个基本原则是,应使用受访者自己的语言和概念来询问受访者自己曾经谈到的看法与行为,同时应注意追问的时机与合适的度。

通常,初始阶段不宜追问。当涉及重大的概念、观点或理论问题时应先记下,等待后期再作追问。因为初始阶段是双方建立关系的重要阶段,此时应尽量给对方自由表达思想的机会,每个人说话都有自己的目的、动机和筹谋,应让他们有了充分的表现的基础之后,才可以适时追问,这样才能将访谈者希望谈的事情与受访者自己感兴趣的问题自然地连接起来，不致伤害他们的情感，也不至于让他们感到难堪。在追问过程中，要考虑到受访者的感情、双方的关系以及访谈问题的敏感程度。若问题比较尖锐，宜采用迂回的办法，从侧面追问。

在访谈过程中，还有一点要特别注意的是重视非语言信息。在人际交往中，人的外部形象、行为、面部表情、目光以及周围环境等非语言信息因素传递着大量信息。因为外部形象是一个人的职业、教养、文化品位等内在素质的反映，动作、姿势等受思想、感情的支配，面部表情是内心感受的外部表现，眼睛是心灵的窗户，是最富于表情的器官，周围环境也蕴藏着大量信息。因此，对访谈资料的分析，要注意将语言信息与非语言信息相结合，以作出正确的判断。

（四）访谈材料的记录、整理与分析

访谈调查，一般都作记录。记录的方式有两种，即当场记录与事后追记。记录的内容应紧紧围绕几个关键点进行。

（1）要点：主要事实、主要过程、主要经验教训、主要观点与建议；

（2）特点：具有特色的事件、情节、语言、表情等，特别要注意捕捉那些带有思想"火花"的独特语言；

（3）疑点：把各种有疑问的问题记下来，留待以后询问或调查；

（4）易忘点：人名、地名、组织名称、时间以及各种数据等；

（5）主要感受点：将自己的主要感受和"闪光"思想及时记录，以免时过境迁。

如果允许，可将记录的主要内容，特别是容易发生差错的地方与受访者核对，以便更正与补充。

最后，对访谈所搜集到的材料进行整理，在整理的基础上予以分析，提取关键概念与有关结论。

四、访谈的技术

访谈是一种社会互动过程，受访者是否接受访谈，访谈中的态度等都直接影响着调查结果的全面性、可靠性。为保证访谈顺利进行，访谈者应

掌握一定的技术①。

(一)提问的技术②

提问是访谈调查的主要手段和环节,它在访谈过程中占有重要地位。因此,访谈技巧首先就是提问的技巧。

1. 尽可能用带限定性的开放性的问题,少用封闭性问题

由于封闭性问题对受访者的回答方式和内容有严格限制,回答往往只是“是”或“不是”等几种选择。如“你认为目前的高校收费合理吗?”尽管受访者可能对高校入学收费的问题有很多自己的看法,但若访谈者不继续追问,只能就此打住。所获信息类似于问卷,没有发挥面谈的优势。封闭性问题不仅在形式上对受访者的回答有所限定,而且在内容上也严重地限制了受访者的思路,有时有意无意地将自己对事物的概念定义和分类方式强加给对方。如问一位受访者,“您认为您的性格是外向型还是内向型?”该问题本身就已将性格分为两类,受访者只能在这两者之间作一个选择,而实际上受访者不一定同意这种将性格分类的方式。若访谈者连续不断地向受访者问这类封闭性问题,他可能会感到自己被放在一个被动的位置,因而渐渐失去了谈话的兴趣。而开放性问题具有开放的结构,在内容上没有固定的答案,允许受访者作出多种多样的回答,可以充分发挥受访者的主观能动性。

①方坦纳等就“作为科学艺术的采访”,提出了如下采访规则:访谈前以日常小对话的形式营造融洽的氛围;造出融洽氛围后将复杂或有争议的问题留到访谈后阶段;向受访者解释研究对其潜在的好处;访谈者应比受访者谈得少,通常,访谈者说的越少,所获信息越多;用适合对方的、清晰明了的语言提问;提问仅含一种简单内容的问题;在问题的措辞方面强调你要受访者回答时使用的参考结构(例如,问“你认为你孩子的老师处理家长会的方式如何?”而不是问“你认为你孩子今年的老师怎么样?”);尽可能使用简单询问;如“你能告诉我更多的情况吗”;避免反驳和盘问受访者;不要暗示(如通过特别的言辞、声调或非语言暗示,如摇头等)对某一问题的回答表示偏爱或期盼;受访者如对某一话题感到威胁,换一个话题,试着呆会再换一种措辞回到该话题;当提出忌讳或敏感的问题时,询问受访者的朋友的表现和受访者的表现;不要连续问许多“是”和“不是”的题目;不要经常更换话题;避免诱导性询问,如可提出“你对政府对教育的经费投入情况如何看待”问题,而不能问“你赞成政府的教育经费投入计划吗”?但在某种情况下为了从受访者那里得到某类问题的真实答案,也需要适当予以诱导提问。详见:(美)梅雷迪斯·D.高尔,沃尔特·R.博格,乔伊斯·P.高尔.教育研究方法导论[M].朱永新,许庆豫,译.南京:江苏教育出版社,2004:267.

②陈向明.质的研究方法与社会科学研究[M].北京:教育科学出版社,2000:183-189.

当然，在访谈已经到了一定的阶段，访谈者希望对自己的某一个初步结论进行进一步验证，可以使用封闭性问题予以验证。如在对某小学生家长访谈过程中发现他多次流露出当地小学生学业负担过重，希望验证一下，可直接问该家长，"你认为目前小学生的学业负担过重吗?"

2. 多问具体型问题，少问抽象型问题

具体型问题属于询问具体事件之类的问题，此类问题有利于受访者回到有关事件发生时的时空与心态，对事件的情境和过程进行细节上的回忆。抽象型问题具有较高的总结性与概括性，此类问题便于对一类现象进行概括和总结，或对一个事件进行比较笼统的、整体性的陈述。

如果研究的目的是了解受访者个人的独特经历和想法或某一教育事件的来龙去脉，应尽量使用具体型问题。一般来说，抽象型问题应尽量少用，因为受访者对这类问题往往容易凭自己的印象想当然，作出的回答可能与实际情况有出入，特别是一些知识分子，习惯于在理性层面探讨问题，不习惯落实到具体事例的实处。所以，访谈者就更应该问具体问题以得到实际材料。

不是不应该研究抽象的问题，而是在访谈中将抽象问题具体化，然后再在归纳的基础上进行分析层次的抽象。若直接从抽象到抽象，是不可能获得真实、生动的内容的。因为访谈的问题与研究的问题是不一样的，应通过具体的访谈问题进行探讨，以了解抽象问题的具体情境和所包含的具体内容。人的情感往往与具体的事情密切相连，通过具体细节的回忆再现，受访者易重新体会到当时的情感。

有的受访者在回答问题时习惯于使用流行的口号或语言，有意无意地用很多大道理来美化、标榜自己或贬低自己。特别是当受访者认为访谈者有一定"来头"，是上级机关派来进行调查研究时会更加习惯于用比较正规的被社会规范所认可的方式来表现自己。用堂而皇之的抽象语言来讨论一些理论问题，避免使用自己的日常生活用语来描述自己的日常行为。此时若问一些具体事实问题，则不易于用抽象语言来搪塞。实际生活中每个人都有两套行为指导理论，一套是自己认为应该怎样做的理论，另一套是自己指导自己实际行动的理论，即自己在实际行动中遵循的理论。访谈中应该注意到这种普遍的"人格二重分裂"倾向，采取相应措施来了解受访者个人“真实的”行为。

有时,受访者出于习惯或某种外在的压力,即使所提的是具体问题,也有意回避,而选择抽象语言回答。此时应坚持不懈地使用具体性问题,从不同的角度,在不同的时刻,用不同的办法追问。受访者在对具体细节的描述中所无意透露出来的态度和事实,通常比他们自己有意声称的要“真实可靠”一些。

3. 所提的问题应清晰,忌含糊不清

清晰性问题结构简单明了,意义单一,容易被受访者了解,该类问题容易得到清晰的回答。而含混性问题语句结构复杂,承载着多重意义和提问者的倾向,该类问题易得到含混的回答,因意思含混,有时包含着一层以上的意思,给对方的回答造成困难,易使头脑发蒙,不知从何答起。其结果出于记忆规律,往往只抓住了最后一层意思,只就最后一部分进行回答。

通常,访谈的问题应该只包含一层意思,且这个意思应尽可能明确无误,不要带有个人过多的价值取向。提问的方式、词语的选择,问题的内容范围等都要适合受访者的身心发展程度、知识水平、谈话习惯,使对方易懂。语言应口头化,要贴近对方的日常生活,符合当地的风俗习惯,不应使用书面语言和专业行业用语。

(二)听的技术[①]

问是有形的工作,而听是最重要的无形的工作。在某种意义上,“听”比“问”更加重要,因为它决定了“问”的方向和内容。特别是在开放型问题的访谈中,交谈双方只有在“听”的过程中,才知道如何“说”。

“听”不仅要听到对方所发出的声音和语词,而且要设法体察对方那些没有说出来的意思,包括隐含在对方所说出来的话语中的深层次含义。

1. 应积极关注地“听”,忌表面消极地“听”

“积极关注地听”指访谈者将自己的全部注意力都放在受访者身上,给予对方最大的、无条件的、真诚的关注。通过自己的目光、神情和倾听的姿势向对方传递这样的信息:“你所说的一切都是十分有意思的,我非

①陈向明.质的研究方法与社会科学研究[M].北京:教育科学出版社,2000:195-199.

常希望了解你的一切。"在这样的倾听中，访谈者给予对方的不仅仅是一种基本的尊重，而且为对方提供一个探索自己的宽松、安全的环境，在访谈者的支持与鼓励下，受访者可能对自己的过去从未想过的一些问题进行思考，更加深入地探索自己的内心世界。

"表面消极地听"指访谈者只是做出一种听的姿势，没有认真听进去，心理可能在想其他的或自己的事情。如对受访者的容貌或衣着评头论足，一只耳进，一只耳出，或被动地听见了对方所说的一些话，但并没有将这些话所表示的意义听进去，更不用说了解对方的言外之意。访谈者心不在焉的神情可能使对方感到不被重视，对方眼光中透露出的居高临下的评判态度可能使受访者产生反感甚至抵触情绪，不能获得所需要的信息。"被动地听"虽然吸收了对方提供的信息，但如果访谈者不作出积极的反应，受访者可能感到自己所说的话没有意思，因而对自己失去信心，失去继续谈话的兴致。

2. 听的过程中应充满感情

这是指在访谈过程中，访谈者对受访者的谈话有明显的感情表露，明显表示出对对方的尊重和兴趣，接纳对方所有的情绪反应，同时表现出自己对对方情感表达方式的理解和容忍。在这种情况下，受访者会受到对方的感染，比较愿意接触和表达自己的情感。这并不意味着一定要直接用语言表露自己的情感，认真倾听本身就表明自己具有了解对方的能力。受访者只要感到自己的情感可以被接纳，便会比较自由地体会自己和表达自己。

如果访谈者在听的时候不仅自己没有感情投入，而且对受访者的情感表露无动于衷，则受访者也不会有情感表露，他将不由自主地压抑自己的情感，拒绝接触自己内心的情感反应。如果受访者无法接触自己的情感，就更没有可能向别人表达自己的情感。

要使"听"充满感情，首先访谈者要学会了解自己的情感，特别是自己对研究中的有关问题的看法和情绪反应。访谈者只有坦诚地、勇敢地面对自己的感情，尽可能多地了解与把握有关人们情感的所有类型、强度、频数和表达方式，才会有足够宽阔的胸怀接纳他人的情感；其次，要学会不带成见地对待受访者，不因对方的长相、个性、性别、社会地位、受教育程度、说话习惯等因素而产生心理上的排斥感。如果自己感到与对方在一起不太舒服时,应立刻反省自己,想办法梳理自己个人的某些偏见,而不应该立刻找对方的错。无论在什么情况下,受访者都是"对的",应该得到访谈者的尊重和宽容。

对方只有在感到自己被尊重、关注、理解的时候,才会真心实意地与访谈者合作,才有可能就双方感兴趣的教育问题进行探讨。

3. 不轻易打断受访者的谈话

一般来说,受访者说话通常有自己的动机和"逻辑",虽然研究者可能感到已经跑题,但是他们可能有话要说,有向访谈者表白的需要。只有在内心的需要得到满足之后,才愿意就访谈者认为重要的问题进行交流。如果在访谈过程中,听到了自己希望继续追问的重要词语,应该马上记录下来,而不应该立刻打断受访者的思路。可以等待时机,在受访者的谈话告一段落时再对这些概念进行进一步追问。倾听时,应不断地问自己"我能听见对方内心世界的声音吗,我能感知其内心世界的形态吗,我能对他的话产生共鸣吗,我能既感知到他明确说出的意思,又能感知到他害怕谈出而又极想对人倾诉的意思吗?"

4. 容忍沉默

造成沉默的原因很多,如无话可说、不好意思、有意拒绝、思想开小差、在进行建设性思考等。如果双方关系建立得不错,访谈进行得比较顺利,受访者在谈到某一问题时突然沉默下来,这很可能是因为他需要一定的时间来思考问题,或正在考虑用什么方式将自己的想法说出来。此时,应耐心等待,不要为了打破沉默而立刻发话。原则上,应首先判断对方是因为什么原因沉默,然后根据具体情况作出相应的回应。

通常,访谈者在受访者一沉默时就立刻发话是因为自己不能容忍沉默。当双方都不说话时,访谈者往往将责任归咎到自己身上,好像自己是一个不称职的访谈者似的。为了打破僵局,访谈者马上发话,以此来缓解自己内心的焦虑,结果往往打断了受访者的思路,不仅失去了研究所需的宝贵资料,而且剥夺了受访者探索自己的机会。因此,访谈者首先应扩大自己容忍沉默的能力。

5. 适当回应[①]

在听的时候，采取适当的回应，有利于访谈顺利进行。

(1)认可。认可是指访谈者对受访者所说的话表示已经听见了，希望受访者继续说下去。表示认可的方式有言语行为和非言语行为两种，如果在访谈中研究者频繁使用认可方式，受访者会感到自己是被接受、被欣赏的，因而愿意继续交谈下去。尽管研究者似乎并没有直接说什么实质性的表示鼓励的话语，但其面部表情、态度以及语气已经使对方感到自己在被认真地倾听，自己所说的话是有价值的，因而愿意继续说下去。有研究表明，当访谈者作出上述认可动作和响声时，受访者的回答比访谈者一声不吭要强三倍。

(2)重复、重组。重复是指将受访者所说的内容重复说一遍，目的是引导对方继续就该说事情的具体细节进行陈述，同时检验自己对这件事情的理解是否准确无误。重组是指将受访者所说的话换一个方式说出来，检验自己的理解是否正确，邀请受访者及时作出纠正，同时起到与受访者进行高级共情的作用。若研究者的解释符合受访者的感情，受访者会感到自己被理解、支持，因而愿意进一步对自己的意识进行深层次探索。

(3)鼓励。受访者通常有一些顾虑，不知道自己所说的内容是否符合访谈者的要求。尽管研究者一再告诉受访者，按照自己的思路谈下去，但受访者往往习惯于听到访谈者的肯定和鼓励。即使是十分自信的人，有时也要给予适当的鼓励和支持。有时，研究人员问的问题可能使对方感到为难，特别是那些似乎要求对方披露自己的个人隐私、自己生活中发生的伤心的事情或同事之间发生的冲突细节等。此时，研究者可以使用一定的回应安抚，表示自己并不要求受访者这样做，鼓励受访者就自己觉得可以谈的话题继续谈下去。通常，如果受访者对访谈者产生了信任感，对访谈关系感到放心，而这个话题又对了解的问题至关重要的话，受访者会在自己认为“安全”的时候，以他自己认为“合适”的方式再次回到这个话题。

(4)忌“论说型”回应与“评价型”回应。论说型回应是指访谈者运用

① 陈向明.质的研究方法与社会科学研究[M].北京：教育科学出版社，2000：203-210.

社会科学中一些现成的理论或个人经验对受访者所说的内容作出回应。这种回应不仅从态度上给受访者一种居高临下的感觉，而且在知识权力上显示出访谈者的优越感和霸权。这种方式很容易使受访者感到自己在被分析，而不是被理解，因而产生排斥心理，不想与对方继续合作。评价型回应是指访谈者对受访者的谈话内容进行价值上的判断，其中隐含有“好”与“不好”的意思。评价方式可能有的较明显，有的较隐晦，但总的目的都是对受访者所说的内容进行价值判断。评价型回应通常反映的是访谈者自己的价值概念与评价标准，不仅不一定适合受访者的具体情况，而且表现出访谈者对受访者的不尊重。评价型回应还会妨碍受访者自由地表露自己的思想，由于害怕访谈者对自己的思想或行为评头论足，受访者可能会选择隐瞒有关的“真相”。

关于访谈的技术与要求，有很多研究者根据自己的研究经验从不同的角度提出了自己的看法，中小学教师可根据自己的研究需要，具体选用相应的技术与技巧。

第五章　如何审视教育现象(下)——教育观察研究

第一节　观察的意义与特点

观察研究法是教育研究中广泛运用的一种方法,无论是教育理论工作者还是教育实际工作者,都无时无刻地不在运用它。

“观察”就是“感知”事物,是人们对周围存在的事物现象和过程的认识。但作为一种教育科学研究方法,这种认识活动至少应该是一种“有目的”“有计划”的感知。从心理学角度看,有目的的感知活动通常伴随着思维活动的产生,故心理学家倾向于把“观察”理解为“思维着的知觉”。这种思维特征说明了观察的重要性。事实上,“专家教师”与“普通教师”的区别就在于前者善于对自己的工作进行有效的“反思”,而“反思”的前提就是善于观察,即有目的地反思自己的工作过程,并用思维对它进行理解、总结和概括。

教育观察法是研究者有目的、有计划地通过感官和辅助仪器,对处于自然状态下的客观事物进行系统考察和探究,从而获取科学事实,探索科学规律的一种科学研究方法。“观”是看,“察”是分析研究,但此处的“看”应作推广,推广到人的感官以及可借助的有关仪器,也就是说,观察法所搜集到的事实资料不仅仅是视觉,也包括运用其他技术手段所获得的观察资料。通常我们所提到的观察法主要指自然观察法,但有时为了研究问题的需要,也可以对环境作某些控制,即采用实验观察法,事先确定观察范围,设置一些场景,使被试在某种特定条件下活动,获得适合于目的的资料。

一、观察法的意义

观察法作为一种常用的研究方法,在教育科学研究中的作用体现在以下几个方面。

(一)有助于研究者选择和确立研究课题

在日常的教育活动中,可以通过有目的、有计划的观察活动发现各种新的问题,通过对发现的问题的思考可以形成新的观点,选择和确立新的科研课题。在选择和确立科研课题的过程中,还可以为检验课题的科学性和价值性搜集可靠的事实和相关的资料。事实上,观察所得到的丰富材料是发现和提出问题的前提,是科学认识的起点,正如人们通常所说的"科学始于观察"。

(二)有助于研究者形成研究假设

假设作为在研究活动之前对研究结论的猜想,必须有一定的依据。这种依据大多来源于研究者在教育实践中所观察到的客观事实,观察到的事实越多,事实之间表现出的一致性程度越高,假设的事实依据就越丰富。

(三)可以深入考察教育现象,探索教育活动的规律

随着科学技术的发展和观察手段的进步以及教育科学研究领域的拓宽,观察研究者通过对教育活动中某一现象进行有目的、有计划、系统全面的观察,可以获得该现象产生、发展、变化的可靠的资料,通过对这些观察资料的科学分析就可以获得对此现象的直接认识,概括出该现象产生和发展变化的条件和原因,从而达到对现象的深入认识。

历史上许多著名学者都对观察研究予以高度关注。著名教育家陈鹤琴先生对儿子陈一鸣连续观察808天,作详细的文字记载与摄影,撰写了大量的观察日记;巴甫诺夫在实验室里贴上"观察、观察、再观察"作为座右铭;爱因斯坦指出,"理论所以能够产生,其根源在于它同大量的单个观察关联着,而理论的'真理性'也正如此"。我们日常生活中的很多研究结

论，如“年轻活泼的班主任所带的学生往往思路开阔”“在小学阶段女生的成绩一般优于男生”“在教学过程中学生多动手动脑有利于知识的掌握”，大部分都是通过观察研究形成的看法与认识。

二、课堂观察的意义

目前不少人有某种错觉，认为观察研究是一种普通而简单的方法，教育科研不可能通过这种方法有重大发现。事实上，对原有理论的验证和突破，最有力的证明是事实，而对事实最直接的认识是通过观察研究获得的。皮亚杰的儿童认知结构的发生学研究；苏霍姆林斯基的德育与儿童全面发展的关系研究；陈鹤琴的幼儿发展研究等都是通过观察研究进行的。

（一）观察是课堂研究的常用基本方法①

课堂是学校教育的基本单位，是学校教育真正发生的地方，因而是研究教与学最适合的场所，它蕴含着丰富的、有价值的研究要素。课堂观察是课堂研究中搜集可靠资料的重要手段。

课堂观察研究主要关注的问题是课堂中与有效教学相联系的教师与学生的行为，具体包括如下方面：

（1）探讨师生互动与教育成效之间的关系；

（2）观察学生的态度及行为表现，如投入学习或非投入学习；

（3）观察学生行为的改变或习惯的建立，如学生学习策略的形成或改变；

（4）观察学生学习过程中某一或某些特定（行为）方面，如学生的课堂言语活动；

（5）观察教师教学中讲课的清晰程度；

（6）观察教师教学中教学手段方法的变化；

（7）观察教师教学过程中某一或某些特定（行为）方面，如提问和表扬；

（8）观察教育实验及课程开发的过程和结果，以便作出及时反馈和

---

① 陈瑶.课堂观察指导[M].北京：教育科学出版社，2002：16-18.

评鉴;

(9)观察学习氛围;

(10)观察课堂管理。

上述问题还可以进一步细分,以便更深入、细致、全面地进行课堂观察。需引起注意的是,通过课堂观察研究发现的问题通常被作为其他研究方法深入研究的起点,我们可以通过课堂观察找到有价值的研究主题,从大量事实中发现问题。

(二)课堂观察是促进教师专业化发展的重要途径

随着社会的发展,人们对教育的要求越来越高,加之现代社会中教育现象日益复杂化,教师这种职业承担着重大的社会责任。教师在工作中应具有高度的自觉意识,对自己的工作不断地反思和研究,不断地提高教育教学的有效性。

教师几乎天天都与课堂接触,一天与人发生千次以上的互动。有人认为:一天中,在大多数中小学课堂上大约有1 000次师生的互动,包括提问、要求学生回答、阐释、探究细节、详述事实,教师对学生提出的要求立即作出直接的反应等。而在这频繁的互动中,教师的注意力都集中在学生以及学科知识传授上,这使他们很少对自己的行为有自觉意识,不能对自己的工作进行及时的研究和反思。另一方面,社会及有关方面包括有关管理人员,都是以学生的成绩表现作为衡量教师教学有效性的主要标准,而忽视对教学过程中教师行为的评价和研究,从而使教师有意无意地忽略了对自我教学行为的反思。课堂观察能帮助教师提高自己对课堂教学行为的自觉意识,改善不良行为,加强有效行为。

课堂观察常被用于新任教师的培训。教师的职前培训中最重要的环节是观察自己或他人的教学,不断改进以形成自己的教学风格。有经验的教师或管理人员通过对新任教师教学的观察分析,找出其不足,帮助新任教师快速而有效地掌握教学技能,顺利开始教学生涯。

专业化是教师一生职业生涯持续不断的发展过程,发展离不开观察。借助旁观者的视角,教师意识到了自己的某些教学行为,随时纠正教学中存在的问题,或通过观察别人的课堂教学,对别人提出意见的同时,借鉴别人的优点，从而促进自我的专业发展。

教师通过对自己和同事的课堂观察，增进了对自己行为的意识及责任心，促使其系统地、批判性地反思自己的教育教学行为，发展其自主性的专业判断力，通过观察研究改进教学与教育，提高教学质量，使学生、学校发展的同时，也使自己的职业生涯成为一个自我发展的过程。

教师从事课堂观察具有比其他人便利的条件。教师可以在整个教育教学过程中对自己的课堂或学生进行观察，如以日记的形式从事课堂观察记录。另外，也可以通过彼此听课观察、事后共同讨论分析，共同促进教学，还可以和专业人员合作从事观察研究。

（三）课堂观察能为教育决策与教育评价提供较为客观的依据

课堂是教育政策与决策最终落实的地方。科学的教育决策应当建立在科学研究的基础上。某项教育措施是否可行，某种教育方法是否应当推广应用，课程开发有无成效等问题，都必须通过教育科研加以解决。但在研究过程中需要通过课堂观察及时搜集可靠而直接的反馈信息，通过课堂观察检查某项教育决策、措施、改革在课堂实践中体现的效果，以便随时修正教育决策研究的方向，使教育决策更为科学。而教育决策是否真正科学同样也可以通过课堂观察提供的客观依据进行评价，如课程改革最终还要落实到课堂上，效果如何有些是不能直接测量的，但可以通过观察学生行为的变化而反映改革的效果。

借助课堂观察可以提高评价的客观性和准确性。一方面，管理者通过课堂观察获取关于某教师教学工作状况的信息，从而对教师作出评价和鉴定。现今还没有在不作课堂观察的基础上就能够对教师的教学作出客观科学评价的先例。另一方面，教师可通过课堂观察对学生作出评价。对于学生，有些表现是无法通过纸笔测验获得的，只能通过长期观察才可作出较为准确客观的评价。

现阶段，我国正在进行新的基础教育阶段的课程、教材改革与探索，教师要适应一种新的课程，需要重构已经习惯的教学模式。为确保课程改革按照预想的方向进行，在新课程的执行阶段，需要了解教师是否在课程中实施了新的课程改革方案，以及教师是否习惯和喜欢这种新的方案。此时进行课堂观察，可以查看设定的目的、策略、行动三者是否配合得当。同时由观察而获得的反馈信息也应当被教师用作理智地反思和改进实践的依据。在新课程的评价阶段，通过课堂观察了解课程的有效性，查看教师是否理解了课程开发者的意图，学生实际的发展情况，如知识、态度、学习策略等是否朝预定的方向发展等。

目前有一种误区，因课堂观察多被用于教学评价，所以大多数教师都把课堂观察的评价功能完全等同于课堂观察研究本身，而限制了课堂观察方法在教育科研中的运用与发展。事实上，课堂观察研究的问题广泛又具体，只要教师用心关注，潜心探索，每天都会有新的收获。

中小学教师从事课堂研究，其主题基本上属于微观层面。美国学者盖雷·伯里奇认为课堂研究，尤其是课堂观察研究的主要问题有几类：学习气氛、课堂管理、讲课的透明度(明晰度)、教学手段的变化、学习任务的定向、学生的学习过程、学生的学习成功以及学生的表现性成果和较高层次的思维过程。具体来说，教师课堂观察研究的问题有如下几个方面①：

(1)教师和学生在课堂中做些什么？他们如何度过课堂的时间？

(2)课堂中发生了哪种互动，谁跟谁说话，说了什么？

(3)教师如何管理班级，课堂的规则是什么，他们如何管理学习材料、时间、空间、学生行为以及他们自己的教学策略？

(4)学生学什么，他们从事什么学习任务，投入的程度和成功的程度如何？

(5)从学生的观点来看，一个学校日或一节课是什么样的，个人或小组在学校教育之外还有什么相关的学习活动？

(6)对学习能力超常的学生以及学习困难的学生有什么特别的措施？

(7)相同的主题是怎样教给不同年龄的团体？

(8)当教育政策发生变化时，课堂中有什么反应，如新的课程、新的作息时间表、新的教材或新的评价体系？

(9)课堂决策是如何进行的？由教师、学生、还是由双方协商进行？

(10)当学生搅乱课堂或者表现出非正常的倾向时，教师会采取什么

① 陈瑶.课堂观察指导[M].北京：教育科学出版社，2002：154-155.

措施?

(11)怎样提高教师的教学?

(12)课程有没有连贯性和一致性?从学生的观点看是不是脱节、不连贯?

(13)在同一学校或部门的教师有相似的或不同的实践、信念、期待、报酬和惩罚、习俗,这些学生能否理解?

(14)教师和学生感知同样的事件是以相似的还是不同的方式?

(15)当一个学生不理解某事时,会出现怎样的情况?

(16)教师如何给学生解释一个新的主题?

(17)学生的工作在课堂中如何被监测和评价?

(18)学生怎样在小组中工作,他们从事哪种任务,谁能决定,他们是否相互协作?

(19)学科知识的地位如何?他们可能获得什么知识、技能、态度和行为,假设不知道某一特殊题材的细节时情形会怎样的?

(20)教师如何进行课堂决策?

课堂中值得研究的问题很多,很多问题可以作为专门研究,也可以成为某一研究的一个焦点;可以作为偶然性的研究,也可以作为日常或长期的研究。教师作为研究者的关键是要尊重自己在实践中的实际感受,从自己真正感到迷惑的问题入手,而不是为研究而研究,或机械地模仿他人的研究。否则即使能够写出漂亮的研究报告,也不能真正解决问题。教师所要研究的问题有时看起来比较微小,但只要是出于解决问题的目的,就值得研究。

三、教育观察研究的特点

(一)目的性与计划性

科学研究中运用的观察法不同于日常生活中的观察。日常生活中的观察,基本上是自发的、偶然的、随意的,而科学观察则必须满足课题研究活动的需要,强调目的性。在活动正式开始之前就应拟定明确而具体的观察目的,并依此确定观察的对象、内容、方法。在观察之前,对于观察什么,在哪里观察,怎么观察,观察时间等问题,都作了详尽的考虑和明确的规定。观察研究并不是在方便的时候,或碰到什么机会等,偶然或偶尔顺便观察一下,而是按照预定计划作系统地、连续地、细致地观察,以便全面而正确地把握所要研究的情况。教师在日常的教育教学活动中,经常用到观察,但这种观察的目的是为了了解学生,为教育学生做准备,以便有针对性地教育学生。事先可以有计划,也可以不制订具体的计划。例如,对学生的课外活动中的游戏进行观察,则在开始之前,一定要清楚,观察学生的游戏是为了什么?是为了了解什么情况?如了解学生在游戏中是如何制定规则的,是如何合作和互助的。据此制订具体的计划,以指导观察的实施。

(二)自然性与客观性

观察一般是指研究者在自然情境下,用自己的各种感知,去感知对象,在感知过程中,不对观察对象的活动施加任何人为的影响,不干扰教育现场的一切正常活动。由于不改变对象的自然条件和发展过程,直接观察某些教育现象发生发展过程,特别是在今天科技的高度发展,借助一定的观察仪器,克服人的感官的局限性,提高了观察的准确性和效率,使获得的第一手资料更加客观、准确。观察不但可以把握具体的现象和行为,而且可以感受到特殊的气氛和情境,如教师对学生的态度,教师提问所引起的学生积极投入的气氛等。

(三)科学理论性

观察应在一定的教育科学理论的指导下进行,其结果的解释也是以有关理论为基础的。在日常生活经验中,观察主要被理解为“观”和“看”,而在科学研究中,观察还包括“察”,即“分析”与“理解”的意思。研究者能否观察到或理解眼前的现象,取决于他运用什么样的理论。不同的研究者由于教育科学的知识和理论水平不同,对同一现象观察的结果和解释就可能不同,有关知识经验越丰富,观察到的东西就越多,对事物的认识就越深刻。所谓一个人看问题深刻,其实源于他深厚的理论功底和丰富的实践经验。

广义地说，相互听课以及作听课笔记就是一种观察，一般的听课不是作为一种研究，而是作为一种学习来进行的，有时也为了相互学习、取长补短、改进工作等。但观察法事先应确定范围、指标、详尽的计划等，这样可排除由主观因素或遗忘、疏漏造成的谬误等。

四、观察法的局限性

观察虽然方便易行，不必使用特殊设计的复杂仪器设备，不需要特殊条件，适用研究范围广，不妨碍研究对象的日常学习、生活和正常发展，不会产生不良后果。特别对于广大中小学教师来说，学生的兴趣、动机、个性、认识能力、各种行为、个别差异等均可通过观察而获得事实依据，以作出正确的评价。但观察方法本身决定了它的局限性，主要表现在以下几个方面。

（一）“描述”而不“解释”教育现象

教育研究的目的是描述教育现象，解释教育现象，并在此基础上预测和控制现象的发生和发展。从方法学的角度看，用观察法研究教育现象，最突出的特点是能够描述各种场景中的教育现象，但观察还不能有效解释这些现象，即只能说明“是什么”“有什么”，而不能作出“为什么”的判断。单凭观察所得的事实不能充分说明必然性，当然观察也不是不能解释教育现象而是这种解释不够充分有效。因此，我们在试图运用观察法研究教育现象以及自己所从事的实践活动时，还应该不断完善自己的知识与理论背景，从多种角度，运用多种方法来解释和证明自己所观察到的现象和积累起来的经验。

（二）观察活动的范围有限

由于人观察能力的局限性，一个人在同一时间内能观察到研究对象的人数或观察的空间范围都受到限制，在观察对象人数较多且分散的情况下，应用观察法存在许多困难。观察研究仍局限于教育工作中的一个或一小部分具体事例，而且往往只能从表面现象加以分析或描述，并不能或无法重复观察。而重复对于研究则非常重要，它可以消除误差干扰，估计误差的大小等。

(三)观察者与被观察者之间的相互影响

在运用观察法时容易出现观察者与被观察者之间的相互影响。在观察过程中,双方相互知觉,观察者在观察被观察者的行为时,其自身的身份、行为、态度等都不可避免地给被观察者带来影响,从而使其行为表现发生变化而失去真实性。同时被观察者的态度、行为方面的表现也容易对观察者造成影响,不自觉地改变着观察者在观察和评价被观察者时的态度和标准等。实际上,这是观察中的二重化现象,因为观察者在对所面临的被观察者进行观察时,对方也把他当做被观察者而加以观察,这是因为被观察者也是具有思想意识并从事实践认识活动的人,这些被观察者往往不可避免地要对他们所关注的一切事物,包括观察他们的人作为自己的客体加以观察。从而使得观察表现为一种类似于对弈的双向对策活动,从根本上加深了观察系统中的"自我相关、自相缠绕"。

在对自然现象的观察中,由于客体是没有意识的自然物体,主体是有意识的人,主客双方分属于不同的属类,因而主体的身份比较单一,主要为外在客体而存在。而在教育观察中,客体为有关教育的人,主体也是教育社会中的人,主客双方彼此交叉,相互缠绕,主体的角色因此而呈现出复杂化、多重化。如果将教育观察现场比作一个大剧场,教育观察者即观察主体,就是这场演出活动即教育研究活动的规划者、发动者,因而是观察客体的剧作者。但教育观察者还是教育活动的实践者,也是教育活动的实际参与者,因而可认为是教育这个大剧场中的剧中人。另外,教育观察者不仅规划、实践着教育进程,而且还不断地对这一进程进行观赏和监测,因而又是一名内在观众。这样,教育观察者是一身三职,既是发起者,又是实践者,还是观察者。这种一身多职的特殊使命使得教育观察者明显地区别于对自然现象的观察者。

(四)难以进行定量分析

作为观察研究,研究者通常倾向于不搞定量化,而是寻求更有人情味的资料。一般认为,在观察时按尺度打分是非人性的,伪科学的,不应该把人的情感简化为可输入计算机的数字。不少人认为,合适的做法是观察人的情感,对此作出主观的评价并作书面记录,这样取得的最后资料不是数字,而是引述与回忆。即使有一些量化的数字,也不过是局限于事件发生的频率和百分比,不足以进行定量分析。

(五)难以取得被观察者与环境的许可

不少观察研究要在自然环境中进行,但对方是否乐于合作,或对方单位是否允许观察,都值得考虑。特别是对一些科研机构的观察,如科研仪器的使用状态,科研人员的研究状态等,都很难进行。所观察的只适合研究外在行为,而不适合于研究态度或信念等。事实上,如果你想知道人们在干什么,可以去观察行为表现,而若想知道人们在想什么,则难以观察,而应直接去问或采用其他手段。所以观察在揭示事物本质的准确度上表现得差一些,不能从众多的特殊中推出一般规律,尽管所得材料是直接真实的但仍停留在感性阶段,带有表面性和片面性。同时对所得资料的分析解释常带有一定的主观性。这些在德育工作研究中应引起特别注意。

由上述分析可见,观察法适用于一些研究对象较少、活动又相对集中、研究周期较短的课题,并且课题应小一些、具体一些。如"学生个人或集体在一堂课中的表现""某一学生个人或集体在一段时间内行为方式的变化"。在研究之前,必须对课题进行充分论证,仔细考虑采用观察法是否能完成这个课题。那些与研究人员有相对稳定关系的研究更适合于个案研究,尽管个案研究也离不开观察。

第二节　教育观察研究的类型

教育观察活动在不同的情境、不同的设计、不同的手段和条件下,操作形式和具体情境都会不同。我们可以根据不同的标准对其进行分类。

一、自然情境观察与实验室观察

根据观察的情境来划分,有自然情境观察与实验室观察。

(一)自然情境观察

自然情境观察是指在自然状态下所进行的,对要观察的事物的存在条件不加控制和改变,仍然保持自然的、本来的样子的观察。包括对自然行为的偶然观察和对现象的系统观察。

自然情境观察又分为公开的观察和隐蔽的观察两种方式。公开的观察,在观察过程中,公开自己的身份与要进行的活动;隐蔽的观察,则不让被观察者了解观察者与观察活动的存在。这两种方式在观察中要解决的问题或可能达到的效果是有差别的。

公开的观察,可以进行全面的观察,但被观察者感觉不自在,导致其行为表现不真实、不自然,可能使表现趋于社会化,影响观察资料的可靠性。隐蔽的观察,可避免二重化现象发生,但不能身临其境。若观察的对象的行为表现在时间上和空间上不能集中,则其观察活动就难于开展,如课堂观察,不可能都有理想的观察室。

(二)实验室观察

实验室观察是指研究者根据研究的目的,在对观察对象发生的环境和条件加以控制或改变的情况下进行的观察。观察的场所经过专门安排,较为专业化。由于受实验特点的影响,实验室观察必须系统而周密,对观察对象的行为表现的观察、分析和记录方面要求非常精确。因环境和条件得到控制,有利于排除无关因素的干扰,使观察对象的行为表现更直接、更客观,还可以反复进行,为探索不同教育现象之间的因果关系提供了条件。这种观察实际上是将实验与观察两种方法有机结合起来运用。

实验室中的观察,常常为了了解人们某些具体的、细致的行为特征,而这些行为特征是作为命题的概念或变量的指标被观察的。例如"社会地位高的人在人际交往中处于主导地位",就必须对各个概念进行定义和测量,其中"处于主导地位"可用一些行为特征作指标,如谈话方式、语调、握手的方式、交往的主动性和被动性等。

二、直接观察与间接观察

根据在观察过程中是否借助有关仪器或中介物来划分，有直接观察与间接观察。

（一）直接观察

直接观察是指直接运用自己的感官，对正在发生、发展、变化着的人类教育行为所进行的观察，亲眼目睹行为举止及正在发生的事件和过程。如不带任何仪器，像随堂听课，边听课边记录等。

直接观察的优点是身临其境，感受真切，具体生动，避免因中介环节引起的遗漏和差错；会形成对事物的有机整体式的认识，这些认识甚至可能触发研究者的灵感；能充分发挥研究者的主观能动性，根据研究目的和要求及时地调整观察的重点，及时抓住各种重要细节，全面且重点突出。直接观察的缺点是，因观察者的气质、自身条件的差异，个人的感受也不相同。素质高的人可能会有很深的感受，反之则受益很浅。因人的感觉阈限不同，有些人有些现象不能感受到，所得资料较粗糙。另外，也无法作重复观察。

（二）间接观察

间接观察是凭借特定的仪器等手段以及通过某些中介物来观察调查对象。使用仪器设备来代替观察者，以观察行为的结果来替代行为本身，其观察对象可以不是正在活动的行为和表现，可以是行为、事件发生之后所留下的各种痕迹，使用仪器可克服人的感官能力和记忆力的局限。有时，行为发生的时间和空间过大，观察者难以完整地观察行为本身，便通过“物质痕迹”与“行为标志”以推测其行为本身。

“物质痕迹”是指人们的行为所留下的迹象。由于行为者并未想到调查研究人员会对这些痕迹感兴趣，因而其行为是真实的、自然的。“物质痕迹”测量有两种测量方法，腐损测量与累积测量。腐损是指人们在活动时有选择性地使用某类物体所造成的腐蚀和磨损。腐损测量是从一些物质用旧的程度进行测量。例如，在一定时期内，图书馆中哪些书刊磨损得比较严重，就说明人们更经常地借阅这些书刊，由此可以看出这一期间读者的阅读倾向；从博物馆地砖的磨损程度来推断哪些展室特别受欢迎；通过儿童穿破鞋的速度(或佩戴适于记录活动量的自动仪表)来测量儿童活动的程度等。累积测量是指对某些物质的积存程度的测量。社会学家通过对人们遗留下来的物质的观察，以推测人们的行为特征，观察书架上面的灰尘可以猜测人们对书籍的喜好程度。例如，从学校图书馆书库的书上的灰尘可判定某些书根本无人问津，从书后的借阅卡的登记上亦可作出一些判断；通过计算儿童每天在某个展览馆前面的玻璃上的鼻尖痕迹的数目，来研究该展览馆在儿童教育方面受欢迎的程度；通过课桌上的文字(或课桌文化)分析学生的道德修养；通过电视节目放映期间城市用水量的下降程度，测量某电视节目的受欢迎程度等。但必须注意，这些都只能作为辅助手段，可以提供某些行为线索，并对其他方法获得的资料进行验证等。

行为标志观察是在假定某些现象是人们行为或态度的间接反映的前提下，通过一些表面的或无意识的现象来推测人们的行为方式和价值观。例如，国外研究人员设计一种"丢失邮件(或物品)"的观察，在不同城市、不同时间将一些标有地址的信件或物品丢失在大街上，然后统计这些物品或信件被送回的比率。不同的比率表明不同地区、不同城市居民的助人程度，反映人们在互助行为或社会道德观念上的差异。此方法还可验证其他方法的研究结果。

间接观察对观察者没有任何影响，不会使他们产生"反应"，还可以搜集到真实行为的资料。其主要缺点表现为，无法知道所观察的标志和迹象是否真正反映了所要调查的行为或现象，即使反映了行为，但其普遍性如何，也很难判断，很难对观察效度进行检验。

三、参与性观察与非参与性观察

这是以观察者是否直接参与到被观察者所从事的活动之中来划分的。应该说，这是社会科学研究中的一个特殊的分类标准。在自然科学中，所研究的是自然现象，在观察中不可能与观察对象发生直接的相互作用；而在社会科学中，就存在两者可能发生相互作用的问题，若这种作用破坏观察的正确性，就要设法限制或排除研究者对被观察者的影响。

（一）参与性观察

参与性观察是指研究者深入到观察的情境中，充当其中的一个角色，参加被观察者的实际活动，使该集体中的人们把他作为集体的一员，观察者利用这种有利条件观察研究对象的深层结构及其关系，搜集有价值的资料。参与的方式可以有两种：

1. 观察者向被观察对象说明自己的研究者身份，要求参加他们的活动

当观察者被观察对象接纳后，在与其一起活动的过程中作观察。例如，观察学生兴趣小组的活动、观察学生小组课堂讨论的情况，研究者可以和学生一起活动、交谈、讨论，在活动中并不隐瞒自己的研究者身份。比较典型的案例为美国社会学家威廉·怀特所作的“街角社会的研究”，观察波士顿的“科纳威里”的意大利贫民区，与青年帮头目多克进行坦率交谈，以“多克朋友”身份参与生活、观察生活三年半，获得丰富、生动的资料，完成著作《街角社会》，以促进社会改革。人类学家深入偏远地区对其风土人情、宗教信仰、社会文化与艺术、教育状况的研究，均以参与性观察为主。如费孝通1935年的江村调查就是参与性观察的成果。

2. 研究者不暴露自己的身份，以一个普通活动者的身份，或作为被观察对象环境中的一个刺激物的方式参与活动

如以一个普通大学生深入到班级学习活动中，了解大学生的学习生活方式；参加学生食堂的就餐，观察学生就餐时的伙伴关系等；在放学的路上，扮演一个因病昏倒的病人，看路过的学生对待病人的态度，以此来分析学生人道主义感情的发展水平。美国一位33岁妇女1979年装成85岁的老太太作私访，以了解老年人在美国的处境。她走访14个州100多个城市的大街小巷，三年之后，她伤痕累累，感情受到严重摧残。她把经历写成一本名为《一个真实的、令人厌恶的故事》的书，描述了美国老年人的悲惨情境，以促进政府改变其生活方式。美国社会学家奥瓦波安为了获得监狱的第一手资料，征得政府当局的同意，不惜被当做一名犯人关进监狱，观察犯人生活，了解监狱里的种种内幕。一般犯人对他毫无隔阂，将生活情况及所受待遇予以倾诉。这样他获得了许多实际的材料,1914年发表研究报告《在监狱内》,对美国政府改善监狱设施作出了很大的贡献①。

参与性观察的优点表现为:可获得深层次的资料,如内部结构与状况等,有亲身的体验、内在的感受,可发现一些平时难以察觉的问题。其缺点是受主观因素的干扰。若研究者过于参与,有可能成为左右活动的人物。如果带有偏见,则很可能将自己的主观感受来代替被观察者的感受,这显然违背了观察的本意。被观察的人,十分现实地感受到自己正在被观察,可能改变原有的行为方式。例如有人听课,中小学生将特别遵守纪律并表现得十分卖力等,从而得不到客观的材料。

(二)非参与性观察

非参与性观察是指研究者纯粹扮演观察的角色,不加入被观察者的群体,不参加他们的任何活动,完全以局外人或旁观者的身份进行观察。既可以在自然情境中公开观察,也可以在专门设置的实验室等环境中秘密观察。例如,观察者每天花1小时时间去教室观察教师与学生的交互作用的行为,连续观察5周,比较教师期望高的学生与期望低的学生是否有不同的师生交往。再如,在实验室里安排一些有趣的玩具,让一组儿童进入现场观看,但不许玩,而让另一组儿童玩弄这些玩具,然后观察两组儿童的攻击性行为。

非参与性观察比较客观公正,简便易行。由于不参加研究对象的活动,观察者能集中注意力进行观察、记录,能提高单位时间内的效率。但易于表面化,不易获得深层次的材料,缺乏对所观察资料的深刻理解。

四、结构式观察与非结构式观察

这是根据是否对观察活动进行严格的控制而划分的。

(一)结构式观察

结构式观察指在观察前有明确的观察目标、详细的观察内容和指标体系,能对整个观察过程进行系统、有效的控制,并要求有完整观察记录

①袁方.社会研究方法教程[M].北京:北京大学出版社,1997:343-347.

的观察方法。结构式观察的优点是能系统、有效地获得大量确定和详实的资料,并可对观察资料进行定量分析和对比研究。通常人们在以观察为主要方法的课题研究中大多采用结构式观察。但结构式观察实施难度大,在设计观察内容和指标体系以及记录工具时要求较高,且缺乏弹性,比较费时,所以,这种方法通常在对研究对象有充分了解的情况下采用。该方法还常常将注意力集中到若干具体的、明确的,许多还是可以计数的行为和特征上,所得结果有点类似于问卷调查的结果,易于作数量化分析,所以又称作定量观察研究。其特点突出表现为:观察程序标准化,观察内容结构化。

定量观察要求有详细的观察记录体系,其记录方式可统称为分类体系。因为对事件、行为和场景的结构分解其实就是对它们的要素进行分类。分类体系的特点是,预先设置行为的类目,然后对在特定的时间内出现的类目中的行为作记录。分类体系有三种主要的样式:编码体系、记号体系或项目清单、等级量表。搜集的资料体现为数据的形式,主要类型有:频数记录、事件发生的百分比、等级量表的分数等。

1. 编码体系

例如,弗兰德斯在关于课堂师生互动的观察研究中,对师生的言语互动进行分类,采用的是编码体系。先把课堂的言语活动分为10个种类,每个分类都有一个代码,即一个表示这类行为的数字。其分类分析体系(FIAC)如表5-1。

表5-1 弗兰德斯互动分类分析体系的类别

教师说话	间接影响(作出反应)	(1)接受感情(以平和方式接纳、理清学生的态度语气等) (2)表扬或鼓励(学生的行动或行为) (3)接受或使用学生的主张(理清、发展或拓展学生的思路) (4)提问(基于教师的看法提出内容或程序方面的问题)
	直接影响(主动发起)	(5)讲解(注1) (6)给予指导或指令(命令、要求,以期学生遵从) (7)批评或维护(注2)
学生说话	(作出反应) (主动发起)	(8)学生被动说话(如回答教师提问) (9)学生主动说话(注3)
(停顿)		(10)沉默或混乱(暂时中止谈话,或短时间混乱使主被试无法了解谈话内容)

注1:明示内容或程序方面的各种观点、事实,表示自己的看法,作出自己的解释、引证权威的观点。

注2:明言正告,以使学生的不可接受的行为变为可接受的行为;阐明自己所采取的行为的理由;强调自身的绝对权威。

注3:学生表明看法,引出一个新的话题,自由拓展自己的观点与思想方法,如超越现存的结构。

上述分类还可以作进一步的细分,如薛卡吉切关于日本大学怎样教授英语语言的研究,将FIAC细分为25种行为,如停顿增加了学生书面练习、教师在使用录音或放像等、教师分发材料、教师或学生在黑板上书写等4类行为。学生被动说话又分为学生作出回话反应(对假设提问的回话或学生互相提问题的回话)、学生朗读、学生默读、学生翻译、学生画画、学生小结等。

该研究的观察记录主要采用时间抽样的办法,在指定的一段时间内,每隔3秒钟观察者就依照上述分类记下最能描述教师和班级言语行为的种类的相应编码,记入数据表中,表中每一行20个方格记录下1分钟内20个行为的编码,可以连续观察若干分钟,如15~20分钟等。在编码体系中,事件可以是观察的焦点,但时间抽样始终占支配地位,3秒钟的时间抽样单位把课堂时间和行为较为严密地分割开来。这样,如果要知道在记录的时间段内教师提问的时间所占比例,只需点计提问次数即可,如提问108次(在45分钟内),则占的比例为108×3/(45×60)=12%。它除了可以评价教师的提问与反馈之外,还可以评估学生群体的参与水平,即通过计算这一时间段内学生说话的总时间来获得信息。可见FIAC是非判断性分类,在记录过程中不作好坏的价值判断,只是客观地呈现事实。FIAC体系有很多缺陷,一些非言语方面的信息被遗漏,一些分类过于笼统。没有到过现场的人,单看记录无法弄清课堂上到底发生了什么事,如事先放一段录像,则这段时间记录数字均为10,即沉默或混乱。

真正的课堂互动是粗糙、混乱的,而不是严格按照人为设计的行为种类发生的,也未必是清清楚楚的,而且并不是每一个行为都一定持续了3秒钟。弗兰德斯建议,如果同一个3秒钟内发生了两个事情,应记录更为突出的那一个,如果同样突出都应记录下来。可见FIAC虽然是定量的方法,也离不开主观判定。该体系比较适合观察在教师领导下进行的集体讨论,即一种比较常规的课堂教学。通过FIAC体系能搜集较多详细的课堂信息,对这些信息加以正确的分析,并根据这一体系的准则,可向教师提出增加或减少某些特定行为的建议。

由FIAC体系可见,编码体系的优点在于比较客观,无论对观察者、教师还是学校行政人员来说,都较容易理解和接受。每种要观察的行为都有特定的编码和操作性定义,单位时间内任何行为都予以记录,因而都可转化为时间的百分比,便于分析。编码体系的不足在于行为的某些特质被遗漏,如关于提问的水平在记录中得不到体现;另一个不足之处是上课的内容被忽略,还有如果不借助电脑或其他设备,对大量的数据资料的分析处理将是一个比较复杂的程序①。

2. 记号体系

记号体系是指先列出一些需要观察并且可能发生的行为,观察者在每一种被观察的事件或行为上作个记号,其作用就是核查所要观察的行为有无发生。通过对要观察行为的频率计数让观察者体会到每一个时间段内课堂活动或学生表现的特点。表5-2就是对学生在一分钟内课堂活动的观察记录表。

表5-2 对某学生课堂具体活动的记录表(15分钟时间)

时间(分钟)	1	2	3	4	5	6	7	8	9	10	11	12	13	14	15
管　理	√														
等待注意															
无关活动											√	√			
听	√		√	√	√	√	√	√	√	√					
观　察					√	√	√								
动手实践															
讨　论		√													
思　考			√	√					√						
阅　读															
写	√	√	√				√	√							

注:管理:取出书、笔等文具,拿资料,做学习的准备工作;
无关活动:闲聊、捣乱、打瞌睡等;
动手实践:画画、剪纸、做练习等。

①宁虹,武金红.建立数量结构与意义理解的联系[J].教育研究,2003(5):23.

以一分钟为单位记录下某学生在每分钟内的主导活动,如果很多活动同时发生且分不出主次可以如实记录下两个或更多的活动。

该记录表很直观地让人了解到该生在这段上课时间内进行的主要活动,以及哪些行为发生得多或少。

这种记号体系比较容易设计,使用时也简单方便,针对性强。如针对教师对学生的回答作出反应可以设计一个核查清单,具体见表5-3。

表5-3 教师反应记录表

问题序号	反应				
	口头反应	非口头反应	肯定反应	没有反应	否定反应
(1)	√		√		
(2)	√		√		
(3)		√	√		
(4)	√				√
(5)		√		√	
(6)	√		√		
(7)	√		√		
(8)	√			√	
(9)		√	√		
(10)		√		√	
总 计	6	4	6	3	1

3. 等级量表

等级量表作为分类体系的一种,也有预先设置的分类,不同的是它要求观察者作出更多的权衡和判断。观察者在一段时间内对目标进行观察,结束时,在量表上对该期间内发生的目标行为评以相应的等级。例如,台湾学者研究的课题“中学阶段青少年情绪发展与问题及指导”。为了了解实施“情绪指导”对中学阶段正常及有严重情绪困扰学生的效果,研究者进行了一学期的教学实验。实验中安排两位观察员观察与实验有关的师生的反应及课程进行的状况,并将观察结果予以评分(最高5分,最低1分);每周的实验均加以评分,据此了解各次进行的效果;最后加以平均统计,即可推知整个实验进行成功与否。观察表如表5-4。

表5-4 课堂进行状况与师生课堂反应观察表

问题序号	内 容	评分(1~5分)
一	教师表现	
(1)	态度是否沉稳、愉快	
(2)	用词是否浅显易懂	
(3)	活动前是否先将学习目标向学生作解释	
(4)	对教室秩序的管理	
(5)	对学习兴趣的激发	
(6)	对学生反应的注意	
(7)	对学生突如其来问题及状况的处理	
(8)	对学习气氛的控制	
(9)	对主题的阐释、引导	
(10)	对学生接受与否的情况	
二	学生表现	
(1)	学习兴趣是否浓厚	
(2)	学习情绪是否高昂	
(3)	对各项活动参与及配合的情况	
(4)	对教师的态度	
三	整体课程计划	
(1)	师生互动状况	
(2)	全程活动进行是否顺利	
(3)	音乐活动进行的情况	
(4)	主题活动进行的情况	
(5)	好书介绍进行的情况	
(6)	整体效果如何	

等级量表其实是一种以客观定量的方式处理主观判断的记录方法。这些定量数据具有高度推论性,而不是根据短期的时间样本得出的频率计数,因而更容易从数据中得出结论。等级量表的缺点是等级划分所固有的主观性,划分的等级与其说是观察者实际观察到的情况,不如说是观察者印象的总结。假若量表上每个等级点的属性没有明确的操作定义,就很难保证观察的信度和效度。其主要影响因素为:宽松、光环误差,中间倾向,逻辑误差等。

通常情况下,对教师的课堂教学效果进行评议均采用等级量表方法。表5-5就是教师授课清晰度状况的观察记录表,观察者根据教师授课状况,从1分到7分予以评分。

表5-5　教师授课清晰度观察表

7分状况	实际评分	1分状况
教师让学生明确本节课教学所要求掌握的知识点和技能		教师不能将课程内容与知识点和目标技能相联系
教学之前先检查学生的知识准备		学习新内容之前不检查所需的知识技能准备
明确而缓慢地给予学生指令		太快地呈现关于笔记、管理和技术方面的指令
使用实例、图式和示范以便解释和阐明问题		局限于用常规的口头语言再现课文
在课堂结束时进行复习和总结		课堂结束时不再强调学习要点

(二)非结构式观察

非结构式观察只有一个总的观察目的,一个大致的观察范围,对观察过程也不进行严格控制,对研究问题的范围目标采取弹性态度,大多没有周密的观察计划和观察提纲,但有一个粗略的观察思路,对观察记录没有具体的可控制的要求,方法灵活多样,基本上根据自身的素养,发挥主动性与创造性。这种观察的目的通常只限于对观察对象的一般性了解,适用于对集体行为以及一些偶发事件的观察研究。如教师相互进行教育活动观摩,可选择教师的语言,对教学内容的组织、对教学方法的运用、学生的学习态度、学习习惯等进行观察。非结构式观察简便易行,但由于缺乏严格的计划和专门设计的记录工具,导致观察结果零散、不集中,不同观察者的观察内容和获得的结果不一致而且无法比较,结果的可靠性易受观察者各种主观因素的影响。观察的成效取决于观察者的世界观、综合知识结构、个人气质和专业技能等各种因素。这种观察方法通常被用来辅助选题和形成假设等。

第三节　教育观察研究的基本步骤

任何观察都必须考虑四个问题：观察什么，即观察的对象、范围与内容；何时、何地进行观察；观察者与被观察者之间的关系；如何得到准确的观察资料。

一、教育观察研究的设计

要保证观察研究达到预定目的，事先必须进行观察设计。观察设计的内容包括：

（一）确定观察的内容

确定观察内容是解决在观察活动中应观察什么的问题。内容是由课题所规定的，是在明确观察目的和任务的基础上确定的，它一般反映课题研究内容的研究对象的行为表现和相关事件。实践经验证明，被确定的内容必须满足两点要求：第一，能准确地反映、体现或说明观察目的（课题研究内容），这决定研究的效度；第二，具体可操作性，能清楚明确地从其复杂行为中，或相关事件中观察到。只有这样，才能保证研究有较高的信度。

应注意的是："研究的问题"与"观察的问题"不一样。"研究的问题"是研究者从所要探索的研究现象中提炼出来的，学术界或实践界尚有疑问、研究者个人认为有必要回答的问题；而"观察的问题"则是在确定了"研究的问题"之后决定选择使用观察的方法，根据观察的需要而设计的，需要通过观察活动来回答的问题。提出"观察的问题"是为了回答"研究的问题""观察的问题"只是完成后者使命的一个工具。"研究的问题"可以是一个比较抽象的问题，而"观察的问题"则应该比较具体。唯有如此，才可能设计出观察指标、观察提纲与观察计划等。

1. 分析课题内容

要使观察内容准确反映课题研究内容，首先应对课题研究内容进行分析，通常这个工作在研究设计阶段完成。内容是指研究对象的行为和事件,尽可能将研究内容所涉及的研究对象的行为和相关事件排列出来,并对所列的行为和事件按某种逻辑标准进行分类,以形成一个体系。如弗兰德斯的互动分类系统,分类是内容具体化的过程,可使研究的内容更清晰、明确,便于观察者按类别来观察和分析被观察者的行为表现与事件①。

观察的可操作性是为了保证观察过程的准确性和客观性,使所有参与观察的人都对观察内容有一个正确的、统一的认识,不再对观察内容的理解产生分歧或差错。观察内容的操作化包括两个方面的工作:各类观察内容给出操作性定义;设计出各类观察内容的观察指标。

对观察内容的操作性定义是对观察内容的进一步具体化,即对研究对象的行为表现的主要特征和不同类型、不同水平的行为之间的差别进行具体描述,这种做法有点类似于教学评价量表中对教学行为操作化的描述。在对研究内容设计操作性定义时,首先要求操作定义要准确地反映研究内容,是对观察内容的具体化,既不偏离内容的内涵,又不扩大或缩小内容的外延。例如,"学生主动学习情况的观察",上课时学生主动学习的表现应具体化:

(1)积极主动回答问题,并且对什么是"积极"要予以描述;

(2)敢于提出自己不懂的问题、表达自己的意见;

(3)主动(自愿)参加小组学习与讨论;

(4)认真听老师与同学的对话等。

其次,操作性定义中对行为、事件的描述要具体、生动形象,既能将该行为与其他行为区别开,又能对各种行为的不同等级作出明显区分。这样,研究者才可保证在具体观察时不发生偏差与错误。要做到这两点,必须对研究内容深入分析,并且对相关行为有充分的了解。

2. 设计观察的指标

教育观察研究的目的在于探索观察对象的特点和发展变化的规律,为此,需对观察对象的行为表现作出客观的、准确的评定和全面的记录,而且对于有些研究,还必须对观察对象的行为表现设计出科学的观察指标。观察指标是衡量观察对象行为表现及变化的数量化表征。观察中的指标有三类:定类指标,即只标志观察对象某种行为的"有"或"无","能"

①裴娣娜,教育研究方法导论[M].合肥:安徽教育出版社,1995:188.

与“否”;定序(顺序)指标,即标志观察对象的行为等级和顺序程度,如回答问题的主动性有“总是、常常、一般、较少、从不”;定距指标,即给出观察对象某行为的次数、频率等。

设计指标应注意,可以定性的一定要定性,可以定量的一定要尽可能量化。如果课题研究只是外在描述被观察者行为或活动的主要特征,而不要求对具体行为作精确分析,就可以采用定性研究的方式,如根据选定的内容对被观察者进行观察,运用自然语言记叙观察的过程与结果。如果要通过观察分析被观察者的某种行为表现及其变化,并要求对观察对象的行为进行精确的描述和分析,从中发现教育活动的规律,就应该采用定量研究的方式、设计系统的指标,来客观、准确描述和记录观察内容。但有一点必须注意,对于定性材料,要考虑日后怎样才能易于归纳和分类,对定量的材料要考虑所选用的统计处理方式。若不易于分类或不易于统计处理,则应予以调整和修改。

3. 选择观察方法

不同种类的观察方法有着不同的优点与局限性,应根据课题研究的需要作出正确选择,以保证观察活动的科学性。选择观察方法应思考如下问题:打算用什么方式进行?是公开还是隐蔽?是参与还是非参与?是否使用有关设备,使用设备的利弊如何?是否准备现场记录,若不能进行笔录又怎么办?

通常选择观察方法应考虑到以下几个因素:

(1)目的。若观察是为了选题,或为建立假设提供事实资料,则可不必对过程予以严格控制,可采用无结构式观察;若目的是为形成科学结论提供系统的、精确的事实或数据资料,就应该选择有严格控制的结构式观察。

(2)被观察者活动的特点。应考虑所观察的活动在时间上的规律性、活动空间的集中与分散性、活动中行为的复杂性与变化的快慢等。时间集中且有规律,采用时间取样观察记录;行为在空间较分散,不便于使用参与观察;空间上集中,可以采用参与观察;变化快、情绪激烈的活动,直接参与就有难度。

(3)观察者具备的条件。如观察者与被观察者的关系、时间、从事科研观察的能力、观察的设备等。若拥有一定的设备,且能熟练操作,可实施间接观察;若双方关系不错、较为熟悉,又没有利害冲突,可选择参与观察。

可见,选择方法应考虑到观察内容、对象、范围(观察什么,对什么人、什么现象、在多大范围内进行观察,为什么如此,观察这些能回答什么问题)、地点(什么地方、这些地方有什么特点,与被观察者的距离如何)、时间、长度等因素。根据这些因素,尽可能选择合适的方式,当然必要时,也可适当创造合适的条件。

4. 设计记录方法

观察的记录对于研究具有重要意义。首先,因为人的记忆是有限的,不可能将所有看到、听到的事情都回忆起来。时间先后、地点差异对“重构”的质量将产生影响。时间上滞后的重构与当时当地的重构是不一样的,记录可以保证观察资料的客观准确。其次,记录实际上是一个将现象变成文字的编码过程,被用文字符号编码过的现象有利于在记忆中进行归类和储存,可以使我们对自己所观察到的事情更加熟悉。再次,记录本身是一个澄清事实、组织思路的过程。通过记录,将观察到的现象在自己脑子里过滤一遍,经过思考和筛选以后将观察到的事实以文字符号形式书写出来,而书写本身便是思考。另外,记录还可以对记忆力和关注力进行训练,及时周密的记录不仅可以使我们的记忆力增强,而且可以使我们的注意力在观察的时候变得更为集中。

记录要求按时序进行,所记事情之间要有连续性,一个事情一个事情地记。不要仅对事情作一个整体性的总结,要有具体的细节,使读者仿佛身临其境。因为保持事情发生的时序和情境,有利于今后分析时查找,另外保留大量有关事件的细节,便于今后为构建理论提供具体的素材。记录可以有很多不同的方式,可以根据自己的习惯、观察的问题、内容、时间以及使用的工具进行选择。观察记录的方式有以下几种:

(1)描述记录法:运用文字对观察到的具体事件或观察对象的行为表现作客观、全面的描述式记载的记录方法。具体方式有:

①日记描述法:采用日记的方式将在不同时间观察到的结果记录下来。这种方法用于对少数观察对象进行较长时间的追踪观察,重点描述

所发现的有价值的事件与行为表现，并作相应的评价。如陈鹤琴对其儿子的观察即是如此。

②轶事记录法：在发现被试表现出有价值的行为时即进行的描述性记录，它不受时间条件的限制，可以有主题，也可以没有主题，只要是感兴趣的，即予以记录。

③连续记录法：在特定的一段时间内对被试的行为表现作连续的、不间断的描述性记录，必要时对被试的行为必须作解释与评价或作附注。

(2)表格记录法：观察者运用专门编制的观察记录表来记录观察的结果。记录表是供研究者在观察活动中使用的记录工具，它能准确地反映观察的目的和内容，有效地记录观察资料。具体的表格记录方式有：

①事件记录表：适合于记载某种事件发生的过程和环境条件、原因、结果等方面的情况，如学生在课堂中回答问题情况的记录。

②时间取样记录表：对于观察活动是按时间取样进行的，可以按时间发展的顺序来进行记录，表中全面记录取样时间里研究对象的有关行为表现，通常先将行为表现编码，在表中只记代号或在相应的代码下作记号，如FIAC的记录。

③行为检核表：用来记录要观察的被试的行为是否出现以及出现的时间等方面的表格，其形式可以根据观察目的的不同而有所不同。

制定记录表应考虑到以下几点：表中所列项目应和观察内容在内涵和外延上是一致的，即能完整、准确地反映课题的研究内容，表应是观察内容的具体化与条理化；在保证系统搜集资料的基础上，力求表格简洁，记载简单方便，既节省时间，又能提高准确性。

关于课堂观察的记录，有研究者从四个方面进行了论述[①]：

(1)持续时间记录，即记录目标行为发生所持续的时间。在这种记录中，观察者要简单地使用一些时间装置，如秒表等。在很多研究中，观察者只针对单个的行为记录时间，如一个学生离开座位的时间。但是若观察者对一个观察对象的几种行为都感兴趣的话，除非这些行为不是同时发生，否则一个观察者是难以把这些行为都记录下来的。如一个观察者可以记录一个目标学生投入或非投入学习程序的时间，但不能同时记录

①陈瑶.课堂观察指导[M].北京：教育科学出版社，2002：136-138.

非中断学习或严重中断学习分别持续的时间。持续时间记录的信度可以通过计算两个观察者对同一组观察对象某一行为持续时间所作的记录时间的相关系数来加以评估。两个观察者累积的时间相除,是观察者之间的内部一致性。如果相关系数与内部一致性之间相差较远,可以通过其他方法加以计算。

(2)频率记数记录,即观察者记录下目标行为发生的次数。该记录方法比较适合于记录持续时间很短的行为,通常使用一个记号或一个数量装置。如果目标行为发生的频率很高,观察可能只记录下一个行为。有研究表明,受过培训的观察者可以记录13个关于教师课堂管理的行为,包括激励、表扬、暗示、警戒等。因为这些行为持续的时间较短,同一时间不可能发生一个以上的行为,并且13个行为的信度从76%到96%不等。

(3)时间间隔记录,即在给定的时间间隔内对目标主体的行为进行观察。如弗兰德斯的互动分析系统,观察者每隔3秒钟检查一次观察对象的行为,记录下他在这3秒钟的时间间隔内发生了十种行为中的哪一种。间隔的长度可以随被观察者行为特点的变化而变化,但通常在十秒钟到一分钟之间。在最简单的体系中,观察者在每一次间隔时间里记录下被观察对象发生或者没有发生一个单个的目标行为,如一个投入学习或没有投入学习。在复杂的体系中,如弗兰德斯体系,所有的行为归属于一套分类,每一次间隔记录下合适的行为类别。这种体系允许研究者研究行为发生的顺序。

(4)不间断记录,即观察者记录下每一次观察时间内观察对象的所有行为。这种方法通常不聚集于一套特定的具体行为。比较典型的是,观察者写下一个观察的草案,草案是对观察对象所作的每一件事按照时间先后顺序进行简短的记录,或是对在一个特定的情境中的每一件事情所作的记录,如数学课中或阅读小组中的行为等。实际上,观察者是不可能记录所有的事件的,所以观察者必须非常敏锐,并且在分析草案时必须对那些可能是重要行为的类别有一个清楚的了解。分析草案时,观察者阅读它们,建立一个适合于这些信息的内容分析体系,然后一边阅读一边将被观察的行为归入相应的分析体系中。这种观察记录方法通常用于人种学研究记录。

二、观察实施前的准备工作

（一）制订观察计划

计划工作应建立在科学设计的基础上，同时兼顾被观察者活动的特点，考虑到观察者自身所具备的主客观条件。计划在内容上应尽可能全面细致，处理好观察内容、时间、地点、观察的方法、结果的记录、资料的整理与分析、报告的撰写等之间的关系。若是多方面、多个人合作完成，还应注意各自所承担的任务与达到的要求。

（二）培训观察人员

观察者不仅需要有较强的观察能力，还应具备相应的理论知识，并对观察目的和内容有透彻的理解，熟悉各种观察方法。法国生物学家巴斯德曾指出："在观察领域里，机遇只偏爱那种有准备的头脑。"所谓"有准备的头脑"，是指应具备敏锐的洞察力、高度的判断力、丰富的知识和经验。因此，观察者应具备以下一些基本素质：

（1）心诚，诚恳虚心的态度，否则被观察者将心存疑虑，行为举止将改变常态。

（2）眼明，敏锐的洞察力。我们所研究的现象异常复杂，既包含外在的感性形式，又具有内在的主观因素，有时两者并非完全一致。行为事件变化万端，稍纵即逝，具有较强的时间性。若不具备敏锐的观察力，就很难对真相本质有透彻的把握。当然，洞察力不是天生的，它与是否具有深厚的理论基础息息相关，若无一定的理论作为观察的背景，再聪明的人对再重大的现象也会熟视无睹。

（3）腿勤，具有越千山万水的勇气和毅力，必须从实际出发，深入现场获取第一手资料，否则无法保质保量完成观察任务。

（4）手灵，指整理、分析资料的实际能力。通过观察而获得的资料繁多、表格复杂。面对堆积如山的、杂乱无章的观察材料，若不能有效加以整理分析，则只能是一堆废纸。

通过培训后的观察人员应达到以下基本要求：

(1)明确观察目的。只有清楚观察的目的,才能搜集到更确切有效的资料,确保研究不偏离轨道,达到预期的目的。特别是课堂过程情境复杂,包含众多要素,若没有围绕研究目的确定的观察焦点,其过程行动是低效的。

(2)掌握相应观察工具的使用技巧。开始之前,研究者或观察者以选择或设计好针对观察焦点的记录系统或观察工具。如结构性观察中的观察表、评价等级量表、观察提纲、辅助性的记录工具如录音、录像设备等。观察者事先要使自己掌握使用的方法与技巧、记录原则和标准,以确保记录的针对性和准确性。

(3)正确处理观察者与被观察者的关系。被观察者大多会对观察者抱有戒备心理,从而导致观察情境不同于平常的情境,即环境的失真。因此,正确处理双方的关系是其基本技能。应熟悉如何进入现场,迅速取得被观察者的信任和配合,最大限度地减少外来观察者对环境的影响,使教学场景以真实自然的面貌呈现。

(4)努力提高不同观察者之间的一致性程度。通常,在使用较为复杂的记录体系之前,对观察者进行统一的观察训练,详细理解观察体系,共同讨论认为容易误解或混淆的地方。如课堂观察,通过课堂录像的观察记录来检验在正式观察开始之前他们之间的一致性程度是否达到规定的要求。通常一致性达到80%以上,才可正式进行。

(5)了解与观察者自己相关的影响观察的误差来源,竭力摒弃偏见。任何研究过程都不可避免地存在误差,虽然说观察是"眼见为实",但不同的人对所看到的同样事物也会有不同的解释。无论哪一种观察活动,其目的都是要尽量减少自己的主观偏见对观察的不良影响。为此,在观察过程中,观察者要注意以下几方面误差:

①观察者对被试的影响。例如,若研究目的是记录在艺术课上二元互动作用的次数和持续的时间,如果师生知道观察意图,则会影响常态。对此可考虑在结束前不透露研究的本质,且保证数据将被保密;或观察者事先来访多次,以使师生将此视为正常,从而表现自然。

②调查者个人偏见。指可追溯到观察者性格反映在观察数据中的误差。研究发现,在研究参与者被贴上"精神不安"、"智力迟钝"、"外表吸引

力高或低"的标签，或具有一定的种族差异或社会经济背景时，研究者会产生有偏向的数据。应探明观察者个人偏见的根源，并在其后予以消除。

③评估误差。一些观察者在使用评估表时，形成了一套反应趋势，它在这些表上评估时会产生误差。反应趋势是指观察者在评估任务概括化倾向的基础上，而不是在个体实际行为的基础上进行评估的趋势。有四种反应趋势误差：宽大误差，即较高地评估多数被试；集中趋势误差，即在观察表的中心部位评估大多数或全部被试；光环效应，即对被试个体早期印象影响到观察者对该个体全部行为评估的趋势；观察者污染，即当观察者对某一课题特定数据的理解影响到他记录其他变量的数据时，会产生观察者污染。

④观察者遗漏与信度衰减。遗漏是指没能记录与观察日程表某类目相符的行为。信度衰减则是指数据搜集后期所记录的观察数据比前期搜集的数据信度较差。约翰·里德的实验表明：明确告诉观察者将对观察者的结果予以随机考核，观察信度最好；告之将予以定期考核的信度次之；告之观察者不会被考核，信度最差。所以应经常考核观察者以确保观察工作保持令人满意的水平。

(三)获准进入现场

研究者要采取措施使现场人员确信自己是合法的、可靠的，为研究问题而来，从而被现场人员所接受、信赖。通常可采用如下策略：

(1)通过中间人介绍，与现场人员建立合作关系。观察者要尽可能不打扰现场的正常秩序，并能够获得现场人员的信赖。

(2)为现场有关人员提供实质性的帮助。这是建立相互信赖关系的基础。进行教育观察，在一定程度上对教师日常工作和学生的学习带来外在的影响，可能导致教师的不合作。研究人员可以通过与教师的交流观察所得并对教师提供有建设性的意见等方式，为教师的教育教学(或其他方面)提供实质性帮助，使现场教师对自己的存在不感到威胁而感到一种信任。

(3)与现场人员建立完善、亲密、相互依赖的关系，甚至是建立亲密的友谊关系。这是进行长时间的、深入的观察研究的必要基础，只有这样，才能使观察长期、顺利。

(4)避免在观察过程中与现场有关人员发生分歧而影响进一步的观察。进入现场不是一个一次性的工作,也不是一件一劳永逸的事情,需要研究者坚持不懈的努力。因为种种无法预测的原因,研究开始时建立起来的良好关系可能在研究的过程中变质,需要进行不断地修补或重建。

三、实施现场观察

在实际观察中要注意几点要求:

(1)灵活地执行观察计划,不轻易放弃、调整计划,异常情况及时如实记录,留待以后思考或讨论。

(2)抓住观察重点。

(3)注意做到观看、倾听、询问、查看、思考五个方面相互配合。

(4)做好观察记录。如何做好观察记录是实际观察中较困难的一个环节。观察记录应做到,观察过后尽可能快的记笔记,将现场笔记尽快予以整理并尽可能打印成文,以便阅读,并为下一步观察提供资料。

观察记录的内容应由五个部分组成:草记的描述:具体记叙发生了什么事、言行及相关人物、过程等;原先忘记而现在又记起的情况:这有两种情况,一种是原先认为很重要但未及时记下,另一种是早先发生,但当时认为不重要,而后根据新发生的事件认为是重要的;分析意见:对所发现的资料的分析和推论,包括对观察到的行为或事件的重要性的估计,对资料的组织、分类及其整理等;个人印象和感觉:观察人员应将自己在观察过程中以及观察之后的感觉和思想感情记录下来,并将个人思想感情的笔记始终同其他观察资料分开记录;关于进一步研究所需信息的笔记:包括待做的事情,有待了解的情况。

观察笔记要求做到如下几点:准确:要获得相对确切的资料,要符合观察对象的实际情形;全面:观察要求注意事物的整体状况,特别是观察时的社会、文化、物质背景;具体:观察要求细致入微,注意了解事情的细节;持久:要使观察长期持续进行,追踪事情的发展的过程;开放:观察可以随时改变方向、目标范围,观察本身是一个演化的过程;反思:观察者要不断反思自己与被观察者的关系,注意这一关系对观察的进程与结果所产生的影响。

反思是观察者在观察过程中的心理历程。波格丹和比克林认为,作实地比较时应作如下几个方面的反思:反思自己的思维方式,问自己是如何进行观察的,如何注意到目前自己手头搜集到的资料所反映的观察内容,为什么会对这些内容加以注意;了解自己使用的具体研究方法和过程,分析自己观察的角度,记录时使用的语言等;对观察中出现的有关伦理道德问题进行反省,检查是否在某些地方违背了公认的伦理原则和规范;反省自己对研究问题的前设、个人生活经历、政治立场、宗教信仰、种族、性别、社会地位、受教育程度等;对目前自己仍感困惑的问题加以澄清,对现场笔记中一些不清楚的地方加以说明,对一些错误的地方进行纠正。

事实上,观察者必须作理性思考,才可能观察到自己所看到的东西。任何观察活动都离不开思考,但应尽量将自己所做的推论与观察到的事情分开,并且在进行推论时应给出相应的证据,仔细检查自己的前设,说明自己是如何得出这个推论的。

四、观察资料的整理与分析

所获得的原始资料的形态可能多种多样,有的是文字资料,有的是等级资料,而有的是数据资料。

文字资料的整理主要是审查补充、归纳分类、提炼摘要、编码加注,在分析时要运用比较、综合等定性分析方法。数据资料的整理主要是审核质量、剔除、补充、汇总等,在分析时要采用合理的数理统计方法进行定量分析。

五、形成研究结论,撰写观察报告

形成研究结论是指发现和概括出观察资料中所反映出的教育现象或学生行为表现的特征及其变化规律。要使形成的结论科学、准确,研究者必须在科学理论的指导下,正确运用科学的思维方法,对观察资料进行全面客观的分析和比较,深入地研究观察资料所反映的隐藏在现象背后的原因及不同现象之间的因果关系,并进行客观的描述和解释,同时考虑结论形成和存在的条件,避免结论的绝对性。

观察报告是对观察研究活动的全面、客观的描述和总结,是观察研究成果的主要表现形式。不同类型的观察研究报告在具体形式和内容上都有一定的差异,但格式都基本相同,撰写要求也有一定的一致性。

第六章　如何验证科学理论——教育实验研究

第一节　实验研究概述

一、实验研究的含义

实验研究最初用于自然科学。近代以来，实验法逐渐用于社会科学研究，现已成为教育科学研究的一种极为重要的方法。有学者认为[①]，教育实验研究方法是沿着两条线索发展起来的，一条是受自然科学实验研究的影响，经由心理学实验而发展到实验教育学；另一条是从一般教育活动的本身分化发展而形成的教育实验。从前一条发展线索来看，在16世纪伽利略第一次把实验当做研究自然科学的必要方法，以及弗·培根制定的实验方法和原则为实验科学奠定了基础。19世纪后半期，德国生理学家、哲学家冯特将实验方法引入心理学研究，到20世纪又被引入教育研究，并在当时形成一种运用实验方法研究教育问题的潮流。后一条线索的发展与裴斯泰洛奇、福禄贝尔、蒙台梭利、杜威等教育家联系在一起，他们以整体主义思想为指导，创办学校，实验自己的教育思想，从而形成在教育活动中自觉进行教育实验的模式。

教育实验研究在其发展过程中形成了丰富的方法理论和多种实验模式，受到了广大教育研究工作者与实践工作者的高度关注，在教育研究活动中被广泛地用来探索各种形式的教育活动规律，成为一种重要的研究方法。教育实验研究是研究者按照研究目的，合理地控制或创设一定条件，人为地变革研究对象，从而验证假设，探讨教育现象因果关系的一种

①裴娣娜.教育研究方法导论[M].合肥：安徽教育出版社，1995：237.

教育科学研究方法。

教育活动是一种复杂的活动，活动中涉及的因素复杂多样，并且各种因素之间相互作用、相互联系，而教育规律往往就隐藏在这种作用与联系之中。要揭示教育本质规律，就必须通过控制某些因素确认某种因果关系，才能达到目的，而这正是教育实验研究的精神所在。

二、教育实验研究的基本内容

从教育实验的含义不难看出，教育实验涉及三个基本要素，即实验要改变的教育要素或教育条件；要控制的不被改变的相对稳定的要素和条件；要观测的结果。教育实验的基本结构就是由这三个具有逻辑联系的基本要素构成的。在教育实验方法论上，三个基本要素分别称为自变量、无关变量和因变量。

（一）创设并操纵自变量

变量又称变数，是实验方法论的术语。某个与实验相关的因素或条件，如果变成了可观测的数量化的东西，则可称为变量。自变量是研究者根据研究的目的，为引起研究对象预定变化而确立并呈现或施加给研究对象的刺激，也叫刺激变量。在实验过程中，自变量作为一种假定的原因变量，是实验者主动地、有计划地、有目的地操纵的，通常体现为对研究对象的主动变革，通过设置、改变某一变量而引起某种现象。教育实验的自变量一般是根据研究目的来设计的，如教育内容、教育组织形式、教育方法、教师的态度与能力、师生关系、教育管理的方式方法等，都可作为一项实验的自变量。由于自变量是实验者有目的、有计划地改变的变量，因而对自变量需要按照实验计划的程序严格予以操纵。常用的操纵方式有三种：A 对非 A，一点 A 对许多 A，A 对 B。教育实验就是要根据研究的需要，有意识地变革研究对象某一方面的条件，即创设自变量，并对自变量进行操纵，人为地干预、控制现象发生的条件和过程，从而得到所需要的结果。例如，要研究一种新的教学方法是否比现有的教学方法取得更好的效果，教学方法是自变量，教学效果是因变量，我们必须主动采取变革措施，改变原有教学方法，寻求新方法下的效果。

(二)控制无关变量

无关变量是指实验研究中出现的除自变量以外,一切可能对因变量产生影响而干扰实验结果的因素。所谓无关是指它们和实验目的无关,是实验研究者不想研究的变量。例如,要比较讲授法与谈话法这两种教学方法对学生学习成绩的影响,选择两个班级的学生进行实验,在实验中教学方法是自变量,学习成绩是因变量,两个班除了接受的处理即自变量——教学方法不同之外,其他的要素和条件都应尽可能保持一致。教学方法以外的要素和条件就是要控制的无关变量,如学生原有的知识、智力水平、教师的教学水平、师生关系、教学时间、课外辅导、师生对实验的态度等,都是该实验的无关变量。其实无关变量并不是与实验无关,而仅仅是与实验目的无关。

控制在教育实验中有三层含义:对外部因素和实验情境的控制能力,包括各种无关因素的控制;对实验所操纵的自变量的控制程度;实验设计过程中的控制成分,即如何通过实验的设计来控制无关变量。有目的地控制无关因素是实验的最本质特点。通过采取一定措施,对那些可能影响实验因变量的重要因素进行适当控制,防止变量间的相互混淆,提高证明实验结果的有效性,从而揭示事物间的因果关系。例如,如果不对上面例子中的无关因素进行控制,就难以说明导致两个班学生学习成绩不同的真正原因。因此在实验中必须对无关变量加以控制,否则,它必然对因变量造成影响,使得研究者无法准确地判断和说明因果关系。

(三)揭示自变量与因变量之间的因果关系

因变量,是指在自变量的作用下出现的结果,是对自变量的刺激作出的反应,有时又称作结果变量或应变量。在教育实验中,因变量往往与被试身心发展的水平、程度、状况有关,如对知识的掌握水平、能力的发展、情感的发展、教学质量、学校效能等。从实验研究所要进行的相关分析和因果分析来看,自变量与因变量之间具有内在的逻辑关系,因变量的变化是由自变量的变化引起的。

调查法往往通过搜集、分析客观事物材料,获得对教育现象状况的把握，它只回答“是什么”“有什么”“怎么样”之类的浅层次问题。虽然在某种程度上可以看出事物间存在着众多联系，但是，这些联系中究竟哪些是因，哪些是果，难以作出判断。实验方法由于对变量作出了有效的控制，就有可能使事物间的因果关系以可观测到的形态显现出来。在科学研究中，我们要揭示事物或现象间的因果关系，需要具备三个条件：

(1)共变关系，即相关关系。一个事物的变化随着另一个事物的变化而变化。例如，开设了“科学研究方法”课程后，学生在科学研究中能比较熟练运用各种研究方法，研究能力有所增强，则说两者之间存在着共变关系。若大部分学生科研能力没有任何改变，说明“方法论”课程对科研能力无任何影响，两者不存在共变关系。

(2)时间顺序，即作为“原因”的事物的变化总是在作为“结果”的事物的变化之前或同时，也就是说，“因”变化在前，“果”变化在后或同时。例如，如果学生科研能力在“方法论”课程开设之前就已经提高了，就不满足时间顺序的条件，就不能说是“方法论”课程对科研能力的提高起作用。

(3)控制无关因素的影响，即对实验因素以外的其他可能影响研究结果的因素加以控制。研究中影响结果的因素可能有很多，我们把实验中所要研究的因素称为实验因子，例如两种教学方法比较的实验，教学方法就是自变量或实验因子，那些会影响教学效果的师资水平、学生学习的原有基础、学习态度等都是与实验研究无关的因素，称为无关因素。还有一些会引起研究结果微小变化，但又无法控制的偶然性因素，称为偶然因子或随机因子。在实验研究中我们必须把无关因子控制起来，否则，研究结果到底是由实验因子所导致，还是由无关因子所引起就很难判断。至于随机因子的影响，可以通过统计检验的方法进行处理。

教育实验就是为我们提供了满足上述三个条件、作出因果关系推论的研究方法，它的精髓之处就是有目的、有方向的控制。与前述调查法相比，它采用较严密的科学方法，侧重于阐明事物的本质与规律，是教育工作者必备的工具。

三、教育实验的类型

教育实验是一项极其复杂的社会性实验，它本身的复杂性和特殊性决定了教育实验具有不同的类型。我们可以根据实验场地、实验目的、实验变量的控制程度与水平、实验内容和实验变量的个数等标准,把教育实验划分为不同的类型。

(一)现场实验与实验室实验

现场实验又称自然实验,是在实际自然情境中进行的实验。这种实验由于在自然状态下进行,只能尽量地、不能完全地控制无关变量,所以测量结果以及因果关系的揭示不可能做到十分准确。但能和日常工作结合在一起,能在较长的时间内进行重复地观察与分析,其结果能解决教育实践中的实际问题,即实验结果易在实践中推广。如中央教科所吕敬先主持的小学语文整体发展教学实验,就是在普通学校、普通教师、普通学生和普通教材的“四普通”状态下进行的,其结果具有较高的推广价值。

教育研究的内容通常与人的各种行为表现有关,对这些行为的研究,不像研究自然界的物质或其他动植物,不容易在实验室里实验。有些处理可能对人产生负面影响,且因过分人为环境,使人的行为变得不自然,而很难观察其正常的反应或结果,其所得结论在实际应用上有所限制。有些问题,所包括的研究对象与因素很多,不容易控制,如一种新的教学方法对整个教育质量的影响等。但现场实验研究对各种问题则具有比较大的通融性与适应性。

实验室实验是指研究者根据研究的需要,在经过专门设计的、具有高度人工控制的环境中进行的实验。这种方法可有效控制无关变量,把各种变量严格分离,对各种变量定义明确,准确观察共变关系,从而提高研究结论的准确性和可靠性。这种实验常用于探讨理论问题。

但在教育研究中,实验室实验具有如下限制:

(1)实验情境较难控制。人类行为复杂多变,个体间差异较大,尤其是终结变量最难直接观察与测量,因而构成实验者无法对实验情境中的有关变量完全控制。

(2)自变量控制(或操纵)受到限制。以人为研究对象的实验研究,研究者基于安全的或人道理由,不可能像对付物理现象那样随心所欲地系统操纵自变量,如不能随意制造心理上的恐惧压力,使学生的情绪无法支持。因自变量的强度不够,因而影响预期的实验效果。

(3)实验情境人工化。实验室既然重在控制,控制之后的情境就难免失去人类生活的现实性。常见的困难是,在实验室内得到的原理不容易直接推广到实验室以外,去解释活生生的普遍事实。心理学实验室内建立的学习理论未必能有效解决学校教学问题。

(二)探索性实验与验证性实验

为了探索一个新的教育规律或解决教育实践中的新问题,从事具有开创性研究的实验,称为探索性实验。例如,罗森塔尔的"教师期待效应"实验,这类实验意在发现新的事实或新的数值。其具体目的在于:为了达到某种科学的教育目标,而探索一种有效的教育活动策略,或为了改革教育活动中存在的问题,通过探索教育现象的内在规律而寻求最优化的教育策略。探索性实验所要揭示的规律是教育研究人员并未认识的,所要寻求的有效策略是教育实践中尚未实施过的,因而探索性实验具有开创性。

验证性实验是指以验证已取得的认识成果或实践活动方法为目的的实验。一般是通过实验对业已揭示出的教育规律进行验证,检验其科学性程度,并对其进行修正与补充,或者对人们已经发展创造出的某种教育活动的方法进行可行性或合理性检验。其意图在于验证实际的结果与预定的结果是否相符,如某一理论的正确性、有效性的检验等。

一切有成效的教育实验,达到形成知识体系高度的,无不波浪形地经过反复验证。有人称自己的实验是探索性的,无非是探索性实验有创新、有价值。但是验证性实验在提高认识、完善已有的实验成果、丰富对客体的理论认识上,同样有着科学价值。

验证性实验一般在新的规律和新的方法还没有充分检验时进行才有意义。如对反复验证过的并被广泛认可的规律或方法再进行验证性实验,要有一定的条件,如发现了新的问题或矛盾,或验证的方法更新颖、更先进等,否则就是简单重复与浪费,没有任何创新意义。

(三)前实验、准实验和真实验

前实验是指可以进行观测与比较,但控制程度较弱的实验。前实验无法随机分配实验对象，不能有效地控制无关因素，误差高，效度低，难以验证自变量与因变量之间的因果关系，其结论也难以推广到实验以外的其他群体或情境中。但毕竟具有实验研究的最基本要素——自变量的操纵与因变量的测量，是教育实验早期发展的重要形式。在实践中，前实验有利于教育工作者灵活地进行一些改革性思考和探索性研究。

准实验是指具有自变量的操纵与因变量的测量及比较，但不能随机分配被试，不能完全控制无关变量影响的实验。这种实验的特征是不需要对被试进行随机安排，不打乱现有的班级教学秩序，能较好地与日常教育活动结合起来。其缺点是对无关变量缺乏完全控制，实验结论存在一定的误差。由于教育实验通常以人为实验对象，许多因素无法进行有效控制，因此，教育实验一般属于准实验。

真实验是指能严格地随机分配被试，能系统操纵自变量并完全控制无关变量的实验。这种实验有很高的内在效度，能准确、充分地说明自变量与因变量之间的因果关系。但由于其人为性较强，设计复杂，外在效度不理想，很难在实际的教育情境中普遍推广应用。

（四）单因素实验与多因素实验

单因素实验是指在同一个实验中研究者只操纵一个自变量的实验。单因素实验的变量少，操纵容易，实验难度小。如“初中数学自学辅导教学的实验研究”就属于单因素实验。

多因素实验是指在同一个实验中需要操纵两个或两个以上的自变量的实验。如上海青浦进行的“尝试指导、效果回授”的数学教学改革实验，就是含有两个自变量的实验。由于多因素实验需要操纵的实验自变量较多，具体实施难度较大。多因素实验往往适用于一些复杂的、价值意义重大的教育研究项目。

四、几个相关概念的分析

（一）教育实验与教育试验

两者是既有联系又有区别的概念。从本质上看，两者都是有目的、有计划地探索“未发生情况”的教育实践活动，因此，不少人把教育试验也看作是教育实验。但从严格意义上讲，两者仍有区别。

1. 从历史角度看

先试验，再实验。教育试验是教育实验的基础，教育实验则是教育研究方法走向成熟的标志。教育试验作为教育改革实践中的一种尝试，是教育教学历史发展的产物，起源较早（15世纪意大利的维多里诺的“快乐教育实验”），而真正的教育实验则兴起于19世纪前后，是受日益成熟的自然科学实验方法的影响，以及以不断发展的教育试验为背景，是教育试验发展的必然趋势。

2. 从实验目的看

教育试验作为科学研究的一种探索活动，总是和教育教学革新联系在一起的，其目的是总结某些新的教育教学措施在实施过程中的经验和检验实际应用的效果。它的表现为：在教育实践中，教育者有新的想法或主张，并企图对以往的模式进行改良或变革时，便可在实践中进行尝试，在尝试的过程中，保存其优点，修正其缺点，以此不断完善和丰富自己的设想并逐步上升到理论。教育实验的主要目的是探索在适当条件下教育情境与教育现象之间存在的某种因果关系。

3. 从实施的方法看

教育试验的显著特点是尝试，一般无须进行特别的控制和精确的测量，试验的设计与操作过程不够严格，有较大的灵活性。教育实验是一种科学性很强的研究活动，它的设计和操作方法，大部分是从心理实验和测量以及生物实验等自然科学实验移植借用过来的，具有一切科学实验共同具有的本质特征——控制，借助于控制才可准确地探索与教育现象有关的事物间的因果关系。

（二）教育实验与教育实践

教育实验产生于一般的教育实践，是从一般的教育实践中分化出来的，并且主要在教育实践中进行。教育实验较之教育实践活动，应该有着明确的解释教育规律的主观要求，通过有控制的研究活动，缩小检验真理的时间，强迫事实回答问题，这是教育实验高于一般教育实践活动的表现。但任何实验的理论成果还必须再回到更广泛的实践中接受检验。因此,教育实验与实践保持着一种天然的内在联系。实验不同于一般的教育实践,它是在实践中发展并逐渐独立于实践的科学研究方法。具体来说,两者有如下本质区别。

1. 从目的任务上看

实验侧重于探索规律,完成科学研究的任务,是以寻求教育现象之间因果关系和教育内部结构及其发展规律为目标的特殊教育实践活动。实践主要实现当前的教育教学目标,完成现时的教育教学任务,对于科学研究方面却不像实验那样专门予以关注。

通常,教育实验在研究中要完成三件事:述教育现象或事实,指出教育的某些现象或事实是什么;对教育现象或事实进行解释,说明为什么。例如,为什么某一教材的教学效果优于其他教材?解释就已经触及规律问题;根据假设,以规律为基础,进行预测,预测必然发生的教育教学现象或事实。这三点决定教育实验既着眼于当前的教育目标去实现它,又放眼未来去实现更多更远的目标。所以教育实验的主要目的是通过一项或几项有代表性的教育教学实践,来探索教育规律,以便指导今后的教育实践,使教育实践更有效、更科学。因此,教育实验是追求更理想的教育实践。

2. 从对方法、操作的要求上看

教育实验通常有自觉、明确的理论假设,而教育实践虽然也有一定的设想、期望,但不具有严格的规范,也不具有明确的理论形式或表达方式。实验为了探索、揭示规律,讲究使用适当的控制手段,以获得比较客观、精确的数据资料,实验本身有较高的革新、创造性活动,但教育实践则不一定按上述要求做。

3. 从对结果的处理上看

教育实验的主要目的是通过对实验目标的达成程度来证明某种因果关系,即某种规律,这样就需要对实验结果进行特殊的统计处理与因果关系分析。教育实践在结果的处理上则主要看教育教学目标、任务的完成情况,至于证明或发现规律,形成科学结论,通常是附带的、次要的。有时为了评定出程度,也作出数据的对比,甚至统计分析,但不是用于鉴别因果关系,而是用于证明实践效果的程度仍属于实践评价的范围,不属于实验评价。

4. 从性质上看

实验具有很强的超前性,走在实践的前头,预示着或代表着某种教育教学发展的方向或趋势。对于探索性实验,旨在探索、发现新的规律,获得的科学理论在认识上具有超前性。对于验证性实验,其目的在于证实某种新的结论,使新的结论转化为实践,作大面积推广的前期准备等,所以也具有超前性。超前性使得教育实验不同于一般的教育实践。对于改革性质的教育实践,虽然也具有某种超前性,但主要是实践目标上的超前性,在科学研究目标、探索规律以及科学认识上,就很难有超前性。

另外对于教育改革而言,改革与实验有着一定的联系,现实中许多教育改革本身就是教育实验。因为改革本身具有“前所未有”性,是富有独创性、探索性的活动,通常带有试验的性质,先试一下看改革的效果如何。实验要引进实验因子,以代替原有因子,这本身也是一种改革,这是两者的共同点。但两者有区别:首先,改革是一种富有创造性的特殊的实践,不是专门的研究活动,而实验则是专门的教育研究活动;其次,实验以探索规律,发展教育理论为主要任务,改革则以改进、推动实践的发展、提高教育教学质量与效果为主要任务,不以发展教育理论为直接目的;最后,实验为了鉴别某个或几个实验因子的效果,要对其他因子进行有效的控制,而改革则不强调控制,如教育对象的选择、教育手段的控制等。实际上,实验重在研究,改革重在实践效果。

五、教育实验研究的功能与局限性

教育实验是发展教育科学理论的源泉和检验科学理论真理性的重要手段,是唯一能真正检验因果关系假设的研究。有研究者认为[①],教育实验具有两大功能:一是认识功能,即验证、丰富、深化理论认识,发现真理,寻找规律;二是发展功能,即通过合理、有效的实验措施,提高教育质量,促进学生发展,锻炼师资队伍,推进教育改革,服务教育决策等。教育实验以其特有的功能,为解决教育现实中的一些迫切问题,打开局面,创立

①郝志军,田慧生.中国教育实验30年[J].教育研究,2009(2):5.

范例,为教育部门的决策作探路先导;也为教育理论的建设提供实证资料和科学依据。因此,教育实验研究在教育领域有着极其广泛的应用,具体集中在以下几点:

(一)促进教育改革与发展

如前所述,很多教育改革本身就是通过实验来进行和推广的。教育实验是通过人为地创设一定的条件和环境,在教育科学的指导下,改革教育内容或教育方法,能够使教育发展的因素突显出来,并通过实验推广促进教育活动的发展。

(二)为发现和揭示新的教育特点和规律提供必要基础

通过实验,发现未知、开拓新的领域,不断加深对教育发展的规律性认识,发展和完善教育理论。例如通过实验,探索开设活动课程、选修课程的范围、内容及可能性,为我国课程改革提供依据。通过发展性实验,探索儿童智力发展的潜力、不同年龄阶段发展的特点以及充分挖掘潜力、发展主体性的方法与途径。

(三)对引进的教育理论与方法进行检验、变通、改造与发展

这里的引进理论,既包括国外的先进教育思想、理论与方法,也包括国内在较大范围内相互借鉴学习的教育理论与方法。对在不同条件下产生的先进理论的学习和采用,经过符合自己实际条件和情况的教育实验的验证,才能取得比较好的效果,否则既无法领会所引进理论的精神实质,也不能拿来为自己所用。例如,中国科学院心理研究所卢仲衡主持的中学数学自学辅导教学实验,最初是引进美国程序教学的做法,在以后的20多年的教育实验中,结合我国的教育实际,不断加以改造,通过实验的检验,淘汰了若干不符合中国教育实际的国外教育理论与方法,取得了一系列重要成果。

国内教育改革实验的推广也必须通过教育实验。因为某个实验所揭示的原理以及经验体现的精神,只限于某一特定群体,受到多种因素的制约。因此,应通过实验结合本地区本学校实际情况加以补充、修改与完

善,并探索在不同条件下新教育经验的具体表现,使新的教育思想扩大适用范围。

(四)为新的教育理论应用于实践寻找操作程序

教育理论成果的一个重要价值在于它对教育实践的指导作用,但这种指导作用往往通过其实际应用才能得以实现。教育实验是其理论普遍应用之前的必经环节。只有通过教育实验,才能将理论的原则具体化、操作化,成为学校教师所能掌握的知识,并将其用于教育教学实践。虽然教育实验具有一些其他研究方法所不具备的功能,但由于教育活动本身的复杂性以及教育实验与教育活动本身的统一性,即教育实验本身就是一种特殊的教育活动,导致教育实验具有以下局限性:

(1)教育实验研究通常只适合自变量较少,且非常明确,可以操作的问题。由于教育研究的对象是人及与人有关的现象,所以很多因素无法进行有效控制。如青少年犯罪的原因研究,就不能采用实验而只能采用个案、追因等方法;

(2)由高度控制带来的环境“失真”,与现实生活产生一定的距离,可重复性低,使得实验结论的推广价值受到影响;

(3)由实验人员与实验过程带来的负效应,影响实验效果,如“期待效应”“霍桑效应”等;另外,长时间的实验,由于被试成长、知识积累等也对结果产生一定的影响;

(4)测量误差,现有的测量工具还不能十分正确恰当地测量教育实验中的变量,因而影响到实验结果。

第二节　教育实验研究的基本过程

教育实验必须按照科学的程序进行,总的来说,可分为准备、实施和总结三个阶段。准备阶段的主要工作包括选定课题、提出假设、确定变量、实验设计等;实施阶段包括变量的控制、操纵、测量等;总结阶段包括资料的整理分析、撰写实验报告等工作。

一、确定实验课题，形成研究假设

选择确定实验课题是教育实验的第一步，选题的具体原则与方法同教育研究课题的选择，此处不再讨论，这里仅就假设的有关问题作一些说明。

（一）实验假设及其特征

一个实验课题往往根据一定的科学理论和经验事实，提出一些新设想、新见解、新方案、新做法，研究者希望这些新东西在某种意义上是可行的、正确的，比现有的东西要优越等，这样就有了实验假设。因此，实验假设是根据事实材料和一定的科学理论对所研究问题的因果性和规律性，在进行研究之前预先作出的一种推测性论断和假定性解释。

教育实验假设具有以下特征：

（1）假设仅是一种设想，未被证实，因而必须进行实验。检验的结果若证明假设所表述的规律性推断确实存在，则假设就转变为一种经过确证的科学论断；如果结果证明假设所表述的规律性推断不存在或证据还不够充分，则就无法将假设接受为科学论断。

（2）假设应是自变量与因变量之间因果关系的说明。例如，“小学低年级创造能力培养的实验”，其实验假设即为“在语文、数学教学中进行创造性思维活动训练，可以提高小学生的创造性思维能力”[①]，该假设提出了训练与能力之间的因果关系。

（3）假设是从问题转化而来的。问题所要问的是事物之间有无联系，而假设所表述的是事物之间可能有什么样的联系。所以，假设是对问题答案的一种初步设想。如关于教材的改革，问题可以是“新教材比原教材的教学效果好吗”，其假设则可表述为“新教材的教学效果明显优于原教材”。

（4）假设的建立，要以有关理论、教学经验、日常观察为依据，即假设有理论依据与事实依据[②]。

---

①陶文中.小学低年级学生创造能力培养的实验报告[J].教育研究，1998(4):25-33.

②有研究者提出，实验假设的表述应符合一定的标准，具体为：假设应表明实验的自变量与因变量；假设必须以陈述句的形式简洁、明了地表述变量间的因果关系；假设必须是可以检验的。详见：李伟胜.实验研究指导[M].北京：教育科学出版社，2002:58-59.

(二)实验假设的作用

在教育实验中,假设是对问题解决或研究结果作出理智的假定性回答或预测。尽管预测是假定性或猜测性的,甚至带有直觉因素,然而却是由已有的知识经验作出的。所以一个好的假设,被认为是探索教育规律,形成理论的前提,它是教育实验的灵魂,整个实验过程是环绕着检验假设的成立与否展开的,它为实验研究规定方向、范围,为搜集、分析和解释材料提供框架。但又不能框死,当发现事实的主流与假设大相径庭时,研究人员要正视事实,修改假设或重新建立假设。

实验假设的作用体现在以下三个方面:

(1)使实验的目的更加具体,范围更加限定。因为对同一个问题,往往由于研究者的关系,可以引出不同的教育目标与范围,而假设是描述了自变量与因变量的可能关系,这样研究目标就更明确具体,研究的范围就有了限定。

(2)有助于实验揭示因果关系。因为实验的假设中包含了因果关系的描述,它与正式的因果关系的差别就是尚未得到验证,所以建立假设,实际上就是预先揭示因果关系。

(3)对实验有着导向作用,有利于实验的成功。通常教育实验的假设均采用正面的或积极的描述形式。如"使用新教材比原教材教学效果好""在培养学生的探索精神上,发现教学比接受教学效果好"等。

有些实验对假设没有明确提出和说明,但大多数都蕴含在教育实验目的或目标的表述之中。而且一个完整的、规范的实验,其假设均是以明确的形式提出和说明。教育实验假设,不像自然科学实验研究的假设那样,更多将合规律性放在首位,价值中立特征非常明显。教育实验的假设更多的是在为实现某种教育理论的实验作出检验性陈述,这种陈述必然将合目的性与合规律性融于一体。教育实验中的假设也可以被认为是一种预见,一种工作设计。预见大多是从问题开始,然后提出尝试性设想,作出假定性、试探性的说明。

人们常说"教育实验的假设既是实验的出发点,又是实验研究的归宿"。这个归宿即是指假设经过实证发展为理论,或提出新的假设。无论如何，作为"归宿"的假设，一定是有所发展、有所变化的理论①。

（三）提出假设的条件

教育实验的主体创造性首先体现在实验假设上。通常，教育实验假设的产生应具有以下条件：

（1）丰富的实践经验。因为人们遇到问题时，首先是从过去的经验中寻找答案，很自然地把过去的成功经验当做第一参照点。实践经验越丰富，了解的实际情况越多，通过比较筛选，提出假设的能力越强。

（2）科学的理论知识。尤其是以教育科学理论知识的深入了解为基础，就可避免不必要的重复研究，能以理性的自觉从原有的科学理论中演绎出新的假设。

（3）对教育现实有真切的了解。能掌握研究对象的特殊情况，了解该研究领域的最新信息，这样就能把过去的经验、现有的理论和实际情况结合起来。

（4）具有丰富的想象力。这种想象力是主体能动性的突出体现。

（5）有变革教育现状的奉献精神，能够投身于实践，真抓实干。

在形成早期实验假设后，上述条件仍然会作用于实验主持人，新的实践经验、新的现实问题、新的理论知识、新萌发的想象力、献身实验的情感意志等仍会促使实验假设发生各种变化。

二、分析、确定实验变量

所谓变量，是指研究对象的个体之间在性质和数量上可以变化、测量的条件、现象或特征。变量的确定及控制是实验准备阶段的核心内容。

变量以其相互关系和在教育实验中的作用可以分为自变量、因变量与无关变量。

（一）自变量的选择与操纵

1. 自变量的选择

一般来说，实验自变量应具有两个特征，即可操作性与可变性。所谓

① 雷实.教育实验方法论[M].武汉：华中师范大学出版社，2002：46-54.

操作实验自变量就是使自变量发生变化。只有实验自变量发生变化，才能导致教育现象的变化。通过这两者，才可能发现某些规律性。

自变量的可变性是由自变量的水平确定的。自变量的水平是指对自变量数量或程度上的规定。例如以教材为自变量的实验，可以将教材分为“新编”和“统编”两个水平。在教育实验中，自变量至少应规定两个及以上的水平，这样可以从实验研究活动中得到至少两组的数据，以发现实验效应。另外，要特别注意所选择的自变量是否真正是引起因变量反应的刺激物或措施。同时，对于多因素实验，还要求实验自变量之间必须保持独立。

选择自变量应考虑两点：

(1)寻找共变关系，探求因果关系。在教育实验中，研究者通常要推测某种教育措施与某种教育效果的因果关系，要确定这种因果关系首先就要查明两者之间是否存在共变关系；其次，要从各种可能影响教育效果的变量中找出最有影响力、最值得关注的变量。

(2)筛选、改组或创设自变量。在教育活动中，教育者采取的一切措施都对学生的素质养成有着一定的影响。教育实验就是要致力于寻找有尽可能大的积极影响措施，即比较、筛选措施或变量。同时教育实验中的自变量不一定是单一的，因此，必须对自变量作适当的改组和创设。

2. 自变量的操纵

在确定自变量之后，还必须为它拟订操作规范，使之具体化，这样既便于操作实施，也便于以后的验证和推广。与自然科学实验相比，教育实验中对自变量的操作规范要求更难，无法像自然科学那样以严格规定的数据条件来描述(如温度23℃)，而必须用具有概括性的语言来表达，但同时又要成为可以实际操作的教学过程或做法。如若将“启发式教学”作为自变量，概括起来容易，但要操作起来，则比较困难，它涉及哪些内容适合启发、如何启发、启发的时机如何掌握、在不同学科中如何启发等一系列问题。尽管难以做到像自然科学那样精确，我们仍不能忽视教育实验自变量的操作规范的重要性。否则，就自动降格求次于自然科学的科学地位，而没有主动地使用更复杂、更高级的技术和方法，没有追求更高层次的科学性。

自变量的操作规范，事实上是把一个概念具体化，使之成为可以操作的，即可以直接地测量和把握。一个操作定义实际上指出了在测量时所用的程序。如智力的操作定义将包括一个智力量表以及详细的指导，根据这些指导，可以把研究对象清晰地分类。对于一个操作定义的概念来说，这个定义应是充分准确明了，所有人用这套程序进行测量将得到十分接近的结果。概念的操作定义实际上是一种测量（观察）某种特征的具体方法，而理论定义的概念则无法做到这一点。

自变量的操作规范，就是对实验人员如何操纵自变量作出具体的规范或提示。如应怎样组织教学内容，如何控制学习进程，什么时候给予指导等，其目的是保证自变量确实以其关键特征发挥作用，从而对因变量产生预期的、符合假设的影响，使实验的效果得到体现。拟订规范，可使实验人员更好地把握实验的主要内容，更准确地操纵自变量，以保证实验尽可能取得更好的效果。如果实验的自变量界定不清楚、不明确，实验操作将无从下手，就会导致如下两种不良后果：

（1）实验操作不能完全合乎实验变量所包含的要求。如“启发式教学”，如果实验人员所赋予的全部含义是：“激发学习兴趣、诱导思维活动、调动非智力因素、发挥创造性”四个方面，但对这四个方面界定不清楚，可能会使实验由于理解不全面而漏掉一个或几个方面的操作；

（2）实际的操作完全偏离自变量的要求，造成实验操作与设计要求脱节。如“个别化教学”这一变量，有人可能理解为在集体教学中“因材施教、发展特长”，而有人可能理解为个别指导学生，实行单个教学。若对这一变量不明确界定，就会使实际操作完全背离预定的计划。

应注意到，操纵教育实验自变量是一个创造性的过程，实验自变量的内涵和外延有一个逐步完善的过程。在教育实验中，自变量的选择和设计体现的是研究者所要改革、创新的主要方面。由于教育活动的复杂性，研究者不可能事先就规定好将要进行的教育活动的每一个细节，如同自然科学实验中所要做到的那样。在教育活动中，任何事先的理论认识或成功经验，都只能起到启发和规范作用，而不可能成为让教育活动走向僵化的死教条。但是，这种创造性的发挥，应尽可能符合预定的操作规范。若超出了规范，超出了预定的实验内容，则就意味着突破了原定的实验。

此时，若仍对原来的实验假设进行因变量测量，作出因果关系判断，就会破坏实验研究的严谨性与科学性。

（二）因变量的确定与测量

因变量是由自变量引起的与被试行为反应相关联的变量，是实验研究者感兴趣的指标，通常与教育目的（或目标）有关。何种指标作为因变量，要因实验课题的性质而定。选择的指标既能反映因自变量操纵而引起的变化，又要能反映实验的目标。教育实验的目标，一般是指向学生的素质、能力、智力、知识、品德、个性等，因变量往往与这些因素有关。为了便于观察和测量，需要将因变量分解为可测量的指标。

作为反映实验因变量的指标，应具备以下条件：

（1）有效性。指标要能反映实验目标，可以预期它会随着自变量的变化而变化。

（2）客观性。所选的指标，应是客观存在的，可以通过一定的方法观察到并且具有可验证性。

（3）数量化。指标能数量化，便于数据处理与统计检验。

（4）可靠性。指标的测量结果具有较高的信度。

常用的因变量的观测指标主要有以下几类：

（1）准备度，即反应的正确数量。它在观测被试的知识和能力方面的发展状况时常用，如某种能力水平的得分等。

（2）速度与敏捷度，即在单位时间内完成任务的数量，如阅读、打字的速度等。

（3）难度水平，即完成任务或作业的困难程度，观测学生的知识和能力水平，必须考虑试卷和问题的难度。

（4）频率，即某种行为单位时间内出现的次数。

（三）无关变量的确定与控制

无关变量是指自变量以外的一切可能影响因变量的非研究变量，它与实验目的无关，与自变量无关，但可能与因变量有关，会影响到因变量的变化。为了使自变量与因变量的相互关系呈现出来，必须“纯化”实验过程中的变量，即把无关变量人为地“封闭”起来，以免实验过程中变量相互混淆。教育实验研究中通常把对无关变量的控制程度称为“封闭度”。显然，封闭度越高，实验的可信度就越高，因此，控制无关变量是实验中应重点考虑的问题。

教育实验中的无关变量主要有以下几类：

(1)被试的态度因素。在教育实验中，参加实验的学生或教师对实验的态度会影响实验结果。被试对实验的态度主要有合作型、忠实型、消极型和评价担忧型。前两种有利于实验的健康发展，消极型被试抵制实验的开展，采取不合作的态度；评价担忧型被试对实验顾虑重重，总是想方设法避免消极的评价，试图猜测实验的目的，以理想的方式表现自己。这两种态度都会对实验产生不利的影响。

(2)被试的历史因素。实验对象的已有知识经验、能力水平以及个性特征都会影响到他们在实验中的行为表现，从而影响实验结果。

(3)生长与成熟因素。由于教育实验的周期较长，在这期间，被试的身心会发生变化，如生理、心理的发展与成熟，知识、经验、技能的增长，或者因实验而变得疲倦、焦虑等，这些都可能影响实验结果。

(4)被试的缺失。在实验过程中，可能因种种原因，如生病、转学、经常旷课、工作调动等不能坚持参加实验，使得原来的实验组别产生变化，影响到实验的归因分析。

(5)实验的处理与实施。在实验中，由于种种原因，实验组的信息和程序会扩散到控制组，使控制组也受到一定程度的实验处理，或产生“较劲效应”，这些都会影响到实验结果的显著性。另外，实验教师与实验组学生对实验持有的期待也会有意无意地影响到学生的行为，造成期待效应。

(6)测量安排。实验中需要对学生进行测量，如前测、后测等，以观测因变量指标，了解实验效应。但前测对后测的迁移作用，如练习效应、敏感效应等，都会影响到实验结论的可靠性。另外，各项测验在时间、地点以及施测人员安排上的差异，也可能影响实验的结果。

三、制定实验方案

实验方案是对实验研究活动各方面的工作和活动过程的全面规划，

是指导和规范实验研究活动的纲领性文件，是对整个实验全面系统的组织、规划与安排。

实验方案一般由三大部分组成：

（一）理论部分

该部分包括的内容有：实验针对的问题，假设的理论依据，变量的定义分析，实验的总体思想与指导原则等。

（二）技术部分

该部分主要对实验所涉及的学校、班级、教师、实验的类型、实施的程序及操作要领等予以相应的说明。

（三）评价部分

对实验要采用的评价标准、方法、技术手段进行规定和说明。

对有些实验，还要附加一点说明，如实验进行所需要的条件及创造条件的可行方法等，这样有利于提高实验方案的可行性。

四、实验的具体实施

实验实施的主要工作是：自变量的操纵、因变量的测量、无关变量的控制。关于自变量的操纵，在分析、确定实验变量部分已作过较详细说明，这里主要就后两项内容予以介绍。

（一）因变量的测量

在实验研究中，实验假设最终要通过对因变量有关数据的统计分析结果来证明。因此，对因变量的测量是必不可少的重要一环，主要有前测与后测两种。

1. 前　测

前测又称事前测验，在实验之前为了了解被试的某些特质的现有水平而对被试进行的测验。例如，要进行语文学科的谈话法与讲授法两种教学方法的比较实验，实验之前为了了解被试现有语文水平而进行的一次测验,即为前测。

前测的主要作用有:

(1)为实验研究者了解实验对象实验前某些特质的现有水平,为研究者考虑有针对性的干预措施提供依据。这就要求前测必须围绕实验研究的有关特质进行,以确保高效度。

(2)为被试的选择提供依据。如果实验对被试某方面特质有一定的要求,则需通过前测来筛选符合要求的被试。例如,对超常儿童的有关实验研究,就需要通过智力测验选择智力超常的儿童作为实验对象。

(3)为分组提供依据。实验研究要求各实验组别,在所研究的有关特质方面尽可能相等,因此,根据前测结果配对分组便可满足这一要求。

(4)可以与后测进行比较,求出实验因素作用于被试所引起的变化量,从而为证明或拒绝实验假设提供依据。

前测在教育实验中虽具有非常重要的作用,但并非所有的实验都要进行前测。如果一个实验的目的在于比较几种不同的实验处理的效果,并且对实验对象采用了随机分组,此时可认为在实验开始时,各实验组在所研究的特质上是相等的,那么只要比较它们在实验处理后的测量结果,就可判定各实验处理效果的优劣,所以,这种实验可以不作前测。如果一个实验的目的在于评定某一实验因素的效应,由于实验因素效应的大小,通常是以前后测指标之差来评定,此时前测是必需的。

2. 后　测

教育实验的后测,是指实验研究者为了了解被试在实验变量实施之后在实验所研究的特质上的现有水平,而对被试进行的测验。和前测一样,后测也必须是关于实验所研究特征的测验。

后测的主要作用是使研究者了解实验处理之后,被试在所研究的特质上达到的水平,并以此与前测相比,得出实验假设是否被证实的证据。无论何种目的的实验,后测都是必不可少的。如果没有后测,实验的统计分析就无法进行,也就无法得出实验结论。

进行教育实验后测,除注意教育测验的一般要求之外,还应注意以下几点:

(1)安排后测的时机要合适。通常后测应在实验处理停止后立即进行，以避免实验变量实施之后非实验变量的影响混入实验结果。另外，由于教育变量发生作用一般较为缓慢，不可能在施加实验处理后短期内就见效，所以，也不能离前测靠得太近。

(2)后测和前测必须是同质测验。后测所测的特质必须和前测的特质相一致，这是两次测验结果进行比较的基础。例如，在一项数学教改的实验中，前后测都必须是关于学生现有数学水平的测验。

(3)后测和前测的分数要有同值性。因为要作前、后测的比较，所以两者的分数必须是等值的。等值的条件是两者的内容、试题类型、信度、效度、难度、区分度等指标相同。实现分数等值可以通过复本法、标准化法与分数转换法等措施进行。

(二)无关变量的控制

1. 无关变量控制的主要方法

(1)消除法。消除法是指用阻隔的办法把无关变量尽可能地排除在实验之外。例如进行男女学生数学心算成绩差异的实验研究时，年级被认为是无关变量，可以把实验集中在某一年级进行，从而消除年级因素对心算水平的影响。但这种做法的实验结论外推到一般情形，其正确性就难以保证。如在小学二年级的实验结果是男女生心算水平无差异，不能据此认为小学阶段男女生心算水平无差异。另外，一些内隐的变量，人们难以把握其真实情况，也无法予以消除，像教师和学生对实验的态度等，有时并不公开表露，就无法彻底消除。

(2)恒定法。恒定就是使无关变量的效应在实验过程中保持不变，恒定地作用于实验。教育实验中，对一些不打算研究而又无法消除的无关变量，可以在不同的实验情境，不同的实验组别，不同的实验阶段，使这些无关变量的特征及其对因变量的影响保持恒定。例如，研究两种教学方法对学生学习成绩的影响，可以使教学内容一致，被试水平一致，教师教学水平、教学态度一致，前后测试题难度一致等。使无关变量保持恒定，有利于在对实验数据分析时，考虑到无关变量的恒定影响，作出较准确的归因分析。恒定通常只适合于周期比较短的实验，如周期较长，学生的知识水平、能力不断增长，教师的工作态度、教学能力也在不断改变，使得诸多无关变量无法恒定不变。

(3)平衡法。所谓平衡，是指使一些无关变量在不同的实验组别中影响基本相同。例如，在一些教学法改革的实验研究中，人们通常使各实验组教师的水平能力相当，被试数目、原有基础、智力高低接近，教学内容相同等，使无关变量均衡地作用于各实验组别，最后可以合乎逻辑地把各组的因变量差异归结为教学方法的不同。平衡也可以用在对环境变量的处理上，使各组都处在基本相同的环境中。在自然科学实验中，做到平衡比较容易，但在教育实验研究中，由于研究的对象是人和社会，各种环境因素相互联系，想做到平衡相当困难，且很难达到绝对平衡。

(4)抵消法。抵消法可在一定程度上弥补平衡法的不足。这种方法是把无关变量配置到不同的组内，通过变量间的相互作用，消除无关变量的影响。例如，实验组与控制组可能有一定的差别，且无法避免，可采用轮组法实验，使这种差别对实验组与控制组的影响相互抵消。但这种方法可能会由于教材体系的系统性、学生对教学方法的适应性及练习效应、疲劳效应等受到限制。

(5)统计法。在实验数据搜集和统计测量过程中，通过合理选择测量量表与统计工具，或研制测量被试的有关问卷、试题等手段，提高实验的精确度。"实验控制"既然不可能，就得借助"统计控制"。在特定的情况下，可以采用统计方法对实验作一些处理，如采用协方差分析手段处理不等组的后测数据，对来自不同取样方式或设计类型的资料，采用相应的、恰当的检验手段，或用特定的公式进行修正，或用某些手段剔除某些特殊数据等。但这种方法应慎重采用，且需具备统计学知识，还不宜过滥。否则将与研究的客观性原则相违，从而得出与实际不相吻合的结论。

另外应注意，以上介绍的几种对无关因素的控制方法，在一个实验中未必都会用到，也未必只用一种，对它的选择主要取决于实验中无关变量本身的性质以及实验提供的客观条件。

对无关变量的控制是实验准备阶段的重点，它贯穿于整个实验设计与实施之中。特别是一些难以测量的隐形无关变量是较困难的问题，实验者要在实验过程中，注意和了解情况，尤其要注意偶然性事件和反常现象，及时分析原因，发现存在的隐性无关因子，判断它是否影响实验及影响的程度,并设法控制它。如果影响程度不能忽略而又无法予以控制,则实验归于失败。

2. 教育实验中需要着力控制的因素①

(1)关于实验对象(学生)的控制。教育实验中,自变量的作用是通过实验对象,即接受实验的学生得到体现的。若实验对象缺乏代表性,则实验的归因就失去了可靠性。例如,开展某项教学方法实验,研究目的是鉴别此种教法是否比一般教法更能促进教学效果。但若接受实验的学生是通过择优方式选定,则这些学生原有的较好的学业基础与智力水平就构成了实验归因分析的干扰因素,所得结果就很难令人信服。排除这种因取样偏差而导致的对实验结果的干扰,就必须控制实验对象。通常较理想的做法是从总体中随机取样,均等匹配。但问题是:教育实验不能打乱正常的教育秩序。实验者在一定范围内,试图打乱既定班级、学校界限,随机取样组成实验组与对照组,通常是行不通的。除个别情况外,教育实验的完全"随机化"只能是一种理想化的追求。这个问题可以采取平衡的办法予以解决,即实验之初,选择好各方面条件(包括学生数目、原有基础、智力能力、操行品德等)都相近的同类群体,然后从中随机指派实验组与控制组。这就可以使实验对象引起的诸多无关因素均衡地作用于各组,从而能避免对实验结果归因的干扰。但应注意到,在现实情境中,要找到各方面条件完全相对应的两个学生群体是相当困难的。期望由实验对象引起的无关因素对各研究组的影响效果完全相同是不切实际的。特别是一些周期较长的实验,难免出现个人变化因素影响实验结果,这些可通过其他的方法来弥补,如加大样本容量、采用轮组实验设计等方法。

(2)关于教师的控制。同学生一样,实验教师的一些个人因素也会影响因变量。因此开展教育实验,同样应该认真对待实验教师的选择控制问题。一般实验班的教师与控制班的教师在教学业务上作均等分配,即可达到控制教师本身对实验结果产生干扰的要求。问题是,教师教学业务水平虽难达到完全一致,但大致相当的匹配不是很难,然而教师的个性因素、个人的主观能动性的发挥等,却很难均等。实验班与控制班教师的选择,无疑是教育实验中变量控制的一个难点。一种普遍的观点是,实验

① 杨章宏.教育实验研究[M].杭州:浙江教育出版社,1998:75-79.

班的教师应当是中等水平的教师,这样创造出来的经验才有普遍意义。事实上,这种看法过于天真,脱离实际。教育实验组织者一般要求实验班的教师符合下列条件:合格教师、有创造性(因为教育实验工作是一种开路工作)、有事业心(因为教育实验需要付出艰巨的劳动)、接受设计者的教育实验思想或与之一致。事实上,符合上述四个条件的教师不可能只是中等水平的教师。

再进一步,即使我们在实验前找到了完全匹配的中等水平的教师,也不能保证他们在实验末尾仍然是完全匹配的教师。实验设计者总是希望实验教师领会自己的思路,不断吸收新的信息,创造性地组织教学过程;同时,实验者不可能也不应该要求控制班的教师都墨守成规、一成不变。实验班和控制班的教师,都会随着实验的进程而更新自己的理想和方法,从而导致在实验过程中对教师的暂时失控。但决不能因此而放弃对教师的控制。如实验前尽可能选择相匹配的教师,在实验末充分估计教师的差异及其影响,扩大实验规模,重复验证等。

(3)关于师生对实验情感倾向的控制。由于教育实验是以活生生的人为实验对象,同时也是由具有主观能动性的人具体操作的。即便实现了随机化处理,参与实验的师生也难免会产生不同的情感倾向,从而对实验结果产生干扰性影响。作为混淆变量介入到实验中的情感因素,最突出的是霍桑效应、约翰·亨利效应,这将使实验结果出现混淆,大大降低实验的可靠性。研究者要注意到,实验教师也是实验的主体,教师在实验中有了主体意识,就会主动地研究问题,独立地解决问题,创造性地发展问题,这样实验的过程就会成为真正的科学研究的过程,实验也会既出成果又出人才。教师在实验中不是被动的执行者和机械的操作者,而是积极主动的参与者和研究者。他们不仅参与实验的实施,也参与实验的设计和论证,同时实验的许多重要成果也出自他们之手,他们在参与的过程中实际上也扮演着研究者的角色。

对师生情感倾向的控制办法是要让教师强化实验意识、控制意识,端正实验研究的科学态度,使之能自觉地把握自己的情感和行为。同时应尽量完善自变量的操作要求,提高实验项目的可操作性,使实验做到有章可循,从而减少实验的随意性。有人提出“盲法”实验原则,在一个实验中,学生不知道他们是在进行实验(单盲),甚者,连教师也不知道自己正在执教实验班(双盲)。但问题是,教育实验并非是“拿学生做实验”,而是“与学生一起做实验”,尤其是在一些教改实验中,需积累经验,需要教师与学生的主体性与创造性,而“盲法”恰恰控制了这一点。

(4)关于时间与精力的控制。有不少实验,成果的有效性都需体现为同等代价换取尽可能大的效果。同等代价,不仅是教学条件,还包括时间与精力。如果一项实验取得了优异的成果,但时间与精力的投入远远超过控制对象,则实验成果的归因分析将会很困难,分不清是时间因素还是实验措施的作用。

对时间和精力的控制,至少需把握三点:①坚持以不超过国家规定的教学时间为准则,严格按国家统一制定的教学计划行事,对其规定的学年、学期、周课时总数不做改变;②对学生在校时间、学习和活动的负荷量规定明确的控制幅度;③对学生休息、睡眠等自由支配时间给予充分保证。

五、实验的总结与评价

实验的总结与评价是实验的结束阶段,其任务包括三个方面:对实验数据和有关资料进行统计分析,在分析的基础上,对变量作相关分析、因果关系分析,得出实验结论;评价实验结论,通过检验实验误差,分析实验的效度,必要时还需要进行小规模的重复验证;撰写实验报告。

实验报告应重点说明以下问题:实验目的:说明为什么提出这项实验课题,它具备什么意义及价值的大小;实验方法:包括被试的选择、实验的组织、实验变量与无关变量的操纵与控制,实验所用的工具,观察测量的方法与指标等;实验结果:包括观察测量所得的各种数据、评价及其统计处理的结果等;实验结果的分析与解释:包括对实验结果的解释,对具体实践工作中的启示与应用建议,对实验中某些不足的反省以及进一步深入研究的方向等。

一份规范的实验报告通常由导言、研究方法、研究结果、讨论与附录五个基本部分组成。

(1)导言。介绍课题提出的缘由,研究该课题的意义;目前国内外在这方面研究成果的现状、问题及趋势；实验假设的陈述及其理论基础；该项研究所要解决的问题和达到的水平。

(2)研究方法。介绍本研究的方法与过程，目的是为了让人们了解整个研究所采用的主要方法和工作的基本步骤即全过程，以便让人们评价整个研究在方法论和教育理论上的科学性和客观性，据此来决定是否承认或接受研究所得的结论。只有方法是科学的，才能保证结果是准确的；只有了解实验结果是在什么条件和情况下、通过什么方法、根据什么事实得来的，才能对实验研究的科学性和结果的真实性、可靠性作出客观的评价鉴定。

本部分应重点就研究对象的选择，实验分组的原则、条件的控制，实验材料、测量工具、实验过程与每一个实验所测得的数据与统计处理的方法等进行阐述。

(3)研究结果。主要目的是将研究结果作为客观事实显示给读者。重点显示研究中所搜集的原始资料和观测资料，数量较多，则应推出经过初步整理、分析的结果；显示在整理、分析基础上所得的结论；简要说明实验结果与实验假设的关系。

应高度注意的是，结果中所列的全部内容都必须来自该项实验，不应夹杂前人或他人的工作成果，也不能任意修改或增删；以事实材料说明问题，即结论建立在对事实材料的客观分析、比较、综合、归纳的基础上。且忌简单罗列事实，不通过合乎逻辑的论证和统计分析技术揭示事物的内在必然联系；不要夹杂实验者的主观议论和分析，作任意引申，导致结论失真。

(4)讨论。根据研究的客观事实和结果，结合自己对教育理论与实践的认识与了解，通过分析、思考，对当前教育理论或实践的发展所提出的认识、建议和设想。对实验不足之处作补充说明，对实验本身的局限性进行深入探讨。实验研究的结论是客观的，但结果的讨论可以是主观的，它是研究者对特定的实验结果的看法与认识，讨论的范围可以根据研究者的意图而定。

(5)附录。研究中引用的参考文献或资料；一些比较重要的原始数据；其他的相关材料，如采用的测试试卷或仪器等。

第三节　教育实验设计

广义地说,实验设计是在进行实验之前,研究者预料或设想出包括实验变量的操作、对无关变量的控制以及对实验中因变量的测量和统计分析方法等在内的实验研究计划。

狭义地说,实验设计是指研究者在进行实验之前,借助构造性的思维活动,对各种变量和实验程序加以安排,规定一种实验模式。实验设计的思想源于费歇,他在田间实验中,发现存在着实验误差,对环境很难控制,由此提出,要提高实验结论的精确性与可靠性,就必须合理地安排实验方案,按照一定的数学模式获取实验数据,以减少实验误差的影响。

费歇提出实验设计的三条基本原则:

1. 随机化原则

随机化是指对实验对象的选择和部署,实验中个别程序的先后顺序都是由研究者随机决定和安排的。

随机化原则具有重要作用。首先在实验程序中所用的统计分析方法,要求观测值和误差应是独立分布的随机变量,而随机化常能起到满足这种前提的作用。其次,随机化的设计,能使可能存在的无关变量的效应受到控制、互相抵消,使实验结果尽量避免因受系统性因素的影响,从而对误差作出正确的估计,以获得有效的实验误差的估计量。再次,可以对因变量的平均以及它们之间的差异作出恰当的估计。所以随机化是支撑实验设计中应用统计分析的柱石。

2. 局部控制原则

局部控制是指力求在同一实验中的环境条件、仪器设备、技术措施、被试等都尽可能一致,力求实验条件具有同质性,以防止环境条件等因素异质性的干扰,以减少实验误差。

3. 重复原则

重复是指每一个因素水平(或各因素水平的组合)的实验次数不少于2次(若是教育实验,每个水平的被试人数至少在2人以上)。重复的作用是能使研究者得到一个更确切的实验误差的估计量,如采用样本平均数估计实验的因素效应。重复可以获得该效应更精确的估计量，以减少实验误差。

良好的实验设计，应能使实验中的实验组与控制组之间所产生的差异归结为实验的处理(即有较高的内在效度)，另外还应考虑到实验结果的概括性和普遍性(即有较高的外部效度)。

可见，良好的实验设计，既是实验研究得以顺利进行的先决条件之一，是实验研究进程的主要依据，也是使研究取得预期结果的一个重要保证。

一、教育实验设计的内容

教育实验设计是根据实验课题的研究目的，为科学地验证理论假设而对实验的条件、形式和操作程序等所作的具体计划和安排，并形成和制订完整的实验计划。

实验设计是进行实验的行动计划，是实验研究的关键环节，在实验研究中具有重要作用。具体表现为：

(1)使实验工作有计划有步骤地进行，避免工作的盲目性和随意性，对实验活动起规范、导向作用。

(2)提高实验过程的控制程度。教育实验的对象是成长中的人，人是复杂的物质和精神的复合体，对这种复合体的控制要比对物的控制难。通过科学合理地分组及程序安排，提高实验过程的控制程度，以消除或减少无关变量的影响。

(3)可以节省人力、物力，提高工作效率。不同的实验模式在被试的数量、实验处理和测量的次数要求上是不同的，因而所花费的人力、物力也不相同。实验设计是力求用最少的人力、物力、时间和实验次数来取得最有效的实验结果的周密的科学计划。如使实验的变异量达到最大，即使自变量的作用最大；使几种不同的实验情境形成鲜明对比，即使实验效果加大。

实验设计的主要内容包括[①]：确定实验所要操纵的自变量及其操纵原则和呈现方式；确定实验的因变量及其测量指标和测量方法；辨明需要在实验中加以控制的无关变量，制定控制无关变量的具体方法和措施；确定实验对象的选择原则、方法和实施程序；制定实验评价的标准和方法；安

① 杨章宏.教育实验研究[M].杭州：浙江教育出版社，1998：63-64.

排实验的具体步骤，并制定以上述内容为核心的实验保障措施和管理方案；设想实验结果的推论范围及对象。

二、教育实验设计的一般步骤

教育实验设计主要包括以下六个步骤：

(1)陈述研究问题并提出研究假设。研究者在进行研究设计时，首先应明确提出实验要解决的是什么问题，并为该问题的解决提出研究假设。实验的具体任务就是采用合理的方法对实验假设的"真""伪"进行验证。提出假设的目的就是为实验研究确定一个具体的任务和目标。例如，有研究者探讨中学阶段计算机辅助教学效果的实验，其问题陈述为"在中学进行计算机辅助教学的效果分析"，实验假设为"与不采用计算机辅助教学相比，采用计算机辅助教学方式，将对学生的学习成绩、学习兴趣方面产生积极影响"。

(2)确定实验处理。处理就是教育实验中所要操纵的自变量的变化。一个实验起码有两种以上的处理；上例中，实验的处理就是计算机辅助教学方式，实验班采用计算机辅助教学方式，而控制班则仍然采用常规的教学方式。

(3)确定被试群体、样本、实验单位、抽样方法及样本大小。上面计算机辅助教学的实验，被试群体为北京市中学高一学生，按照随机化的原则从中抽取80人，将其随机分配到实验组与控制组，每组40人，并注意性别比例保持相等。

(4)因变量及适当的测量手段。对因变量的测量要考虑：第一，要确定所选择的反应变量是能够提供有关问题信息的。第二，要决定怎样进行测量，如何选择适当的测量方法、度量单位及必要的技术手段。第三，要考虑到测量数据的准确程度。上例中，因变量为学生的学习成绩、学习兴趣态度等，其中学习成绩运用学习成就测验予以测量。

(5)实验需要控制的无关变量，选择控制方法，设计控制过程和预测控制的程度。

(6)选择合适的实验设计模式并提出伴随该设计模式的统计假设。计算机辅助教学实验的设计模式为"等组前后测设计"，统计假设为"实验组与控制组的学习成绩平均分数没有显著性差异”。

为便于操作，通常设计成一个表格形式。例如，杭州大学教育系与卖鱼桥小学的综合课程开发与实施的实验研究，其实验步骤如表6-1①。

表6-1 综合课程开发与实施实验设计

栏目	内容
(1)	研究问题：检验小学低年段（1~2年级）全科包班教学工作方式与常规的科任制教学工作的不同效应 研究假设：在小学低年段实行由一位教师全科包班的教学方式与常规课任制相比，更有利于密切师生之间的共同活动和交往，发展儿童的情感因素，有利于教师科学组织教学活动，促进形成学生一般学习知能，有利于学科课程和课外活动及环境教育的合理结合和加强科际间的联系，建立起合作与发展相统一的教学模式，促进学生个性多方面的和谐的和最优的发展
(2)	实验处理：实验班减少常规课程门类，增设艺术教育、综合常识、电视教育等新课程；课堂教学时间由每周27节减至22节，相应增加艺术、体育、活动时间；实行弹性教育、寓教于乐的教学方法，形成支持型的课题氛围，考试项目有学生自选三门并可考两次
(3)	被试群体：杭州市小学1~2年级学生 抽样总体：杭州市卖鱼桥小学1年级新生 样本大小：两个班 抽样方法：根据学生年龄、性别、家庭背景、智商、学习准备等具有可比性的背景特征作随机匹配 实验单位：每一个学生
(4)	因变量：学生学习的有效性、学习效率和学习情感 因变量的操作定义：①区教师进修学校出卷期末考察（数学、语文、常识三科）；②对家长的问卷调查
(5)	采用的控制方法： ①随机匹配，选取实验对象； ②每周课堂教学总时数、教学计划内课外活动总量、每天校外活动总量、学生作业量的控制； ③实验班、控制班前、后测相同
(6)	实验设计的模式：等组前后测设计 $R\,\dfrac{E\,O_1XO_2}{C\,O_3-O_4}$　R：随机化选择被试；X：实验处理；O_1、O_3：前测；O_2、O_4：后测；E：实验组；C：控制组 统计假设：实验班与控制班的各项测验的平均数没有显著性差异

① 杭大教育系卖鱼桥小学课题组.小学低年段“全科包班”教育实验报告[J].教育研究与实验，1992(2)：63-69.

上述实验设计的步骤不仅适合于教育实验设计，也为评价一个教育实验提供了可操作的步骤。从上述设计的步骤可以看出，教育实验方案的形成是一个明确研究目的，形成研究假设，确定实验变量，决定抽样方法，确定控制手段，选择实验设计模式等一系列活动的过程。实验方案的质量高低，与该过程的每个环节、多个因素直接相关。如果仅仅关注实验设计类型或模式的选择而忽视其他环节，将会造成很大的盲目性而影响整个实验的成效。

三、教育实验设计的模式

在介绍实验设计模式之前，为了对各种模式进行准确描述，先介绍一些常用于描述教育实验设计的符号（见表6-2）。

表6-2　常用实验设计符号

符　号	含　义
X	表示一种实验处理，即自变量的操纵
O	表示对因变量的一次观察或测量
E	实验组，即引入自变量或实验处理的组别
C	控制组，即不引入自变量或实验处理的组别
R	表示随机选择或随机分配实验对象
——	表述被试上下组是等组的
……	表述上下组被试是不等组的

作为一项教育科学研究，实验研究的问题与实验假设已经在选题与研究设计阶段完成。因此，从实验设计的步骤可知，实验设计的核心内容是实验的取样与分配方式、实验变量的设置与控制手段以及模式选择等。由于变量的性质与数量不同、实验的环境和条件不同，使实验设计形成互不相同且各具特色的实验模式。教育实验设计的模式，按照不同的标准，可以划分为不同的设计模式。按照实验的控制程度，有真实验、准实验与前实验三类实验设计模式。

（一）真实验设计

真实验设计是指严格地根据实验的科学性要求，在随机化原则的基础上，选择和分配被试，对自变量进行系统操纵，对无关变量进行全面有效的控制的实验设计。尽管从严格意义上来说，教育实验很难达到真实验的科学性要求，不能算作真正意义上的真实验，但对教育实验采用真实验设计模式有助于提高教育实验的效度，提高研究的科学性水平。

1. 随机分配等组前后测设计

该设计的基本模式为：

$$R \frac{E \ O_1XO_2}{C \ O_3-O_4}$$

这是教育实验中最基本、最典型的一种设计模式。其具体操作方法是随机分配被试，实验组接受实验处理，控制组不给予实验处理，两组均进行前后测，通过对前测与后测的统计检验来确定实验的效应是否显著。

关于随机分组需注意三点：(1)应在实验开始前进行；(2)它是一个将被试分配到各组中的过程，而不是这种分配的结果；(3)使用随机分组使研究者可以直接在研究的开始就可以构建在研究变量上相等的组别，其组间的差异都是随机误差的结果。当然，通过随机分配而形成的组也可能存在差异，它只是确保了各组在实验开始时是均等的或达到了人类所能使之达到的均等。

这种实验设计模式的突出优点是，由于采用了随机分配的方法分出两个等组，从而可以控制来自被试的各种无关变量的干扰。而且都同时进行了前后测，便于在两组被试之间和各组前后测之间的比较，可以控制经历、成熟、测验等因素对实验结果的影响，因而实验的内外效度均较高。该模式的局限性在于，前测与实验处理的交互作用将影响外在效度。由于可能产生“测验的反作用效果”，这个设计的实验结果，不能直接推论到本研究以外的其他没有使用前测的群体。该模式的基本条件是两组必须尽量均等，即各组除实验处理不同外，所有能影响实验的其他因素，特别是被试的原有水平必须基本相同或相等，两组在总体上等质。实现等质的方法有：

(1)随机分配。将被试随机地分配到两个组别。这要求各组人数不能太少，否则偶然性较大，使得两组不等质。

(2)测量选择法。根据按实验要求所作的有关测量的结果进行均衡分配。如数学教改实验，在实验前先测量学生的原有数学水平，并按分数高低的顺序予以排列，赋予等级，然后将被试均衡地分配到各组。如：

第一组：1、4、5、8、9、12、……

第二组：2、3、6、7、10、11、……（数字代表学生的得分名次等级）

这种分配，使得原有数学水平对两组来说，基本上是一致的。为了使分配更理想，可以再对两组的平均数、标准差作比较，使得尽可能相等。

（3）匹配法。以影响实验结果的各种可能因素为标准，对被试一一进行考虑，然后将每两个情况相同的被试配成对子，把成对的被试分配到不同的组中。关于匹配有两点应予以注意：①想要对两个以上的变量进行配对是非常难的，被试很难在更多的特征上匹配成对，这就使得我们需要非常大的初始样本使其相等；②为了进行配对，几乎不可避免地要将一些被试从研究中删除，因为我们找不到与他们配对的对象。这时样本就不再是随机选择的了，尽管在配对之前是随机选择的。

应注意到，等质是非常重要的，否则就不是真正意义上的真实验设计，所得结果就不可靠。当然，我们所要求的等质不是数学上的绝对，而是相对的；是指平均水平相当而非每组的被试都对应相等；也是指与实验有关的特质而言，而非全部特质。

如果有多种实验水平，就应该相应的增加组别。如果有两种实验处理，其实验模式为：

$$\begin{array}{ll} & E_1O_1X_1O_2 \\ \hline R & E_2O_3X_2O_4 \\ \hline & CO_5-O_6 \end{array}$$

2. 随机分配等组后测设计

前面的等组前后测设计，研究者既然使用随机分配的方法分成两个等组，却又接着对他们进行前测，看他们是否真正相等。这无疑是自己不相信自己，承认自己所用的随机分配方法有问题。进行前测，反而因“前测的反作用效果”降低了外在效度。

在不易找到前测工具，进行前测能导致不方便，或前测可能引起反作用时，可大胆使用随机分配等组后测设计模式。其基本模式为：

$$
R\begin{cases} E \quad XO_1 \\ \text{———} \\ C \quad -O_2 \end{cases}
$$

这种设计的主要操作方法是:随机化选择被试和分组,仅实验组接受实验处理,控制组不进行任何处理,然后对两组被试同时进行后测,但不做前测。例如,研究计算机辅助教学对初一学生学习成绩的影响,随机取样,形成两个等组,再随机指派实验组,进行计算机辅助教学,控制组仍按常规方式进行教学。一个周期后进行测验,将测验成绩进行统计分析,以确定计算机辅助教学的效果。

这种设计的优点在于:随机取样,随机分组,设控制组,可控制被试的成熟程度、原有经历与能力、测验与统计回归等无关变量的干扰;不进行前测,控制了前测与实验处理交互作用对实验的影响,但对被试缺失的因素难以控制。另外,若规模较小,随机分配不能保证彻底消除两组的初始差异。

这个实验模式的内在效度很高,但在实际的教育教学中,不容易做到。因为要随机分配实验对象,势必要打乱原有的班级秩序,而这是很难做到的。通常采用这一模式的实验都选择在招收新生时进行,在新生入学编班时,就随机抽样以获取等质的实验组别。

3. 所罗门四组设计

这一设计由所罗门首创,它实际上是前述两种模式的综合,随机选择被试和分组,两组为实验组,两组为控制组,其中有两组接受前测,两组不接受前测,四组均接受后测。该设计的基本模式为:

$$
R\begin{cases} E_1O_1XO_2 \\ C_1O_3-O_4 \\ E_2--O_5 \\ C_2--O_6 \end{cases}
$$

该设计是把实验组、控制组前后测等组设计与只有后测的等组设计加权组合,将有无前测这一变量纳入实验设计之中,将其变化所造成的差异从总变异中排除出去,再分析实验处理的效果,因而内外效度都较高。该设计是控制最严谨的实验设计之一。

该设计的优点是：采用本模式，等于重复做了两个对比实验，可以通过各测验的比较，把实验效应检验出来；除可检查“有前测与无前测组是否有显著差异”，“有X与无X是否有显著差异”，还可检查“前测与X之间的交互作用是否有显著差异”。但四组设计也存在局限性：首先是使用的被试群体较多，要有四组同质的实验群体，在选择与组织上增加了难度。其次是在被试的数目过多时，数据的统计分析比较困难。因此，一般不适用于探索性实验。

（二）准实验设计

准实验设计又称类似实验设计，将它应用于实验，能够提供一定的控制，能控制一部分内在无效源。但它却不能像真实验设计那样随机地选择被试和确保随机等组；不能完全主动地操纵自变量、控制实验处理和随机分配被试接受特定处理。总之，准实验设计达不到像真实验设计那样充分而广泛地控制偏差的来源。

准实验设计是在实验研究方法规定的范围内，进行更贴近真实教育情境的实验操作，使实验法有更广泛的应用范围。从这个意义上看，准实验给实验法增添了活力，它是实验研究方法发展史上的又一重要进展，为实践向实验的转换提供了更大的可能与中介方式①。

1. 不对等两组前后测设计

该设计的基本模式为：

$$E \quad O_1XO_2$$

$$\cdots\cdots\cdots$$

$$C \quad O_3 - O_4$$

这种设计模式的特点是设置了实验组与控制组，并且每组都接受前后测，但不能随机分配实验对象，只是选择了两个程度相近的组别分别作为实验组与控制组。实施前测的目的是为了弥补不能控制对被试随机选择和分配的缺陷，提供控制选择偏差的方法。通过前测，取得非随机等组差异程度的具体数据；或在控制机体变量方面提供某种最基本的等值数据，以便作为对两组后测进行比较的基础。

① 叶澜.关于我国教育实验科学性问题的思考[J].教育研究，1992（12）：41.

这种模式的设计比较适合在原有的环境下，不打乱原有的班级秩序，按自然教学班进行实验。虽然不能随机选择并发展实验对象，但两个组谁为实验组谁为控制组则是随机指派的。由于设置了控制组，并且都进行了前测与后测，所以可控制成熟、经历、测验等无关因素的影响。

但该模式也存在相应的缺陷：两组均有前测，实验结果不能直接推论到无前测的情境，"选择与成熟的交互作用"会干扰实验结果。在控制内在无效源和被试本身变量的控制方面不够充分，如被试自身的差异和不同组别教师之间的差异等都得不到有效控制。两组间在实验之前存在的差异，会影响到对处理效果的确切分析，该模式的内外效度都不够理想。

2. 单组时间序列设计

单组时间序列设计是指对一个被试组作一系列的周期性测量，在测量时间序列中引进实验处理，将引进实验处理后的一系列测量结果与引进实验处理前的一系列测量结果进行比较。该设计的基本模式为：

$$O_1O_2O_3O_4XO_5O_6O_7O_8$$

该设计事实上是借助多次重复测量的前后测设计模式。在时间序列设计中，在引入作为自变量的实验处理之后，效果如何通常以实验处理后在时间序列中测验数据的变化趋势与规律，与引入处理之前在时间序列中作为基准测量的前测数据相比而加以分析，以推断实验处理是否产生效果。

通常，处理前后的数据可能有两种变化，连续性与非连续性的。对于连续性变化，可以认为不是由于引进处理变量而引起，即处理没有效果（如图6-1A）；对于非连续性的变化，除了要看到在引入处理后水平高低的变化程度，以及连续性斜率的变化程度之外，还应当注意到这种变化的延续性和潜伏性如何。①延续性：如果引入实验处理后的水平或斜率的变化不是持续的，则这种暂时性的变化不久又会恢复到处理前的水平（如图6-1C）；反之，处理后的水平变化将程度不同地持续下去，而表示出变化的延续性（如图6-1D）。②潜伏性：引入实验处理后的变化是即时发生还是潜伏一段时间后发生。若引入实验处理后，首次后测水平发生非连续变化，则效果是即时性的；若引入实验处理后，测验成绩水平要过一段时间才会发生。此时，由于在处理效果的潜伏期内可能会有其他无关因素影响后测水平与斜率，故难以判断处理后所发生的非连续性水平变化只是由于实验处理引起。通常那些在实验处理后的即时性的和延续性的水平变化，可以比较明确地表示出实验处理的效果，相对易于作出处理影响成绩的判断。

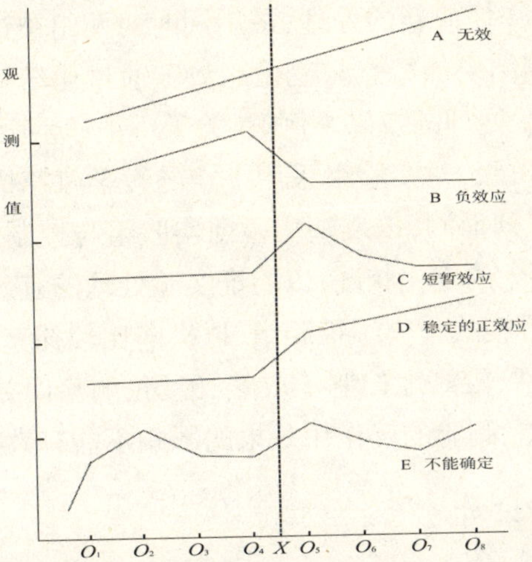

图6-1 单组时间序列设计实验处理的不同效应分析

如果实验处理X的效果是暂时性的，就可以根据实施处理前的各次观测分数，求出直线回归方程，并利用回归方程，推测出实验处理后时间序列中的预测值，然后检验实际值与预测值之间的差异。若处理X的效果是持续性的，则处理之后所测量的结果是否由X所引起，应考虑实施之前的回归线与X之后的回归线是否存在显著差异。可以从剩余标准差、截距、斜率三个组成部分检验差异，三者中只要有一项有显著差异，即可以认为差异是由X所引起。

该实验模式，对于外在效度来说，实验结果只能推论到重复测验的群体。而对于内在效度来说，要受到“历史”因素的影响。

3. 不对等两组时间序列设计

该设计的基本模式为：

$$E\quad O_1O_2O_3O_4XO_5O_6O_7O_8$$

$$\cdots\cdots\cdots\cdots\cdots\cdots\cdots$$

$$C\quad O_9O_{10}O_{11}O_{12}-O_{13}O_{14}O_{15}O_{16}$$

这种设计模式是对单组时间序列设计的延伸与改进。具体操作方式为：用非随机的方式确定两个组，要求两个组的被试的各种条件相似，随机指派一个组为实验组，首先对两组被试就研究的因变量进行若干次周期性的前测，分析因变量变化的特点与变化趋势；然后在实验组引进实验处理X，控制组不作任何新的处理；最后同时对两组被试进行若干次周期性后测，分析后测结果的特点与变化趋势。通过比较两组后测结果与变化趋势来说明实验处理的效果。例如，关于矫正学生厌学的实验研究，选择两个自然教学班级，对实验组采用一定的教学改革措施来消除厌学情绪，可以通过一系列前测，以反映实验前实验组与控制组的差别；运用后测，反映出两组厌学的变化状况，以验证实验处理的有效性。

这种实验设计模式设立了控制组，以横向比较补充纵向比较，使得测量结果更具可比性，较好地控制了成熟、经历、测验误差等无关因素的影响。但对选择偏差、测验的反作用效果的影响不能有效控制。

（三）前实验设计

前实验设计没有控制无关变量，不随机分配实验对象，仅操纵自变量并作因变量的观察与比较。这种实验操作简单，使用容易，但内外效度都较差。尽管如此，研究者仍然高度重视对自变量的操纵与对因变量的测量。这种实验设计常见的模式主要有以下三种。

1. 单组后测设计

该设计的基本模式为：

$$E\ \ X O$$

在这种设计中，只有一个被试组，实验对象不是随机选择的，也没有控制组。实验中引进一种新的实验处理，一个周期后，通过后测测评，将这一测评结果与过去的常态情况以及同类组的现时状况作参考性比较，以判断实验的相关。这一设计模式的实验，要真正发现和确立教育规律，或验证某一实验处理的效应，通常需要反复进行几次，通过多轮实验，才可以将认识不精确、不全面、不深刻的成分筛选掉。

这种设计的优点是简单易行，能够将实验研究与形成性教育评价、教育改革探索紧密结合。但由于对无关变量不作控制，其影响作用无法估计，因而无法进行因果关系分析。

2. 单组前后测设计

这种设计模式比单组后测设计多了一次前测。其基本模式为：

$$E\ O_1\ X\ O_2$$

这种设计中，只确立一个实验组，没有控制组，实验对象不是随机选择的。有前测与后测，前后测成绩构成配对样本，可通过统计方法检验其实验效应是否显著。例如，研究某种记忆方法是否有助于提高英语单词的记忆效果，首先对学生每天能够记忆英语单词的数量进行测定，然后使用新的记忆方法进行训练。在学生能够熟练运用新方法记忆单词时，作单词记忆数量的测量，通过前后测成绩的比较，判断新方法是否具有显著相关。

这种设计的优点是使用了前后测，研究者可以运用前后测成绩的比较来说明实验处理的效果，结论相对可信；将实验组兼做控制组，可以消除组间差异对实验的影响。但没有设置控制组，被试成熟因素的影响无法控制；前后测之间也可能存在交互影响。

这种设计模式比较适合于那些更多依赖于教育教学活动，与学生生理、心理自然成熟关系不大的实验变量，例如专门性技能（像书法、实验操作等）、知识以及与学科教学关系紧密的学业能力等，而对于那些对成熟依赖较强或对自然成长过程依赖较强的实验变量则不容易适用。

3. 固定组比较设计

这种设计模式与单组后测设计相比，增加了一个对照组。其基本模式为：

$$\begin{array}{ccc} E & X & O_1 \\ \cdots & \cdots & \cdots \\ C & & O_2 \end{array}$$

这种设计的特点是两个组都没有作前测，仅作后测。使用了不接受实验处理的控制组，以便与接受实验处理的实验组作比较。实验组与控制组都是在实验前已组织起来的原组，如原有的教学班或某团体，不是随机选择，也没有作任何控制选择偏向。两组的后测成绩构成两个独立样本，可以通过两组后测成绩的比较判定实验处理的效果。这种设计模式在实际的教学实验中是常见的，它的突出之处是在自然班中进行实验，没有重新编班，这对于现行的教学体制来说具有广泛的可行性。例如，进行传统讲授法与新的自学辅导法对学生的自学能力发展的比较研究，可选定两个自然教学班，分别采用不同教法进行教学，实施一段时间教学后，在两个班同时进行内容、难度与范围基本一致的测验，通过测验成绩的比较，判定实验处理的效果。

这种设计模式的优点是设置了控制组，对被试自身的成熟、测验的影响进行了一定的控制，使两组在后测中表现出的差异能在一定程度上归因于实验处理的作用。另外，不打乱原有班级秩序，选择自然班级进行实验。但由于没有随机分配实验对象，同时没有前测，两个组被试的知识、智力水平、班集体建设等情况可能存在一定的差异，这些都会给实验结果的归因分析带来困难。到底是实验因子的影响产生实验结果，还是由于各方面的组间差异产生实验结果？要真正把握，就需要作多种分析。如果实验组与控制组是同一教师教学，该教师可以凭借日常的观察、记录、档案的积累，感受、体验、思考等，作出比较准确的分析判断，得出比较可靠的实验结论。而如果实验组与对照组不是同一个教师，教师本人就很难作出准确的归因分析。其改进办法是对两组增加一次前测，这就是准实验设计中的不对等两组前后测设计模式。

四、教育实验设计的评价标准

实验设计是如何控制变量的计划工作，设计不恰当，研究者不但不能得到正确的答案，而且可能造成错误的或与事实相反的结论。研究者必须针对研究的主要目的和所提出的假设，审慎选择实验设计。例如：某研究者怀疑“启发式教学法，不管在什么情况下，其教学效果都优于程序教学法”这个结论的真实性，而想验证“是否学生的智力程度高时，使用启发式教学法教物理学科的教学效果优于程序教学法，但学生智力程度低时，则启发式教学法的效果比程序教学法效果要差”。可有如下三种实验设计供选择。

设计1：随机抽取160名初二学生，随机分成两组，X_1:启发式教学，X_2:程序式教学，设计基本模式为：

$$R \begin{matrix} X_1O_1 \\ X_2O_2 \end{matrix}$$

设计2:添加智力作另一变量,做随机区组重复实验设计,智力变量Y:分高、中、低三个水平。随机抽取240名初二学生,智力高、中、低每组各80人,其中每组又随机分成两个班,分别实施启发式教学与程序式教学。

设计3:分开做两个个别的实验,选80名高智力学生,随机分成两组,分别采用两种教学法处理;选80名低智力学生,同前的操作处理。

以上三种设计,只有设计2能够检验教学法与智力有无交互作用,其余两者都无法达成此目的。在设计3中,即使启发式教学效果高于程序教学效果,也不能从统计上来说明X与Y之间有交互作用现象存在。

一个好的实验设计应该具备哪些必要条件,或者说选择实验设计的标准是什么?印度学者洛克歇·考尔在《教育研究的方法》中指出:选择一个特定的设计,取决于下列因素:实验的性质与目的,所操纵变量的类型,数据资料的性质,进行实验的设备或条件,以及实验人员的胜任能力。在谈到选择实验设计的重要标准时,明确提出"适用性、控制得当、效度"三个标准[①][②]。

(一)适用性

设计首要的和最重要的标准是,应适用于检验研究的假设。如果设计不适用,研究结果也就不值得认真考虑了。一个设计良好的实验的重要标准是适用,而不是繁或简。因此,研究者应选择那种期望于能起作用并能客观地安排实验条件以满足他的研究要求的设计。研究者不应只关心实验条件和统计手续,也应充分注意假设的阐述。实验计划和统计手续仅仅帮助研究者检验假设,对发现理论或增进知识少有贡献,而发端于或来源于现有理论的假设,则对新的理论和知识作出贡献。假设是实验研究的中心,假设预示先行的条件或现象(自变量)与产生的条件、现象或结果(因变量)的关系。

① 刘力.教育实验学[M].北京:人民教育出版社,2004:101-107.

② 杨章宏.教育实验研究[M].杭州:浙江教育出版社,1998:64-69.

(二)控制得当

教育实验的重要目的在于探求自变量与因变量之间的关系,即弄清因变量的变化是否由自变量所致,以及多大程度上受到了自变量的影响。这就需要实验设计首先要精密考虑自变量如何操纵,因变量的变化如何得到准确的观察和测量。但在这种自变量影响因变量变化的实验过程中,不可避免地混有其他一些也对因变量发生作用的无关变量。如果不对这些无关变量作出有效控制,其因变量的变化就不能完全归因于自变量的作用。因此,必须加强对实验条件的控制,通过各种手段尽可能将无关变量的影响予以排除。正是在这个意义上,人们才说,教育实验的精髓在于控制,没有控制就说不上实验。但教育实验的特点是变量的复杂性,即使是单项单科实验,实验变量也不是单因的,而是多因的、综合的。受各种效应的制约,难以达到自然科学实验所要求的那种精确而严格的操纵与控制。因此,把"控制得当"作为实验设计的重要标志就具有特别的针对性与现实意义。一方面,教育实验设计必须强调对实验条件的控制,否则就难以实现研究目标。另一方面,实验设计又不必硬套自然科学实验的控制要求,应按照教育实验的特点,并吸收其他科学研究方法的长处,创造出条件控制的新鲜经验。

(三)效　度

一个实验要对检验假设、发展知识作出贡献,它必须是有效的,即实验必须具有效度。实验效度分为内在效度与外在效度。内在效度是指在实验的背景下,研究者操纵自变量对所观察到的结果(因变量)有真正的影响的程度。提高教育实验内在效度的基本途径是控制无关变量,控制实验期间的特殊情境。外在效度是指实验得出的变量关系结论能够推广到其他环境、其他总体的程度。外在效度关注的是实验结果的代表性、推广价值和社会功能。

上述评价实验设计的三个标准,是一个完整的统一体。其中适用性是前提,效度是核心,控制得当是关键性的调节因素,它能使实验设计在对内在效度和外在效度的追求之间取得合理的平衡,使实验目标得以落实。

第七章　如何开展教育行动——教育行动研究

行动研究这一术语，是由“行动”与“研究”两个词结合而成的。行动研究是目前在教育领域普遍接受的一种研究方法。“行动”和“研究”本是两个不同的概念，它们有着各自的活动领域，各自的理论和行为目的。“行动”主要指实际工作者的实践活动和实际工作；“研究”则主要指受过专门训练的专业工作者和其他学者专家所从事的专业探索活动。行动研究是指“由社会情境(包括教育情境)的参与者，为提高对自己所从事的社会或教育实践的理性认识，为加深对实践活动及其依赖的背景的理解，进行的反省研究”①。

第一节　行动研究概说

一、行动研究的缘由

行动研究的兴起，始于20世纪40年代的美国。长期以来，人们习惯于称实践者从事的实践活动和实践工作为“行动”，而专业研究者、专家学者对事物规律的科学探索称为“研究”，将“行动”与“研究”看作完全不相干的两个概念。正因为如此，就难以避免理论与实践、研究与行动的脱节。其结果是，“很多理论研究远离学校生活、实际的课堂教学和复杂的教育教学过程。面对高深莫测的理论研究成果，实际工作者常感到远水解决不了近渴，而对自己工作中存在的现实问题却又不知如何寻求解决的方法。”②事实上，这种理论与实践、研究与行动的脱节现象，不仅由来已

① 杨小微.教育研究的原理与方法[M].上海：华东师范大学出版社，2002：234-235.

② 申继亮.教学反思与行动研究[M].北京：北京师范大学出版社，2006：2.

久,而且在世界各国都是普遍存在的。为改变这一现状,美国著名社会心理学家科特·勒温和社会工作者约翰·科利尔提出了一条社会科学研究的新思路、新方法,即从实际工作需要中寻找课题,在实际工作中进行研究,由实际工作者和研究者共同参与,使研究为实际工作者理解、掌握,在实践中实施、验证和修正,从而达到解决实际问题、改善社会行为的目的。他们在各自工作中发现:科研专家研究的结果还须靠实际工作者执行和评价,倒不如让实际工作者根据自身的需要,对自身工作进行研究,或许效果会更好。1945年,科利尔发表了题为《美国印第安人行政管理作为民族关系的实验室》的文章,提出专家、行政人员和实践者密切合作、共同研究是民族管理的主要途径,强调研究结果必须回到实践,接受实践者经验的验证,文章体现了行动研究的基本思想。1946年,勒温在其题为《行动研究与少数民族问题》的文章中,提出"没有无行动的研究,也没有无研究的行动"的论断,强调行动与研究间的密切关系,并把这种"将科学研究者与实际工作者的智慧、能力结合起来,以解决某一实际问题的方法"定名为行动研究。

行动研究诞生于社会活动领域,对于社会活动研究具有极其独特的价值,教育活动是一项重要的社会活动,因而行动研究得到了教育研究的极大关注。20世纪50年代,哥伦比亚大学师范学院院长考瑞正式将行动研究引入美国教育研究领域,并应用在课程、教学、管理等方面,解决了许多实际问题。考瑞认为,所有教育研究,只有由研究结果的应用者来主持,才会使研究结果不致白费;同时,只有教师、学生、辅导人员、行政人员以及家长等支持者不断检讨学校措施,才能使学校适应生活。此后,行动研究在美国教育领域迅速发展,被专家和教师广泛运用于解决课程编制和提高教师业务等问题。

20世纪90年代,行动研究的理念被介绍到我国大陆。最初,研究者通常将行动研究作为一种解决教育教学实践问题、提高教育教学质量的方法推荐给教师和学校管理者。随着教育行动研究实践的深入和人们教育观、教学观、教师观的改变,以及在世界各国普遍重视基础教育和教师专业化不断深入的大背景下,人们日益重视行动研究在促进教师专业发展方面的作用,并开展了各种各样的行动研究。学者们提出了"教师即研究者”“反思的实践者”等思想，为行动研究增添了新的见解，也为学校教师参与教育科研提供了理论基础和方法条件。

二、行动研究的特点

（一）改进行动质量

行动研究的目的主要是提高行动质量，改进实际工作，解决实际问题。目的不是为了理论的产生，而是为了实践本身的改进。“改进”是行动研究的主要功能，它既能解决教育实践中产生的问题，也能够提高教师的教育教学质量和研究水平。传统意义上的教育研究，其主要目的是为了获取真理，假定关于教育真理的知识能够通过教育实践工作者很好地再现于教育实践之中，而教育研究的主要任务就是直接为这类知识的增加作贡献。但最近几十年来，通过对教师的研究我们越来越清晰地发现，这种对教育理论与实践关系的估计过于简单。科学概括出来的研究知识并不能直接地作用于社会实践，还必须有一个消化理解的过程。行动研究本身就包含了这种消化理解过程，因为实践工作者直接参与了研究过程，对研究所获得的知识有真切的感受，深刻的理解，能够直接用于指导教育实践。

事实上，行动研究所关注的不是学科中的纯理论问题，而是教育决策者、学校管理者、教师所面临的亟待解决的决策、管理、教育教学的实际问题，如教育教学改革、学校管理、课程改革、课堂教学、教学方法、学习策略、评价手段、教师培训等。将各种实际问题发展成研究课题，主动利用各种有利于解决实际问题与提高行动质量的经验、知识、方法、技术和理论，特别重视实际工作者对实践问题的认识、感受和经验。通过实施行动干预，使问题得到有效解决。行动研究将解决问题作为首要目标，并不是不关注普遍教育规律的发现与理论的建立，只是在教育理论与教育实践的关系上，更加强调理论来源于实践并在实践中体现其有效性与真理性，强调理论与实践的紧密结合。

（二）行动者参与研究

行动研究与那种脱离实践、忽视实际工作者作用的“研究——开发——推广”模式不同，要求行动者参与研究，主动对自己从事的实际工作进行反思。行动研究的主要目的在于解决实际问题，所以特别强调实际工作者要专业自主，参与研究，注重行动与研究、行动过程与研究过程相结合。无论是实际工作者独立进行的教育研究，还是与有关专家合作进行的研究，实际工作者都必须意识到这种研究模式的重要性。通过研究解决自己的问题，提高行动能力和行动质量，改变本身所处的现实处境与生存状态。

行动研究的倡导者认为，中小学教师作为研究人员参与教育研究是完全可能的。因为实践者在行动当中，有行动的目的、责任，能够体察实践活动、背景以及有关现象的种种变化，能够通过实践检验理论、方案、计划的有效性和现实性。因此，行动研究鼓励行动者积极参与研究，要求行动者必须兼任行动者与研究者双重角色，使自己的工作在自我反省和研究的基础上不断改进。在研究过程中，中小学教师不再仅仅是数据搜集的工具、被试或被动执行者，而是参与决定或者单独决定研究的重大决策，充分发挥主观能动性，在整体上把握研究，推进研究。斯腾豪斯认为，学校教师应该而且能够成为“教师——研究者”。他认为没有教师主动的研究、反省，没有他们主动认识理解“官方课程”，没有他们根据实际情况把“官方课程”转变成操作课程，任何教育改革最终都是难以取得成效的。

行动研究提倡教师参与研究、从事研究，要求以教育教学实践中的问题作为研究的出发点，由此所取得的研究结论、解决问题的方案源于教师的实际工作，而不是自上而下地推行。实践者同时是研究者，研究结论同时也是下一步所要采取的实践措施。由于研究主体与实践主体紧密联系乃至合一，研究与实践也就达到了新的高度的统一。

（三）研究与行动相结合

行动研究是对行动的研究，研究对象就是自己的实践活动。研究过程中，对研究的条件、场景没有作任何控制和影响，研究是在一种实际社会生活环境和自然状态下进行的，研究与实际的工作密切结合。研究是为了更好地改进行动，行动又是为了实现研究的目的而采取的行动，行动过程与研究过程合一。在教育教学实践中，中小学教师会遇到各种各样的疑难与困惑，需要采用各种行动试图改变现状。但为了解决问题，这种行动必须是建立在研究的基础之上，如采取明智的、有计划的行动方案，并不断对采取的行动进行反思等。这里的研究是为了更有效地行动而开展的研究。

行动研究是由实际工作者为了提高行动质量，改进实际工作，解决实际问题而进行的研究，亦即研究是为了行动而研究，而不是为了研究而行动，所以研究情境的自然真实性是行动研究的一个重要特征。就是说，行动研究必须也只能是在问题产生的情境中进行，即在实际的行动过程中解决问题。只有如此，才能通过现场的研究发现问题，诊断问题，提出解决问题的改革措施并付诸行动，才能不断地通过多种方式与手段来考察行动的效果，才能通过及时反馈对行动和计划作出调整，以达到改革与研究的目标。

另外，在实际情境中进行研究，还给研究者与行动者的结合带来了一个共同的"场域"①。自然状况、实际情境就是行动者的工作场景，研究者深入实际情境也使研究者与行动者同处一个环境，使研究者增加了获得行动者感受与认识的可能性。这对于全面了解认识问题和环境，增进行动者与研究者的交流，对问题的最终解决都是有益的。在实际情境中，研究可以为行动者与研究者提供一个结合点。

三、行动研究的运作模式

以教育教学实践为研究对象，以教育实践者为研究主体的行动研究，其过程具有很强的灵活性和开放性，中小学教师可以根据自己面临的问题、资源和条件进行计划、展开行动。行动研究在实践中具有多种形态，难以规定出一种固定的模式，当然也没有必要强求统一，但这并不意味着行动研究就无章可循、可以随心所欲地进行。行动研究从提出到现在，所有的倡导者和研究者都积极探讨行动研究的操作程序，并且从根本上取得共识：行动研究是一个由若干相互联系、相互依存的环节组成的螺旋式上升的发展过程。但行动研究的过程不可能非常清晰，也不是都严格的按照规定的程序进行。真正的行动研究可能不是很有序，不是很整齐，可

① 杨小微.教育研究的原理与方法[M].上海：华东师范大学出版社，2002：235.

能比较凌乱,没有正式的开始、中间和结尾。

(一)科特·勒温模式

作为行动研究的开拓者,勒温早在20世纪40年代就提出过实施行动研究的程序问题。他认为,行动研究过程是包含许多步骤的螺旋结构,研究过程包含多个循环,每个循环又是由计划、行动和行动结果调查等组成的循环。具体步骤为:

1. 计　划

计划通常是从某种类似于一般观念的事物开始。由于这样或那样的原因,计划似乎都希望达到某一特定的目标。如何精确地界定这一目标,以及如何达到这一目标,常常不是很清晰。因此,第一步是根据可利用的手段,认真地审视这种观念。这常常需要对情境作更为细致的调查。如果计划的这一阶段达成了,就会出现两个问题:如何实现目标的总体计划和如何进行第一个步骤的决定。通常,计划的过程也会或多或少修改最初的观念。

2. 行　动

行动就是要执行总计划的第一步。这一步骤包括“计划、执行、勘查或者实地调查”,为第三步骤的计划作准备、可能需要再次修改总体计划,其中勘查是为了评价第二个步骤的结果。勘查或实地调查具有四个功能:应通过确定已经达成的目标是超过还是低于预期,现实对行动的评价;应为正确地确定下一个计划提供基础;应为修正总体计划奠定基础;最后,为计划者提供学习的机会,即搜集新的事实材料。

3. 循　环

循环是由计划、执行与勘查或调查组成的循环。这一循环有助于评价第二步的结果,为第三步的计划奠定了合理的基础,也可能会再次修正总体计划。

(二)凯米斯模式

凯米斯模式是对行动研究影响最大的模式,该模式更多地继承了勒温的传统。该模式认为“行动研究法是一个由计划、行动、观察和反思构成的，自我反思的螺旋式循环”。

1. 计　划

这是行动研究的第一个环节，计划就是形成旨在改进现状的行动蓝图。计划环节包含三个方面的内容与要求：首先，计划始于解决问题的需要和设想，设想是以行动研究者对问题的认识以及他们掌握的有助于解决问题的知识、理论、方法、技术和各种条件的综合。计划需要以所发现的大量事实和调查研究为前提。其次，计划包括总体计划和每一个具体行动步骤的计划方案，尤其是第一步、第二步行动计划。再次，计划必须具有充分的灵活性和开放性，以能够适应没有预料到的情况和没有意识到的制约因素。人们对问题的认识需要逐步深入，计划必须考虑和包容已知的制约因素、矛盾和条件，又要不断地修正计划，把意料不到、未曾认识和未在在行动中出现的各种情况与因素容纳进计划。所以，计划是暂时的、开放的，容许作一定的修正。

制订计划需要考虑如下几个问题：

(1)提出解决问题的需要与初步设想。为了获得初步设想，一定要认真思考如下问题：教育实际的现状如何，有哪些亟待解决的问题？为了解决这些问题，我们能做些什么？据此提出四五个可以施以行动的想法，并选择一个将要施以行动的想法；在选择行动想法时，要考虑到这个问题对教师、学生是否都很重要，是否存在进一步研究的机会，研究这个问题是否能够得到他人的帮助，条件是否允许，是否具有可行性等。

(2)对即将采取行动的大致范围开展准备性调查。调查的基本内容有：教育情境的现状、产生现状的原因、实施行动的机会如何、行动目标与可能性如何、制约因素有哪些、如何做才更实际、实施行动产生的影响等。

(3)制订总的行动计划，划分行动步骤。具体内容包括：正在做什么、准备改变什么、理论基础是什么、不准备改变什么、最可能采取的策略行动将会是怎样的形式等。

(4)制订第一步行动计划。具体内容有：行动的具体目标、行动的理论基础、预期的结果、人员安排资料设备要求、可能的制约因素和问题等。

(5)对行动步骤监察方法的设计。内容包括：对实施的策略行动的过程、结果和环境条件变化情况的监察。

(6)安排进度表。进度表的内容要详实、具体、细致。

(7)制定并完成总体计划。主要内容包括:行动研究的背景,初步设想,调查结果,行动范围,第一行动步骤,监察方法等。

2. 行　动

行动就是实施计划或按照目的和计划开展行动。这里的行动是指行动者经过认真考虑、有控制的和按照计划进行的实践。行动必须是在获得了关于背景和行动本身的信息,经过思考并有一定程度的理解后,有目的、负责任、按计划采取的实际步骤。这样,才能使采取的行动具有贯彻计划和逼近解决问题目标的性质。另外,行动要具有灵活性与开放性,要重视实际情况的变化,重视行动实施者对行动及背景的逐步认识,重视其他研究者、参与者的监督观察和评价建议,行动是在不断调整的。行动过程中至少要有三个方面的改进:行动的改进,认识的改进,行动所在环境的改进。

3. 观　察

观察就是对行动、结果、背景以及行动者特点等的考察。在行动研究中,观察是反思、修正计划及确定下一步行动的前提条件。由于行动要受到现实制约因素的限制,而这些制约因素又不会事先完全清楚,所以,观察必须与行动同时进行。观察的主要内容包括:行动的过程、行动的效果、行动条件和制约因素、行动者的情况以及行动中出现的问题等。观察应该运用各种有效的技术与手段,在一定的计划指导下进行,要有全面详尽的观察记录。观察计划要全面、灵活、开放。同时,要做到观察与反思相结合。

4. 反　思

反思是一个螺旋圈的终结,又是过渡到另一个螺旋圈的中介。反思就是对观察记录的现象、事实加以思考、判断、评价,并不断修订行动计划与行动方案。反思至少包括四个方面的内容与要求:

(1)整理和描述,即对观察、感受到的与制订计划、实施计划有关的各种现象加以归纳整理,描述出本循环过程与结果,勾画出多侧面的、生动的行动过程。

(2)评价解释,即对行动的过程和结果作出判断评价,对有关现象和原因作出分析解释,找出计划与结果的不一致性,从而形成基本设想、总体计划和下一步行动计划是否需要修正,需要作哪些修正和构想等的思路。

(3)对观察结果提出报告。报告内容包括:行动研究设想的变化与发展,实践的理论基础的发展,行动范围的确定,下一个行动步骤是否需要重新确定,行动过程的监察,行动的情境、策略,预期的结果与非预期的结果,有关人员对情境、行动、结果的看法,出现的问题及其解决策略等。

(4)形成修正性的总计划,包括重新确定行动范围,设计第二个循环的行动步骤与监察技巧等。

(三)埃利奥特模式

埃利奥特的行动研究模式也是对勒温模式的批判继承,他基本同意凯米斯对行动研究程序的划分。但他认为,观察不应该只是涉及事实发现,也应该有分析,并应该不断地出现在整个螺旋式活动中。埃利奥特对行动研究程序的发展主要表现在以下几个方面。

1. 允许基本设想的变更

研究者不仅可以依据逐步深入的认识和实际情况修改总体计划,而且可以更改研究的课题。例如,某研究者最初确定的课题是"学生对物理学习感到厌倦,我们将如何改进?"在随后的探索和实践中,该研究者发现这种状况可能与学生的数学水平较差存在内在关联。这就超出了原先的设想,意味着原有问题的转换,考虑物理教师与数学教师如何密切合作,共同采取有效手段,来提高学生对物理学习的兴趣。

2. "监督"行动的全过程

为了更准确、及时地掌握有关行动的信息,以便为反思和评价提供更丰富的第一手资料,行动研究逐渐地从强调观察行动的后果,推延到重视监督行动的过程。监督的内容包括:行动者主观态度、努力程度的变化,行动者在遇到意外阻力、困难时表现出的机智和采取的应急措施,以及行动对象和背景在行动作用下的变化和反作用。

(四)我国学者有关行动研究的操作程序

近年来,我国学者对教育行动研究及其运用进行了深入探索,就实施行动研究的操作程序提出了不同的见解。

有研究者认为[①],行动研究解决问题的过程分为六个步骤,即总目标、预诊、提出并阐述问题、拟定具体计划、行动、评价总结。在各步骤中,预诊占有十分重要的地位。研究者应当充分观察和了解实践,依靠教师一起找出问题的确切所在;再经讨论和统一思想,提炼出带有根本性的关键问题,从而决定具体目标的指向;明确提出问题后,就要广泛涉猎有关这一问题的理论、文献、研究及成果,与教师一起学习、讨论、澄清认识,统一观点。如果教育的实际执行者没有明确的指导思想,其行动就无法摆脱盲目性。在此基础上,研究者要拟定具体行动方案并付诸实施;用多种手段及时总结分析,并根据总目标再经预诊,决定下一步的具体目标。

也有研究者认为[②],中小学教师的"教育行动研究过程,也像其他类型的教育研究那样,包括课题选择、课题设计、研究方案的实施、研究成果的陈述以及课题研究总结等环节,但它的各个环节又或多或少带有教育行动的特点"。该模式为教师教育科研的过程管理提供了参考,有助于研究者或者学校管理者组织教师进行行动研究。

通过以上对各种行动研究操作程序的介绍,可以看出,行动研究的操作程序是由若干环节构成的自我反思的螺旋式循环,这与其他的研究方法有明显的不同。另外,行动属于现场研究,在真实、自然的社会或教育情境中进行,计划的内容可以从实际出发,根据实际的需要,随时检讨,不断修正,其研究过程具有很大的灵活性与开放性。

第二节　行动研究的过程

虽然行动研究的过程具有很大的灵活性,但总的来说,行动研究都要经历确定研究问题、制订研究计划、采取实际行动、实施观察与进行反思等几个环节。

一、确定研究问题

行动研究的第一步是发现和提炼研究的问题,并对问题进行分析和

① 王坚红.学前儿童发展与教育科学研究方法[M].北京:人民教育出版社,1991:172-173.
② 申继亮.教学反思与行动研究[M].北京:北京师范大学出版社,2006:27.

界定。没有问题就不会有研究的冲动,没有研究的冲动就不会有研究的行动,也就不会有问题的真正解决。提出问题是研究的出发点,解决问题是研究的终点。这里的问题是指教师在教育教学中遇到的看似平常的问题或困惑,如新的教学方法如何实施,能否取得良好的效果,学生对某项内容的学习兴趣为什么不高,某个学生近期的反常现象等。通常行动研究的问题都是教师在教育教学活动中发现的,常常与学生的身心发展、教师素质的提高等具有密切的关系。

教育工作者,如校长和教师,在学校的日常教育教学实践活动中,总会面临许多各种各样的问题,对这些问题通常会有不同的认识、评价和结论。教育工作者要以敏锐的、批评的眼光围绕自己实际工作中存在的问题进行思考,展开研究。譬如,"我所从事的教育教学实际状况怎么样?遇到了哪些实际问题?为了解决这些问题,我能做什么?我认为进行哪种或哪些改进是值得的?"所探讨的问题,可以是自己工作中的问题,也可以是许多教育工作者共同关心的问题,但都必须是教育工作者本人愿意努力探索并加以解决的问题。

有研究者认为,行动研究的问题主要来自以下几个方面[①]。

(一)从疑难中寻找问题

随着教育教学改革的不断推进,教师会经常感受到各种各样的疑难或困境。这些疑难或困境至少有以下几种:

(1)教师的设想、计划与实际效果之间的差距。例如,教师期望学生在学校完成作业,以便在教师的监督下养成良好的作业习惯,但事与愿违,不少学生作业完成马虎,质量较低。

(2)教育教学情境中教师与学生、学生与学生等目标之间或价值取向之间的冲突与对立。例如,为培养学生的创新精神,在教学中布置一些具有挑战性的作业,但却导致一些学生无法有效完成,导致学习效能感下降,甚至引发厌学情绪。

(3)教育教学中的"两难"情境。例如,关注单个学生的个性发展,就有可能影响学生集体的发展,学生的主体地位在课堂教学中得到彰显,教

① 郑金洲.行动研究指导[M].北京:教育科学出版社,2004:49-59.

师的引导角色就可能无法实现等。

(4)不同的人或群体对待同一教育教学行为的不同看法。例如,教师在课堂教学中进行新的教学方法的尝试,有可能得不到同事与家长的认可等。

这些疑难或困惑,是教师几乎每天都会遇到的,并且没有解决问题的现成模式可供借鉴,只能将其作为研究对象,在研究过程中逐渐找到产生困惑的缘由,探寻并提出解决问题的对策。

(二)从具体场景中捕捉问题

行动研究的一个突出特点就是研究是在一种实际社会生活环境和自然状态下进行的,研究与实际的工作密切结合。教师一直生活在教育教学实际的现场,而教育现场是教育问题的发源地,是产生问题的土壤。进入教育现场的教师对教育现场所作的任何真切而深入的分析,都有可能滋生大量的待研究的教育问题,具体的教育情境中蕴含着大量的无穷无尽的待研究的问题。

(三)从阅读交流中发现问题

任何研究都必须在一定的理论指导下进行,行动研究也不例外。所以,中小学教师也必须掌握一定的教育理论,了解一定数量的研究成果,研读、学习相关的理论著述。通过阅读有关研究成果,结合自己的工作实践,对自己的所做、所思、所想予以分析思考,从中发现、提炼有待解决的问题。

(四)从学校或学科发展中确定问题

教师个人发展是与学校的发展密切联系在一起的,个人的专业提升与学校的整体变革也常常是结为一体的。教师在把个人的成长发展乃至个人的命运与学校或学科发展以及面临的问题结合在一起时,就会发现许许多多的问题。

和其他研究类型一样,提出问题之后,还要对研究的问题予以界定与分析。例如,我们即将研究的是一个什么样的问题,是学生的学习兴趣还是学习策略，是课堂纪律方面的问题还是教学方法方面的问题？这一问题是普遍存在的，还是某个班级出现的特殊情况？这一问题产生的原因是什么，是教师教学方法的原因，还是学生心理方面的原因？问题的产生是受整个社会大环境的影响，还是家庭或学校方面的原因？这一问题的存在是否对教育教学的效果产生影响，如果产生影响，其影响程度如何？

行动研究者在对问题作出初步分析后，还要将研究的内容与研究的范围具体化。研究的问题要限定在一定的范围内，要有针对性和可操作性，有利于在实践中通过行动解决。在发现问题后，还要注意的一点是，问题在整个行动研究的过程中不是固定不变的，随着研究的深入，它会发生不同程度的变化。

二、制订研究计划

制订研究计划就是设计并形成解决问题、改进现状的行动蓝图。

（一）计划的基本内容

一份完整的行动研究计划应包括以下基本内容。

1. 研究的目的

对研究的背景、原因、价值意义予以陈述。为什么要进行这项研究，通过研究要达到什么样的效果，如要做什么，试图改变什么，通过改变能达到什么样的成效等。研究目标的陈述要具体可行，例如，要改变学生阅读兴趣不高的现状，通过行动以提高学生的阅读兴趣，应该对“阅读兴趣”这个较模糊的概念进行更详细的分析，将其分解成具体的、可操作的目标，如学生阅读的时间、参与阅读的学生人数、个别学生对阅读态度的改变等。

2. 行动的内容

行动研究，就是在行动中研究，研究离不开行动。在研究中，我们要采取什么样的行动，以改变现有的教育教学现状。通常，我们在研究中所采取的行动都意味着某种教育教学因素的改变，通过改变，来达到预期的效果。例如，教学模式的改变，教师的语言风格、板书设计、课堂管理的改变，师生沟通交流方式的改变等。在计划中，要明确将改变的是什么因素，具体如何表现，使计划具有可操作性。

3. 行动步骤与时间安排

为确保行动研究有条不紊地展开，必须制定总体性的研究进度表，可以将整个行动分为几个阶段，对每一阶段的起始和结束时间做大致的安排，以做到心中有数。由于行动研究具有较强的灵活性与开放性，随着研究的逐步深入，对问题的认识不断加深，可能会对计划作一些相应的调整。因此，步骤与时间安排要有一定的灵活性。

4. 研究中涉及的人员

教师的行动研究过程贯穿于整个学校生活之中，不可避免地要涉及与研究密切相关的人，如校长、其他教师、家长与学生，在制订行动计划时，要考虑如何处理与他们的关系，获取他们的配合与支持。在计划中，需就涉及的有关人员以及需要他们做的工作作出具体的说明。

5. 考察措施

实施行动之后，行动的效果如何，要实时予以考察。考察的主要内容包括：策略行动的过程、结果；环境、背景的变化；行动研究参与者的特点等。考察所得信息主要来源于教育实际工作者，如教师、校长、管理人员等，以及家长、学生与专家学者等。考察的技术手段多种多样，如工作记录、研究日记、现状记录、生态行为描述、文件分析、问卷、相互作用表、学生行为测验、录音录像等。

（二）制订行动计划的基本要求

计划是成功的保证，制订好计划具有重要意义。在制订行动研究计划时，应考虑到能够体现解决问题的需要与设想，并且计划要切实可行，具有可操作性；计划的行动不能干扰学校的正常活动，必须与学校政策相协调；所采取的研究必须在一段合理时间内能够测量行动效果。具体来说，要注意以下几点。

1. 计划应以充分的“勘察”为基础

计划始于问题解决的需要，并最终指向问题解决。判断一个计划的优劣，可以依据它在多大程度上有利于问题的解决。所以，行动研究者应在有关理论的指导下，针对现实的问题，运用恰当的方法技术，通过充分的勘察或事实调查，对研究所需的综合条件作出准确判断，在此基础上，制订出适宜的行动计划。

2. 计划应具有可行性与可操作性

研究计划必须具有可行性与可操作性，否则，计划就难以落到实处。要注意到，计划所设计的每一个步骤，是否都有转化为行动的可能性？研究者是否具备实施计划所必备的知识与能力？实施计划所必需的条件是否具备？时间安排是否合理？要用准确的、可操作性的语言对每一步计划行动作出明确的表述。

3. 计划应具有清晰的层次或梯度

计划包括总计划与每一个具体行动步骤的计划。总计划是对整个行动研究过程的总体规划与设想，在具体表述上具有一定的原则性与规范性；而每个行动步骤的计划，就要做到明确具体，具有可操作性。不同层次的计划之间不存在绝对的界限，但要保持内在的一致性，体现相应的梯度，具体计划要反映总计划的基本精神。

4. 计划应具有灵活性与开放性

行动研究者在制订计划时，既要对过去和当下情况作出综合的判断，又要对未来的发展态势作出合理的预测。随着人们对问题认识的逐渐深入，必须对原有的计划作出新的调整。因此，计划必须考虑和包括已知的制约因素、矛盾和条件，而且还要允许不断地修订计划，把意料不到、未曾认识和在行动中显现出的各种情况和因素容纳进计划。

5. 计划应体现参与者的需要

计划的实施最终要靠行动参与者来实施，为充分理解研究的设想与意图，行动的参与者要参与研究计划的制订，以使研究计划更好地体现他们的实际需求。这样，每个人既是行动研究计划的制订者，又是行动的执行者，使得每个参与者对研究问题都有明确的认识，而且调动了每位参与者的积极性。

三、采取实际行动

行动是行动研究的重要环节，没有实际的行动，就没有真正意义上的行动研究。行动是问题解决的实际操作过程，是研究计划付诸实施的具体过程。在行动研究中,行动就是实践,是经过认真思考、有控制、按计划进行的实践活动,是为解决问题而采取的探索行为,是研究与实践的高度统一。所以,在行动中,研究者既要考虑行动的科学性,使之达到研究的科学认识的目的,又要考虑行动对研究对象身心发展的影响,取得应有的教育教学实际效果。作为一种特殊形态的实践活动,研究者在行动中要注重对改革措施的落实。行动能否取得成效、达到行动研究目标的要求,很大程度上依赖于研究者能否按照研究计划的要求,在准确把握行动策略精神实质的基础上所作出的实际操作。另外,在行动过程中,要随时对行动的效果作出准确测量评价,不断搜集行动效果的有关信息,为实施下一步行动提供依据。尽管行动应按计划进行,但行动是在实际情境中采取的行动。随着教育情境的变化与行动者认识的不断加深,行动也是在不断调整的。研究者或行动者要根据行动过程中得到的各种反馈信息,以及有关参与者的合理建议,对实施中的计划进行修改、调整,甚至是重新选择问题,展开新的研究。

四、行动的观察与记录

在按照计划实施行动以后,需要对行动的情况进行观察与记录,搜集有关资料,以便清楚地了解行动的实施情况,对行动的结果进行客观的分析和评价,以备后续的反思改进使用。常用的观察与记录方法有以下几种。

(一)观　察

观察主要是对行动过程、结果、背景以及行动者特点的考察,以搜集研究资料、监察行动的过程。

在行动研究过程中,研究者选择和运用观察方法,应注意几个基本要点。

1. 做好观察设计,以保证在实施行动的过程中有准备地开展观察

首先,明确观察的目的和任务,确定所要观察的具体问题。其次,制订观察计划。计划内容包括:观察内容、观察对象、观察范围;观察的地点、时间;观察的方法与手段等。最后,依据初步的观察计划,编制具体的观察提纲。观察提纲应该能够围绕“行动过程中涉及什么人,发生了什么事情,事情是如何发生的,发生的时间、地点等,涉及的人在事情发生时的行为表现如何”等问题展开。

2. 搜集的资料要全面

特别注意搜集三方面的资料:背景资料,它是分析计划有效性的基础性材料;过程资料,它是判断有效性是否由行动所产生以及如何产生的观察依据;结果资料,它是分析行动产生什么样效果的直接依据。

3. 观察的方式要灵活、有效

一般来说,在观察初期,观察者通常采取比较开放的方式,用一种开放的心态对研究现场进行全方位的、整体的、感受性的观察。在对观察现场获得一个整体感受的同时,观察者应训练自己对周围事物的敏感和反思能力。在此阶段,观察记录应以全面描述为主,尽可能记录下所有看到、听到和体会到的东西。在对观察的整体现场获得了一定的感性认识之后,可以考虑逐步聚焦,进行集中观察,根据研究的问题、观察对象和研究的具体情境,决定集中的程度。在观察的视野上,做到狭窄与开阔相结合;在主要与次要的关系上,做到先主后次;在观察方位上,做到由近及远与由远及近相结合;在选择动、静次序上,实现由静态到动态与由动态到静态相结合。

(二)访 谈

访谈是指行动研究者与被访问者通过口头谈话的方式来搜集资料的一种活动。行动研究非常强调参与者之间的合作、协调,涉及人的心理活动和特征,涉及观念、态度和语言表达与交流,所以,访谈是行动研究搜集研究资料常用的方法。但研究的访谈与日常的谈话不同,行动研究的访谈是一种有目的的研究性活动,访谈者要能够控制双方谈话的内容、方式、谈话的风格以及信息的类型和容量。

行动研究过程中选择与运用访谈方法,应注意以下几个方面:

(1)由于行动研究过程的灵活性、开放性等特点,应根据研究的问题、目的、对象、情境和研究阶段的不同,灵活选用不同的访谈形式,必要时,可以将不同的访谈形式结合运用。

(2)在访谈前,做好访谈的准备工作。首先,选择访谈对象,访谈对象应该是能够为研究问题的解决提供比较完整、相对准确信息的人。其次,确定访谈的地点与时间。一般时间、地点尽可能以访谈对象的方便为主,访谈的次数和时间长短也要与访谈对象协商确定。再次,要对访谈对象的情况有较充分的了解,这样有利于取得对方的信任,以建立良好的访谈关系。最后,设计好访谈提纲。提纲要简洁明了,一目了然,应该列出研究者在访谈中应该了解的主要问题和应该覆盖的内容范围。所列出的访谈问题要简明易懂,操作性强。

(3)充分掌握并灵活运用各种访谈技术,保证访谈的顺利进行。具体的访谈技术在第四章的调查研究方法中已作详细介绍,此处不再赘述。但研究者在访谈过程中一定要保持谦虚、开放、灵活的态度。

(三)成品分析

成品分析是指通过搜集并分析能正确反映研究对象的人的各种活动产品,来了解成品产生者心理发展与行为的方法。因为人的能力、倾向、特性、情感状态等都可以通过其本人的能力活动的产物反映出来。

在行动研究中,运用成品分析方法了解行动的效果,应注意的问题有:

(1)根据研究目的和计划,制订一个搜集成品材料的计划,以做到目的明确,心中有数。在教育研究中,可搜集的成品材料有:①反映学校教育工作情况的材料,如有关教育工作的方针、政策、决定、工作计划、工作报告、工作总结、会议记录、纪要、规章制度等。②反映教师教育教学工作情况的材料,如教师工作计划、教案、教育教学日记、工作总结、教研组会议记录、听课笔记、班会记录等。③反映教师开展教育科研情况的材料,如课题论证报告、文献综述、研究方案、研究报告、资料汇编、学术论著、音像资料、教学案例、科研总结等。④反映学生学习、思想、心理等情况的材料,如练习本、作业、作文、日记、读书笔记与读书报告、实验报告、试卷、成绩册、小作品、小论文等。

(2)搜集成品的活动应始终具有明确的目的与方向。如搜集的成品能够回答什么问题,这些成品与其他材料的相同点、不同点,如何分析这些成品，对这些成品的分析能够说明什么问题等。

(3)所搜集的成品要保证质量，其材料具有典型性与代表性，并且具有足够的数量，基本满足研究的需要。

(4)在搜集成品的过程中，要及时对成品予以整理，对材料的真伪作初步鉴定，对材料的内容作初步分析，以利于对成品的综合分析。

五、反思改进

(一)反思的基本内容

反思是教师工作生活的一个重要组成部分，是行动研究取得实效的基本保障。在教育教学上，教师的反思是指为了实现有效的教育教学，对已经发生或正在发生的教育教学活动，以及这些活动背后的理论、假设进行积极、持续、周密、深入、自我调节性的思考，在思考过程中，能够发现、清晰表征所遇到的问题，并寻求多种方法解决问题的过程。

反思能力也就是儒家一直强调的自省能力，它是从事教育科学研究必须具备的能力。人通过反思能够不断地发现自身的问题，也能发现自身的优点。通过反思，找出问题及产生的原因，寻求解决问题的对策，以便更好地工作。同时，反思也是一种好习惯，每天扪心自问，是否浪费了时间，是否有重大的过失，都是自我不断激励，不断调整的表现。对于行动研究来说，反思的目的是寻求行动的合理性与有效性，它是在实施行动与观察之后作出的。反思既是行动研究第一个循环的结束，也是过渡到下一个循环的中介与开始。其实反思是贯穿于整个行动研究始终的，如在开始阶段，教师需要对教育教学情境进行反思诊断以发现问题，并确定问题的性质，提出行动的假设；在行动过程中，通过不断的反思与评价，及时调整行动计划；在一个行动实施以后，通过反思，对行动的过程与结果进行判断与评价，对有关现象和原因作出分析与解释，找出计划与结果的不一致性，进而确定原有的研究问题、研究计划和下一步的计划是否需要作出修正，以及需要作出哪些修正等。

反思的一个重要目的在于改进，因此，反思必须在对行动效果充分了解的基础上，对是否达到研究的目的进行判断，明确研究过程中存在的问题，提出解决问题的新措施，即提出新的行动方案。如果没有对原有的行动计划作出修正，不能提出新的行动方案，就谈不上改进，也就说明行动研究者并没有作出真正意义上的反思。

(二)反思的基本要求

(1)反思的内容要全面。反思要以研究的问题为基点，以研究计划为参照，以实施的行动为对象，将整个行动研究的过程和行动研究的结果与行动的计划对照比较进行反思。这样，有助于考察原有计划与行动措施的合理性，有助于完善下一步的行动计划。

(2)反思要以科学的理论为指导。反思需要意识的积极参与，需要智力与情感的投入。反思不同于经验总结，需要行动研究者针对行动过程中出现的问题，结合问题背后的理念和假设进行深入反思，从多方面进行分析，多角度寻求解决问题的对策。因此，反思具有明显的研究特征。

(3)反思要以实际问题的解决程度为依据，不必追求解释是否完善。

(4)反思要有具体的改进措施。要拟定下一步行动计划，提出下一步需要解决的问题。

第三节　实施行动研究的原则与要求

行动研究因其方便、操作性强、适合实践工作者使用而越来越受到中小学教师的青睐，其运用也越来越广泛。但在运用行动研究解决教育问题时，要遵循一定的原则与要求。

一、实践性

行动研究必须坚持实践观点，将实践放在首位，要在实践中发现问题，在实践中研究问题并解决问题，要以改进实践、改进对实践的认识和改进实践发生的情境为出发点和归宿。从某种意义上说，行动与实践是同义词。因此，行动研究的问题，必须是教育实践中亟待解决的实际问题。其次，实施行动研究，必须深入教育的实际情境，在现实的教育教学实践中进行。最后，行动研究必须采取新的改进教育教学实践的行动，没有促进教育教学改革的行动，就没有真正意义上的行动研究。

二、合作性

行动研究的倡导者在论述行动研究的特征时，都强调研究的参与性与合作性。因为行动研究的目的在于解决实际问题，在于解放实践者，在于克服行动与研究相脱离的弊端。因此，它特别强调实践者参与研究，研究者参与行动，使研究过程与行动过程相结合。所以，在行动研究中，教师、专家学者、教育管理人员要密切合作，组成具有共同课题目标的科研群体，平等协商，相互交流，取长补短，充分发挥集体的力量。

三、规范性

尽管行动研究是和教育教学实践密切联系在一起的，但这并不意味着研究者可以降低在研究过程和研究方法上的科学性与规范性的要求。与任何类型的研究活动一样，要提高研究结论的科学性水平，研究活动就必须遵循教育科学研究的基本规范与要求。在制订行动研究的计划时，要在充分占有文献资料和事实资料的基础上，恰当地、准确地表述研究的目标；在科学理论的指导下，建立合理的研究设想；选择合理的研究方法与手段。在实施具体行动时，要严格按照研究的计划执行。尽管说行动研究具有开放性与灵活性，也并不是说行动者可以凭借自己的经验，随心所欲的实施行动。在操纵行动措施、搜集反馈信息、评价研究活动、形成研究结论的各个阶段都应尽可能使用观察、调查、测量、实验等规范性的研究方法。只有按照科学研究的基本规范进行，才能使我们的研究更加科学、更加有效。

四、动态性

行动研究是在实际的教育情境中进行的，具有计划——行动——反思环节的螺旋式的发展过程，每一个螺旋发展循环都包含一定的相互联系、相互依赖的环节，它是一个开放的动态系统。行动研究的所有设想、计划、行动等处于动态之中，可以根据实际情况和反馈信息随时反思、随时调整和修正。首先，在操作程序的各个环节或步骤之间的信息反馈要及时。及时、正确、有效地反馈信息，有利于研究者准确地把握现状，正确评价行动的实际效果。研究者据此可以实现对研究过程的有效控制，对计划或行动措施作出及时调整或修正，使研究顺利进入下一个循环。其次，行动研究的主要目的是解决实际问题，改进实际情境，提高实际工作人员的能力，由于行动研究所进行的环境是真实自然的动态情境，所以对行动的持续调整是必然的。调整应在行动研究全过程中随时随地、持续不断地进行，具体体现在各个操作程序中，如利用各种方法和技术搜集资料、及时反馈、反思改进、总结评价等各个环节或步骤。通过不断的调整，使研究逐步完善，最后达到预期的目的。有时，应根据实际情况，针对更多的、更深入的问题展开深入的探索，逐步走向更广泛、更深入的教育研究与实践。

动态调整的内容是多方面的。根据教育教学实际状况，或实践工作者认识的深入与发展，改变研究的原有设想、研究计划、实施方案、行动措施、方法技术，甚至研究的课题都可以随着研究的发展而予以调整。通过实时的调整与修正，不断补充完善，使研究最大限度地符合实际，最有效地解决问题，改变教育现状，提高教师的素质。

行动研究案例：

初中作文教学之行动研究

一、前　言

教育行动研究是指在教育情景中，由教师进行用以改善教育专业实践，并获得理想教学效果的行动研究。教育行动研究的主要特征，概言之是实践导向与反省思考。具体说有四个特点：其一，教育行动研究的研究课题来自于教师的教学实践；其二，研究的目的是解决实践问题，改进教学质量，提升教师的专业水准，而理论建构则在其次；其三，教师即研究者，教师同时是教育行动研究的主体和客体；最后，教育行动研究成果的评价是以改善教学实践、了解教学实践作为评价标准。教育行动研究亦即教师的专业实践，可以帮助教师检查及改进自己的教学行为。

1996–1999年，笔者借鉴国外学者的研究模式，在自己所任教和担任班主任的班级——浙江省嘉兴市吉水中学初中班(1996级5班)进行了为期三年的初中作文训练指导方法与技巧的探索，取得了较为明显的效果，现选出其中两个研究案例作初步总结，求教于语文教学专家和同仁。

二、研究的过程与结果

行动研究始于教师对自己的教学经验、教学方案的反省思考，研究过程需要教师通过撰写研究日志定期记录教学活动、教学心得、对教学过程的反省思考和观察，与同事的交流和参阅文献资料得到的领悟等。研究日志为行动策略的探讨提供了一个基础，是教育行动研究最重要的方法之一。本研究实施之初，笔者所教的班级为初一新生班。经过一段时间的观察与了解，我发现语文教学中作文教学存在的问题最大。虽然学生在小学阶段已初步掌握了记叙文和简单应用文的写作能力，但无论学习成绩优良的学生，还是学习有困难的学生，作文中存在着一些通病：害怕作文，写作时思路不够开阔，常常找不到词汇表达自己的意思，作文的篇幅短、容量小，容易出现词藻堆砌，结构和句式变化不多，缺乏创意，不能表达自己的见解，而且不会修改作文。这些通病，部分是学生身心发展局限所致，部分是缺少有效的作文指导造成。笔者决定以作文教学作为研究起点，通过行动研究，探索更为有效的指导方式和技巧，使大部分学生在初中三年里基本上解决作文问题，为他们以后进一步学习和走向社会奠定必需的语文基础能力。确定研究起点之后，从初一第一学期期中开始，笔者有规律地撰写研究日志。一般每周记录一到两次，并注意搜集本班学生的作文文献资料，如试卷、作文作业、校刊或征文作品、手抄报作品、演讲发言稿等，作为制订行动策略和考察行动效果的依据。下面两个案例是在研究过程结束(学生毕业)之后，根据研究日志和文献资料所作的概括和总结。

案例1是对学习成绩优秀但作文水平较差的学生的指导方法与技巧的研究，案例2是引导学生参与作文评改的研究。通过这两个案例，大致可反映笔者行动研究的过程和结果。

案例1：

男生A，性格内向，思维严谨，逻辑性强，学习刻苦，成绩优秀，尤其是数学、自然科学和英语成绩相当出色。在小学时，他参加奥数竞赛，得过区、市级满分奖。语文基础知识和阅读理解成绩也不错，但作文水平中下。他的作文思路清晰，语言通顺，不足是选材缺乏特点，情节起伏不大，三言两语，平平淡淡，近乎详细的写作提纲。如何使逻辑思维能力强的学生写出有感情、语言生动的作文呢？起初，我认为，聪明的学生，只要稍加指点，适当敲敲边鼓，他就可以较快地提高作文水平。因此，每次作文，我都要在他的作文簿上写满眉批总评，有时还要加上个别谈话，指点一二。力气花了不少，但作文面貌依旧。

经过几次作文后，我发现自己的指导太一般化，忽略了学生这个主体，没有注意扬长避短。同时，通过家访等途径我进一步了解到，他学习比较轻松，课外阅读量不小，但阅读的重点为科普类书籍。科普书籍的特点是语言比较简单，多为陈述句型，这对他的作文或多或少有些影响。对此，我要求他利用课余时间多读古今中外的文学名著，特别是优秀诗歌与散文，并通过家校联系册，要求家长协助。在作文具体指导上，起初以《青山处处埋忠骨》等系列课文（浙江省编初中《语文》教材第二册）为例，重点指导他学会观察生活，学会选择能吸引读者的典型材料，或选择貌似平常却与众不同，给人启迪的材料。他下了一番工夫，文章篇幅拉长了，但许多东西可有可无，作文起色不大。究其原因，他的生活中典型材料几乎没有。日常生活是学校家庭两点一线，风平浪静。一次写自己亲人的命题作文，他觉得家中一切平平常常，没有什么有意义的事让自己去体味。我特别设计了问题与他讨论双亲。经过引导后，他发现父母工作能力强，工作游刃有余，业余生活多姿多彩。他还发现母亲做的饭菜总是可口的，他需要帮助时，总有似乎是偶然的惊喜：上学时间局促时，母亲正好早上锻炼回来，已把他的自行车放在了适合“冲刺”的位置；身体不适时，保健箱里永远有派得上用场的药品；他需要的学习用具，总在要用时已预先出现在书桌上。他终于在平淡的生活之中找到了不平淡的材料。不过，材料罗列了不少，可作文依旧平淡如水。看来能观察生活，并不能保证写出感人的文字，还需学会设计情节。

根据这一情况，我设计了新的指导策略。布置他阅读《威尼斯商人》等作品，体会大起大落、出人意料的结构形式给人的传奇色彩效果。这些阅读与思考，带来了一定的效果，他的作文情节设计有了一定的特色，但语言平淡、句式结构简单状况仍无多大改变。

指导中我增加了语言生动的要求。让他尽量把好词佳句运用在作文中，要他尽量避免重复使用同一词汇。他的作文"华丽"起来了，名人名言增添了"儒雅"之气。有一次他对我说，他觉得本来自己作文的语言还有点朴素的优点，现在好像成了"四不像"。看来他还搞不清语言朴素美与语言贫乏的区别。因此，在学习《背影》时，我特别要求他体会朱自清巧妙的构思、高超的艺术手法和语言平白如话，风格质朴自然的特点。

经过大约一年反复澄清情景和修正指导的行动策略，学生A的作文能力有了明显提高，每次作文总能令人耳目一新，有多篇作文获得了校、区和市级作文比赛或征文奖励，以下是男生A的一篇获奖作文：

星光灿烂的夜晚

那天，爸爸告诉我，他为我结了一个对子，是广西巴马县一个叫卢丹的九岁小姑娘，她要我给她写一封信。

"怎么写？有什么好写的呀？"我问。

"就当给一个妹妹写信吧！还有，你最好把自己的一两件毛衣给寄去。"爸爸说。

我含含糊糊地"嗯"了一声，就进书房去了，我才不寄毛衣呢，广西那里不是亚热带吗？可比这儿暖和多了，哪里用得到毛衣呢？

我坐下来，摊开信纸，一时无从下笔。我没有妹妹，体会不出给远方的妹妹写信的感觉，只好敷衍一下了。

卢丹妹妹：

你好，我叫ＸＸ，是嘉兴市吉水中学初二年级学生，听说你们那儿很穷，不仅读书很困难，连生活也充满艰辛。通过希望工程，我与你结成了对子，我希望我对你的帮助能使你的生活有所起色，并祝你学习进步，将来成为一个对社会有用的人。

此致

敬礼！

ＸＸ

一九九七年十二月十日

我写完信后，就上床睡了，第二天便把信寄了出去，后来，我几乎把这件事忘了。

几天后，我收到了卢丹的回信。当时，我没把它放在心上，直到晚上快睡觉时才想起来。我拆开信，好奇地发现这竟是我寄出的那封信。我把它翻过来，一行行稚嫩的笔迹映入我的眼帘：

ＸＸ哥哥：

你好，我怀着无限感激的心情给你写这封信，对你和你的家人表达衷心的感谢！

我是一个没有父亲的孩子，我与弟弟、妈妈三个人相依为命。自从爸爸去世后，我们家的生活非常困难，有病的妈妈每天早出晚归，都是为了我和弟弟不饿肚子，为我们姐弟不至于辍学，在这困难的时候，你给我们带来了希望，我深深地感到了人间的温暖。我要努力学习，以优异的成绩向你汇报，我一定要成为对社会有用的人，祝你学习进步。

卢　丹

一九九七年十二月廿日

看了信后，我一个人静静地沉思了很久，没有体会过没有父亲的痛苦，也想不出能用写过字的纸的反面写信。可是，在远方，一个九岁的孩子却能在上面写满自己的理想与希望。夜深了，我情不自禁地又写了封回信，信中只有一句话：

"能和你成为朋友，我感到很高兴，真的。"

我抬起头，窗外的夜空湛蓝如水，星光灿烂。卢丹这时是不是也在看这美丽的星空呢！如果是，那她一定能感受到远方的人对她的祝愿。

第二天，我把回信和我的大红毛衣给卢丹寄去了。

习作取材于扶贫活动中主人公与山区孩子结对子、互相帮助的故事。作者删去了开学初给对方寄学费、寄学习用品的情节，把故事放在学期中间，似乎对方不需要特别帮助的初冬。物品是一件看似可有可无的旧毛衣。情节不复杂，可起伏自然，从开始觉得没有什么写信内容，寄信后淡忘，到收到回信后的沉思，并情不自禁地在深夜起床回信，表现一位中学生的感情变化。语言朴素而饱含感情，尤其结尾处的景物描写和对远方小朋友的深深祝愿，令读者感到小作者心灵深处的震撼：在这么艰苦的条件下，一个小女孩在为一个大目标奋力读书，就像夜空中闪烁的星星，多么顽强，多么激动人心。看似无足轻重的大红毛衣，既有串联全文的功效，又让人看到了异地少年互相鼓动，勤奋学习的火热之心。山区孩子失去父亲后生活的艰辛与小作者充满父爱的幸福形成了对照，又使写在原信背后的回信全在情理之中。习作充分展示了小作者的写作技巧。

学生A的作文指导实践表明，对学习优秀，逻辑思维能力强，但作文欠具体生动的学生，作文指导上应引导他们学会观察生活，利用其思维的优势，从平淡的生活之中发掘不平淡之处，然后再一步步训练他谋篇布局，设计情节和运用语言文字的能力，这种有针对性的训练效果较好。如果仅根据教材内容，按部就班进行写作训练，则达不到加快作文水平提高的目标。

案例2：

学生写作文，教师评作文，天经地义。于是，学生凑作文，完成任务，教师精批细改，满篇红字。埋头写出来的评语，有几个学生能认真读一读？教师一篇篇出题目，学生一篇篇做下去，教师再一篇篇改出来。一学期大作文十来篇，做一篇，丢一篇，师生都完成了任务，但学生的作文能力提高甚微(摘自让学生参与作文评改探索前的一篇研究日志)。

为了让学生的作文能力提高得更快一些，使每一次作文都能成为学生写作进步的台阶，我决定进行让学生参与作文评改的探索。

布置作文，写作前的指导固然很重要，比如审题、立意、选材、布局谋篇等，教师不妨多一些指点，即使打不开他们的思路，至少给学生有路可走的感觉。但我觉得作文的评改更重要。既然作文本上的评语作用不大，那么干脆就"权力下放"，把作文批改放进课堂，设法引起学生对修改作文的兴趣。我设计了作文讲评课的四个步骤：(1) 复习写作基础知识，回忆作文训练目标和作文指导要点；(2)习作展示；(3)学生讨论，指导优点、并提出修改意见；(4)作文修改。

第一步可使学生既温习了写作知识，又明确了评价标准，使评价有据可依。第二步通过优秀习作展示，巩固其写作自信心，提高了写作兴趣。第三步使学生主动参与评价，提高他们的评判能力、审美能力。在这个过程中进一步明确写作要求，为修改作文作准备。第四步使作者根据同学意见修改作文，其他同学按讨论过程中提出的要求，修改作文。

尝试结果，学生反应热烈。他们讨论中发现了不少优缺点，并能针对作文的不足提出许多较有价值的修改意见。被展示的习作通过修改，作文出色了许多。但经过几次讲评讨论课后，我发现多数同学能积极参与讨论，但自己的作文，除了订正错别字之外，基本上不作改动。其中主要原因是，除了被展示习作之外，大多数同学没有书面记录，离开课堂后，就忘了修改要求，难以下笔修改。

为此，我调整了作文讲评课的操作要求，让学生把对展示习作的意见用书面形式记录下来，并对照自己的作文，及时记录课堂上提出的可供自己修改作文时参考的意见。被展示作文的习作者针对别人的评判，可以作自我辩护或说明为什么这样写作。让学生在争论之中明确写作要领。指导策略的调整，在一些学生身上奏效，但还有不少同学的作文修改只是作了稍稍的改动，改观不大。究其原因，是学生对照写作要求，觉得相距甚远，修改等于重写，太麻烦。

确实，对写作基础较差的学生，写一次已是不容易，重写更是头痛。为此，我开始强调写作前要精思，编好写作提纲。我了解到，大部分学生写作前没有计划，提笔就写，一气呵成，写到哪里算哪里。凭感觉写出来的作文，能勉强凑足篇幅，但很难符合作文要求。起初，学生虽然编写了写作提纲，但作文的随意性还是很强。原因是多数学生写作提纲是为了应付老师。为此，我把提纲的讲评与修改引入课堂，要求学生在课堂内修改作文提纲，检查提纲与题目是否吻合，并把提纲具体化。教师巡视，挑出较好的提纲作示范。经过几次训练，学生作文偏题情况大大减少，作文讲评讨论后的“修改工程量”大为减轻。学生变得乐于动手修改作文了。

从学生参与作文后的讲评讨论到参与作文前的写作提纲讲评讨论，不仅提高了学生的作文水平，也发展了学生的审美能力和评判能力。渐渐地，大多数学生都能写出一篇作品的一两句比较符合实际的评语。

下面是一堂读后感写作的课堂教学。学生在课外阅读指定的抗日英雄故事后，我挑选了几篇读后感作文例文，参照例文讲解什么是读后感和写读后感的要领。让学生在课堂上列出提纲。有的学生的提纲这样写：(1)故事梗概（略写，200字左右）；(2)自己的感受（详写，500字左右）。我组织课堂讨论，这样的提纲有什么问题？学生认为，提纲太简单，写作时易偏题、离题。讨论后学生修改提纲，修改后，学生提纲中列出了准备写读后感的所读作品的重点内容，并详细开列了自己有哪些感受从哪个角度去写等，提纲比较具体了。

成文后，又进行了作文课堂讲评讨论。学生对照要求，提出要从几个方面修改：不能求全，贪多往往写不透，要选取所读作品的一两点内容，写深刻；写读后感首先要认真阅读作品，深刻理解原作的要旨；读后感要有叙有议，叙可以不太具体，但要点到位，以便有感而发；能联系实际来写，又不能空表决心。《少年的人生价值》习作，就是此次作文中的一篇（原文略）。

总之，要让每一篇作文都成为学生作文能力提升的台阶，教师既要抓作文指导，又要重视让学生参与作文前的提纲修改和作文后的评改，使全体学生变得乐于修改作文，在反复修改中，掌握写作技能，形成扎实的写作基本功。

三、作文教学中应用行动研究注意事项

（1）教师要本着研究精神，以解决作文教学的具体问题为主。作文教学中，教师经常会遇到这样那样的具体问题。最好的方法莫过于“求诸己”。教师要利用日常教学实践，开展研究性教学，从而谋求作文指导方法与技巧的改善。

（2）要在实际课堂中进行研究。教师要坚持反省思考，撰写研究日志，并把新的行动策略渗透于作文教学过程，以不影响正常教学进度为原则。

（3）教师开展行动研究，既要掌握理论知识，如作文教学理论知识，教学理论知识，以及中学生心理知识等，又要重视学生作文特点的观察和有关背景资料的搜集。这样可以为澄清问题情景提供依据，为新行动策略的制定和行动效果的评价奠定基础。

（4）教师要有客观的态度，并重视螺旋验证。教育行动研究强调教学的实用性，教师在作文教学中采用的行动策略，目的都在解决特殊的实际问题。因此，整个研究过程中教师的行动策略都要保持充分的弹性，并及时根据实际的教学效果修正行动策略。

（5）研究结果讲求时效，不宜作一般推论或应用。教学有法

而无定法，作文有规而无定规。教师在某一班级进行的作文教学行动研究，采用的行动策略通常有很强的针对性和实用价值，因此，研究结果不适用于发展理论或一般应用。这正是教育行动研究强调实践导向、反省思考和教师即研究者的原因。

四、结　语

行动研究的主要精神是通过教师实际行动，利用探究和不断反思进行研究。初中作文教学中进行行动研究，使教师的作文教学过程等于作文教学问题的解决过程。它可以改进教师作文训练指导方法，提高作文指导技巧。更重要的是，行动研究为作文教学研究提供了一种新的探索途径，使教师成为研究者，使教学成为研究性教学。教育行动研究也能逐步改变教师习惯性的教学程式和思维模式，避免作文教学只凭一般经验进行主观判断和决策的失误，使教师的专业水平得以提高，教学质量不断改善。

（摘自《山东教育科研》2001年第Z1期第59-62页，作者：上海市实验学校，李萍）

第八章　如何使行为理性化——教育经验总结研究

教育经验总结是广大教师在教育科研中普遍采用的一种行之有效的研究方法。中小学教师在长期的工作实践中积累了大量的经验，这是一笔宝贵的精神财富。如果教师能够对教育教学实践中积累的大量事实材料进行分析、概括、总结，使之上升到理性认识的高度，再加以推广和普及，对于教育事业的发展必定具有巨大的推动作用。

第一节　教育经验总结的基本内涵

一、教育经验总结的定义

（一）经验与教育经验

经验是一个广泛使用的概念，一般是指人们在社会生产和生活活动中通过探究和反思而获得的有效的知识与技能，以及相伴而形成的情感和情绪体验。经验作为人脑对客观事物的一种反映形式，它来自于个体或群体在特定条件下所进行的直接的、具体的社会实践活动，是对事物表面关系的直接把握，往往具有独特性和直接性。它不像科学知识和科学规律是人们运用科学的研究方法和理论思维获取的，对客观事物的本质及其内在关系的认识具有普遍性和真理性。经验不仅在人们认识世界和改造世界中发挥着重要作用，而且也是人们进一步深入认识事物本质的必要前提。从人类文明发展的历程来看，经验型知识和技能以及相伴随产生的情感，既帮助人的生存与发展，也为人类知识的发展作了铺垫。从个体成长来看，经验是成长的基石，理论知识和间接知识的学习离不开个体的直接经验。

经验具有以下四个基本特征:经验是由实践获得的,是人们在实践过程中,通过自己的感官,直接接触客观世界而获得的;经验是事物表面的感性的初步认识;经验的内容和本质是客观的;经验有待于进一步上升为理性认识,人们总结经验使它上升为理性认识,是为了把握事物的本质,以更正确地认识世界和改造世界。

教育经验是指教育工作者在教育实践中获得的从事教育活动的有效知识、技能以及情感和情绪体验。它主要是指教师在教育教学过程中,日积月累地丰富或改善的作风及人格,充分提高的业务素质和工作技能。《学记》所概括的教育经验,如教学相长,启发诱导,藏息相辅,长善救失等,至今仍有有益的启示。一位老教师与一个初学乍练的新手是不可同日而语的,其主要原因就在于他们之间存在着巨大的经验差距。

教育经验同样具有经验的基本特征,即教育经验来源于教育实践过程;是对教育教学工作的感性的初步的认识;教育经验的内容和本质是客观的;教育经验有待于进一步上升为理性认识。总结教育经验,使其上升为理性认识,是为了揭示现象间的联系,把握教育教学过程的本质及其规律。

教育是一项规模巨大的复杂的社会实践活动,人们在活动中积累起来的经验也是多种多样的。按照社会化程度来分,教育经验可分为个体经验与群体经验。个体经验是指个人独特的经历和体验,带有较强的个性化色彩,往往是“得之于心,应之于手”的知识和技能①,但只可意会,难以言传。个人的经验自己心中清楚,但如果将其用明确的语言表述,还要一番概括和分析的工夫。群体经验是指由社会上许多人共同掌握的经验,这些经验可能是历史上形成的,甚至成为习俗和惯例,也可能是由先进的个人经验推广开来的。教育经验按照在教育实践中的效果来分,有成功的经验与失败的经验。成功的经验是指能帮助人们活动顺利达到目的的经验,而失败的经验则是指无法使人们的活动达到目的的经验。由于教育现象的复杂性,偶然的、不可控制的因素很多,因此,必须重视总结正反两方面的经验。成功的经验中,最具有价值的是先进经验。先进经

① 杨爱华.学前教育科学研究[M].南京:南京师范大学出版社,2001:238.

验是从教育教学实践中产生出来的，成功因素占主导地位的有实际效果的经验。既然是先进的经验，意味着在时间上是领先的，符合社会发展的趋势与需要；在价值上是有效的，具有稳定的良好效果，对于学生的身心发展具有积极的促进作用。它表现在教育教学思想上则具有全新的观念，在具体的教育教学工作中具有与众不同的方法和手段，对于开创教育教学工作新局面具有重大贡献；先进的教育经验体现了教育教学活动的客观规律，是对一定范围内普遍存在的共同问题进行研究和总结，对于现实的教育教学活动具有普遍的指导意义，并且经得起时间与实践的检验。

（二）教育经验总结

教育经验总结方法是在非人为控制的自然状态下，人们依据教育实践所提供的事实，对从教育实践获得的教育经验，运用经验思维方法，进行分析和概括，从而实现由感性认识上升为理性认识的一种教育研究方法。这里所谓的经验思维方法，是相对于理论思维方法而言的，它是人们运用在生产和生活活动中形成的亲身感受、直接知识乃至传统的习惯观点等进行思维活动的方法。其主要功能是认识和把握具体事物及其外部联系，借此获得新的经验并将经验上升形成一定层次的理论。理论思维方法是建立在经验思维基础之上的一种较为高级的思维方式，以揭示和把握事物的内在本质和一般规律为根本任务，依据一定的系统知识、遵循特有的逻辑程序而进行的思维活动方法。教育经验总结应该经过经验思维，上升到理论思维，以把握教育现象的本质并揭示教育规律。

二、教育经验总结的特点

与其他类型的教育科研方法相比，教育经验总结有着一系列特点。

（一）研究对象的生动性

教育经验总结的研究对象是人们在教育实践中获得的经验，是人们从事的教育实践活动以及所获得的感性认识。无论是实践活动还是感性认识，都离不开特定的教育情境。在很多时候，环境条件中的某些经验的主体和产生经验的条件是密切联系在一起的，是具体而生动且富有变化的。因此，经验总结要在教育实践中进行，不管研究者是谁，都必须经常深入教育教学实践，获得丰富的感性材料，在此基础上予以提炼并上升到理论。可见，教育实践是经验总结的物质基础，经验总结则是教育实践的理论升华。此外，经验是和特定的个人或群体密切相连的，个人的独特思维方式、行为特点、性格类型、兴趣爱好都与某种经验的产生密切相关，为其提供了主观条件，群体的结构和特征可能是导致经验产生的前提。因而很多经验具有独特性和个体差异性，很多经验也是稍纵即逝、难于捉摸，并且只能意会，难以言传。

（二）研究方式的回溯性

教育经验总结是在某种实践活动大致告一段落，并且通过这种实践取得的经验已经大体形成之后才进行的。它既不是对正在发生的教育现象和教育活动的考察，也不是对教育现象和教育活动未来发展的趋势作出预测，而是通过对已经过去的教育现象与教育活动的研究，将其经验提炼上升为理性认识的一种研究方式。因而，从研究方法上看，教育经验总结是一种回溯研究。教育经验总结的研究对象是那种具有特定涵义的经验，不是一般的自然成长物或文献资料，而是实践工作者发挥主观能动性作用，改造了客观事物，以及在改造客观事物的同时，实践工作者自身形成的感性认识和某些尚未系统化的理性认识。

（三）方法的综合性与具体性

由于教育经验生动、具体，富于变化，多潜存于人的富于个性化的活动之中，要对其进行总结，任何一种单一的研究方法都是无法完成的，所以，教育经验总结实际上是对多种教育研究方法的综合运用。在搜集经验产生的事实资料时，要运用调查法与观察法；在从已有的事实上升到理论时，需要运用分析——综合、归纳——演绎的逻辑方法；在探讨和阐述经验的普遍联系和意义时，要运用文献研究方法；当总结经验形成了一定的理论观点之后，要运用实验的方法对经验的科学性与有效性予以验证。教育经验总结所依据的知识基础是经验，是关于事物的局部和外部联系的感性知识，总结的内容和操作程序直观可见、具体易行。

三、教育经验总结的意义与作用

教育科学研究的目的在于探索教育活动的客观规律，发展教育科学理论，指导教育实践活动。任何理论和思想的形成，都是以其实践检验为基础的，教育理论与教育思想亦然。在教育史上，许多著名的教育家都是通过借鉴前人的经验、总结自己的实际去探索教育的客观规律，从而推动人类教育事业的进步和发展。如两千多年前我国伟大的教育家、思想家孔子就曾对自己长期的教育实践经验进行了全面的总结，不仅在宏观上对教育目的、教育制度等作了系统阐述，而且在微观上对教学原则、教学方法等也作了精辟的论断，形成了自己的系统的教育思想，其著名著作《学记》就是其教育经验总结的重要成果，它对我国古代教育产生了深刻而广泛的影响。例如，《学记》中提出的“教学相长”“循序渐进”“循循善诱”“温故知新”等教育原理，对于指导当今的教育实践仍然具有重要意义。在近现代，大胆从事教育实践探索、系统总结教育实践经验、且卓有成效的教育家比比皆是。如杜威、陶行知、马卡连柯、苏霍姆林斯基等，他们的教育经验和理论思想，对人类教育事业的发展起到了巨大的推动作用。因此，教育经验总结是一种重要的、有效的教育研究方法，是积累教育知识、改进教育工作、发展教育科学的重要手段之一，对于教育理论发展起到了极为重要的作用。

（一）教育经验总结是教育科学研究的重要基础

经验总结是人们获得理性认识、建立教育科学理论的重要基础。在教育科学研究的多种方法中，经验总结虽然不能得到像教育实验研究那样精确的结果，但却有着广泛的群众基础和丰富的实践来源。经验来自于教育教学实践，反映了教育教学过程的本来面目。中小学教师通过总结经验既可以充实自己的感性认识，为科学研究提供丰富的实践素材，又可以提高自己的研究能力，如观察事物的能力、分析研究问题的能力、人际交往能力等；同时还能开阔视野，扩展研究思路，从中发现新的问题；并从理论与实践相结合的高度，提高自己的研究水平，提高研究成果的实用性与价值性。具有典型意义的是上海市青浦县教研室所从事的“尝试指导、效果回授”的初中数学教学实验研究，就是在对全县初中数学教师有效教学经验总结的基础上进行的。

(二)教育经验总结是丰富和发展教育科学理论的重要途径

教育经验来自于教育实践活动，而实践是认识的源泉。只有认真地、科学地总结实践经验并上升到教育理论高度，才能在更广泛的范围内更有效地指导教育实践活动。教育经验总结就是试图对教育实践工作者在实践活动中所摸索和发现的各种有效的教育经验进行分析和概括，使之上升为教育理论。中小学教师在丰富多彩的教育活动中积累了大量的、宝贵的教育经验，这些经验中的许多内容是对教育过程本来面目的真实而生动的反映，对于大面积改善教育活动，提高教育教学质量有着不可估量的价值。如果能够及时地运用教育经验总结的研究方法对这些教育经验进行总结，使之上升为教育理论，无疑会极大地丰富和发展教育科学，为现存的教育理论融入富有时代特色的新鲜内容。

教育理论来自于实践，教育理论要进一步地丰富和发展，仍然要依赖教育实践，继续从教育实践中获取支持和动力。中小学教师应对自己的或他人的教育实践经验予以不断反思并善于总结，不断提高对教育规律认识的自觉性，以丰富和发展我国的教育科学理论。

(三)教育经验总结能有效提高中小学教师的业务素质

教师的业务素质，直接关系着教师的教育教学质量。要使学生的身心各方面得到全面发展，首先要提高教师的教育教学水平。只有一流的教师，才可能培养出全面发展的一流人才。

做一名优秀的教师，其任务不仅仅是传递知识，其教育教学工作不再是一种沉重的负担，应该使自己的日常工作具有创造性。而要创造性地开展工作，必须以教育科学研究作为支撑。不进行教育科学研究的教师，是很难真正体会到教师创造性劳动的魅力与做一名教师的乐趣的。要富有成效地开展教育研究，教师必须掌握基本的教育理论，必须运用科学的研究方法，否则，就会事倍功半，甚至劳而无功。中小学教师获取教育理论的途径主要有两个，一个是通过系统学习教育科学的基本理论和相关的学科知识，另一个就是运用已有的教育理论知识，及时有效地对自己的教育教学经验予以总结提炼，使之上升为理性认识。中小学教师通过对经验的反思，分析和概括，将直接经验转变为可在一定范围内推广应用的具体层次的教育理论或原则，同时也能使自己对相关的教育现象和教育问题产生更深刻、更科学的认识，激发进一步探索的兴趣和动力，并在总结经验和运用经验的过程中不断提高自己改善教育过程、提高教育活动质量的能力。善于总结经验的教师，其业务水平会进入一个良性循环的自我提高过程，能够不断地从更丰富、更广阔的层面上掌握教育教学规律，从而取得良好的教育教学效果。由此可见，总结教育教学经验是提高教师业务素质的一条重要途径。

（四）教育经验总结有助于教育管理者提高管理水平

教育管理者在制定与贯彻执行教育方针政策的过程中，一方面要亲自深入实际、调查研究、了解情况、发现问题，掌握第一手材料，及时总结实际工作中的经验；另一方面要有目的地组织所辖单位与个人，对具有特色的、卓有成效的实际工作进行专题经验总结。总结个人与集体两方面的经验，本身就是教育管理者提高自身水平的一个重要途径。通过总结经验，能够帮助教育管理者掌握教育现状，做到心中有数，从而更有针对性地发挥管理部门的指导作用。同时，管理者通过总结经验，将教育理论与教育实践结合起来，提高了教育素养和管理治校、办学育人的水平，从而在微观与宏观相结合的层面上，把握教育工作的主动权，使之真正成为教育管理的专家。

四、教育经验总结的层次及其途径

（一）教育经验总结的层次

教育研究作为一种认识活动，由于受各种因素的制约与影响，存在相对独立的、不同层次、不同水平的认识。一般来说，科学认识的层次分为经验层次与理论层次。经验认识是理论认识的基础，理论认识则是认识的最终目的，即把握事物的本质及其规律建立新的理论体系。经验总结属于经验层次认识水平，但由于教育经验的类型不同，研究者在对其进行总结时采用的方法、手段不同，教育经验总结也存在不同的层次。

1. 具体经验总结

这种经验总结，是以具体事实为基础，描述、记录一次教育教学活动的经验。具体内容有：教育教学活动的过程，包括活动的目的、内容、准备、活动经过、师生参与情况等；活动的效果，如描述活动结束后师生对活动的反映、收获等；体会，介绍活动后的感受，对此项活动优越性的认识、看法等。具体经验总结是经验总结的初级层次，是对具体经验的描述和记录，操作简单易行，特别适合于中小学教师对自己的教育教学活动经验的记录与积累。

2. 一般经验总结

一般经验总结是以具体经验总结为基础，对教育教学实践活动进行归类、分析和抽象，从中概括出一般的规律。主要内容包括：教育活动的基本程序和应用举例；教育活动的指导思想和优越性；教育活动的适用范围和实施的具体建议等。一般经验总结所提炼出的结论具有更大的普遍性，可以成为一类教育活动的参考和借鉴。由于一般经验总结是对具体经验总结的抽象与概括，因此它必须要有较长时间的实践活动并且以具体经验总结为基础。

3. 科学经验总结

科学经验总结是经验总结的最高层次，是在一般经验总结的基础上，进行逻辑的、理性的分析，揭示经验的内在实质、行为与效果间的相互联系以及在教育教学工作中的地位与作用。科学经验总结是对感性认识进行科学概括和哲学抽象，形成理性的认识层次水平。它是形成教育科学理论的基础，是在科学研究意义上的经验总结。科学经验总结，不是就事论事，仅仅停留在描述实践活动过程和具体现象上，而要就事论理，将实践经验中本质的东西、规律性的东西提炼出来，上升为理论。只有深入地揭示出事物之间的内在联系，把现象提高到理论的高度，才能真正成为有实用价值的经验。

以上三个层次的教育经验总结是相互独立、相互联系的。具体经验总结和一般经验总结是科学经验总结的基础，而具体经验总结和一般经验总结的真实性和价值性决定着科学经验总结的科学性。科学经验总结所提炼的研究结论不仅对于指导教育实践具有普遍意义，同时又促使具体经验与一般经验总结水平的提高，它是形成教育理论的基础。中小学教师要使自己成为学者型、专家型教师，一个重要途径就是必须善于运用教育科学理论，经常性地对自己（及同行）的教育经验予以理性的思考，将具体经验层次的认识上升为科学经验层次的认识。

（二）教育经验总结的途径

教育经验总结，不是教育经验的简单罗列、堆砌，而是一个对经验进行分析、提炼、研究的过程。要使总结提炼的经验具有较高的应用价值，能够被其他教师所采用，就必须注意经验总结途径的选择。具体的途径有以下三个。

1. 在教育实践活动中研究经验

从科学认识的角度反映教育实践，首先必须描述教育实践，描述和总结教育经验是反映教育实践的第一步。而对经验的结果进行分析研究，认识教育工作的本质及其规律，即理论研究是其第二步。前者是基础，后者是升华。可见教育经验总结在教育科学研究中具有重要意义。

教育经验来自于教育实践，扎根于教育实践。对教育经验的描述、整理、分析、总结不能孤立于教育实践之外，而应参加到生动的教育实践活动之中。教育经验总结的成果最后必须经历教育实践的检验，在教育实践中进一步改造、完善、提高，形成新的教育经验，这种新的经验又成为新的研究对象。由此可见，经验在实践中产生，又经历实践的检验，在实践中不断发展、完善、提高。因此，总结教育经验，首先应该深入教育实践。

2. 运用教育理论分析和研究教育经验

进行教育经验总结的目的是为了运用提炼出的教育经验，来更好地改善教育实践，提高教育教学效果。为了使所总结的经验能够得到有效推广，有利于他人学习、借鉴，就必须将教育经验提高到教育理论的高度来加以概括。因此，经验总结，仅仅认识事实还不够，还必须说明为什么取得了良好的教育教学效果，揭示出所采取的方式方法与学生身心发展变化之间的内在联系等。这就要求对教育经验必须运用教育理论知识予以思考，发掘教育现象背后所蕴含的具有普遍意义的规律性知识。

3. 灵活运用多种具体研究方法总结教育经验

教育经验总结可以采用观察法、调查法、个案研究法、实验研究法等多种方法，研究者可以根据研究的需要灵活运用。特别在对事实材料进行归纳整理时，要注重定量研究与定性研究相结合。以定性分析提炼教育经验的内在规律，以定量分析进一步加深对经验内在规律性的认识。

第二节　教育经验总结的基本过程

在教育实践中，教育工作者积累的教育经验内容非常丰富，形式多种多样。既有个体的经验，又有集体的经验；既有直接的经验，又有间接的经验；既有正面的需要加以推广的成功经验，又有需要引以为鉴、吸取教训的反面经验。因此，教育经验总结的过程是多种多样的，这里仅仅给出经验总结的一般步骤。

一、发现经验，确立研究的课题

教育经验是经验总结的对象，要进行教育经验总结，首先应发现并确立值得进行总结的经验。一般来说，经验总结应以先进事迹与突出贡献来确定研究对象，选择那些教育教学中急需解决的、有研究价值的、有典型性和代表性的课题。

为了防止将一些不成熟的经验，一些局部的、个别的经验当做普遍的经验，一些未达到预期效果的经验当做全面的经验等，应该在确定经验总结的对象的过程中，对所选择的经验进行评价与鉴定。评价可以从以下几方面进行：看教育活动的效果是否明显，这可以通过纵向比较得出结论，也可以从师生对教育活动的反映中获得结论；看教育活动的时耗、物耗。在同样效果的前提下，耗费多的就失去了总结推广的意义；看经验的推广价值。如果经验是在特殊情况下取得的，与一般的教育实践条件有较大的差异，那么这种经验推广起来比较困难；如果是在一般的条件下取得的，系统总结和推广这种经验是非常有价值的。

为了全面考察教育的实践过程，特别是教育行政部门在贯彻执行教育方针政策或实施教育改革方案等方面，除了总结正面的经验外，也要注重对失败的教训加以总结，找出原因，重新设计或调整教育政策或改革方案。所以，从选择即将总结的经验来看，要注重“点”与“面”的结合。既注重对以市、县为对象的大范围的教育经验总结，也关注某一个学校或某一个教师的教育教学经验的总结；既注重总结时间跨度长的教育教学经验，也关注某些短时间内取得的卓有成效的经验。

在发现了有研究总结价值的经验之后，研究者就可以具体确定研究的课题。在确立经验总结的课题时，首先要结合教育教学实践改革和理论发展的需要来系统分析和阐明这种经验总结的意义，其次要根据经验产生或存在的实际情况而限定教育经验的具体条件和预期的应用范围。

二、查阅文献资料

掌握资料是教育科学研究的重要保障。在正式确立经验总结的课题之后，研究者就需要系统地查阅国内外有关资料，包括有关的教育方针政策、上级的有关文件、教育科学和相关科学的理论、国内外研究的成果与现状，以及与教育经验相关的社会文化、经济背景等。查阅这些资料的目的是为总结经验提供可靠的依据，为在问题分析时开拓思路，同时避免盲目探索或重复已有的研究成果。

三、制订总结计划

（一）经验总结计划的主要内容

科学研究中的经验总结不同于一般的工作经验总结，必须在明确的目的、计划指导下有步骤地进行，这就要求研究者必须为其制订一个完整的计划。教育经验总结计划是总结经验过程的总体构想，它包括总结工作的大体轮廓，即研究的缘由、目的意义、具体程序、分析综合以及总结验证等。

其具体内容主要包括以下几个方面：

（1）教育经验总结课题的名称。

（2）教育经验总结的目的、意义。研究的目的一般可以从宏观与微观两个角度来确立，但都必须具体明确；研究的意义主要从理论与实践两方面加以探讨。

(3)教育经验总结的主要内容。主要内容包括教育经验产生和存在的理论基础分析，教育经验产生的过程与条件分析，如何将教育经验概括、提炼和提升为理论的方法，教育经验推广应用的范围分析等。

(4)教育经验总结的方式方法。教育经验总结的主要方法有个人总结、集体总结以及由经验拥有者自行总结和专职研究人员总结。教育经验总结中使用的方法往往根据不同阶段不同工作性质来选用。教育经验总结的具体途径已在前面作了说明，研究者应该根据课题的具体需要选择恰当的研究方法，并注意多种方法的相互配合。

(5)教育经验总结的具体程序。具体程序就是研究分为几个阶段进行。阶段可以以研究内容为主要划分依据，也可以以具体操作步骤为划分依据，具体可根据实际情况而定。研究中每一个步骤、每一个阶段的研究任务及措施、时间、人员分工都要落到实处，要具体可行、可操作。

(6)教育经验总结的人员分工。教育研究往往需要多方人员的协作配合共同完成，研究人员的素质构成、年龄结构等直接影响研究的进程。研究人员一般包括组织领导者、一般参与者、理论指导者等。组织领导者应该由具有一定科研水平与组织能力，并且具有一定影响的人员担任；一般参与者，应是涉及经验事实并对材料的搜集和准确描述有利的有关人员；理论指导者应由具有一定教育科学理论和研究经验的人员担任。

(7)教育经验总结的预期成果。研究最终要得到哪些成果，成果以何种形式表现都要写清楚。经验总结的研究成果，主要有研究报告、著作、论文、经验总结文章等。初次尝试研究课题的教师，常常以规范的经验总结文章作为研究成果的主要形式。如果课题组研究实力雄厚，则不能仅限于几篇研究报告和经验总结文章，要以多种形式充分展示研究成果。

(二)制订总结计划的基本要求

为了制订一个切实可行的经验总结计划，应注意以下几点：

(1)要明确经验总结的目的、任务和基本要求。经过反复研究讨论，在统一的指导思想下提出计划的初步方案，经验总结的组织者、一般参与者与理论指导者一起讨论通过。

(2)组织力量,合理分工,明确职责。对于范围较广的经验总结,组织者应该由有关教育行政部门负责人承担,同时抽调若干专职人员,邀请有关研究者参加,组成一个研究团体。如果总结的对象是教师或班主任个体,则可以通过听课、谈话、查看作业、翻阅教案,召开教师和学生座谈会的方式开展工作。

(3)制订计划要有相对的稳定性,又要留有余地,充分考虑实施计划的可行性和可变性。研究者在制订计划时,要考虑到在具体操作的过程中,会出现一些未曾预料的情况,部分地改变计划和方案是常有的事。因此,计划要有一定的灵活性。

四、搜集有关经验的事实材料

教育经验总结就是要以教育过程中的具体事实为基础,如实地反映教育过程的客观规律。离开了对教育事实和资料的搜集与分析,教育经验总结就成了一句空话。详细占有足够的教育事实材料是教育经验总结的首要任务。只有占有足够的事实材料,才能有效地进行归纳、概括和揭示教育规律。

教育活动是复杂的,与教育经验有关的事实资料也是复杂多样的。一般来说,教育经验总结应注重搜集的资料有以下几类:

(1)创造经验以及与经验形成相关的教育者和教育对象的资料,包括他们的年龄、职业、兴趣爱好、专长、资历和特殊经历等;

(2)教育经验产生过程的资料,包括在教育经验产生过程中教育者与受教育者的行为、言论以及感受体会等。

(3)教育经验产生的环境资料,包括产生经验的物质条件、经济因素、文化背景、行政管理措施等。

(4)经验效果资料,包括产生经验的教育活动前后所发生的各种变化,特别是教育对象学习效果方面的变化,有时还需要有经验产生的教育者和受教育者与其他的群体的对比资料等。

搜集资料的手段多种多样,在选用搜集资料的方法时,要注意方法工具的可靠性与有效性。搜集的资料越充分详尽,就越能确保经验总结的高质量、高水平。

五、事实材料的整理与分析

材料的整理与分析是经验总结的一个重要环节，经过广泛搜集的各种资料，如果不进行整理和分析，使之条理化、系统化，就如同一堆杂乱的材料，难以体现它们的真正价值。经验事实材料的整理必须根据材料的性质与有关特征，分门别类地排列组合，依据材料的横向联系和纵向顺序将材料系统化，然后对每一件事实材料进行核对、考证、筛选。具体要求是：

(1)去粗取精，删繁就简。去掉那些无关紧要的材料，抓住最能体现事物本质的、典型的、具有普遍意义的材料。

(2)去伪存真。这一点要特别注意。要抓住那些反映事物真相的材料，不为假象所蒙蔽。核对各方面材料有无出入，有无前后矛盾，数据记录是否准确无误，计量单位、计量关系是否正确，检查材料中有无不合逻辑、不合理，甚至违背教育规律的地方。

(3)由此及彼。将零碎的、孤立的材料联系起来。

(4)由表及里。通过事物的外部联系，发现事物的内部规律，不能停留在事物的表面，而达不到对事物本质的认识。

在获得大量事实材料的基础上，经过分析，围绕总结目的、计划和主题，对材料进行分类整理和筛选，通过考察评价，初步选定经验总结所需的材料。选定的材料要注意新颖性、适当性、充分性与必要性。选定的材料应是最新的教育研究成果、最新的教育教学实践事实及体会收获，是人们尚未发现的或鲜为人知的材料等；所选用的材料能够准确地证明观点的正确性，材料与观点之间存在着必然的内在联系；材料成分足够，能够说明问题，并且没有累赘的材料。

在对材料予以整理、考证、选定之后，研究者就应该对研究的经验提炼出完整、系统的结论。这就要求研究者要根据研究的主题与研究的目的，从教育经验事实出发，依据教育基本理论，对事物或现象作出科学的概括和界定，揭示它们之间的本质联系。从局部经验中发掘其普遍意义，使感性认识升华为理性认识，探讨事物发展的客观规律。没有理性提炼的经验总结，如同一般的工作总结，没有多大的科学价值。

由教育经验事实提炼出系统化、科学化、理论化的研究结论，要做到以下三点：

（1）要以正确的教育思想和教育理论为指导，并根据某一总结的要求从有关的专业理论成果中吸取营养。离开了教育理论的支撑，任何经验总结都难以上升到理性认识水平。因此，作为教育经验总结研究者的中小学教师要加强教育理论知识的学习，努力提高教育理论素养。

（2）从教育经验事实中提炼科学理论，要紧紧围绕概括的主题进行。教育经验总结的主题，是指贯穿于某项经验形成全过程中，起着主导作用、反映经验本质特征、具有自己特色的某种观念、原则或方法论原理。主题是经验本身所具有的，是以充分的经验事实为依据，以理论和科学方法为指导，经过思维加工，从基本事实和感性认识中概括出来的。经验总结主题的概括，通常采用“归类——提炼”的操作方法，即对大量的事实材料和感性认识首先按项目进行归纳，然后再逐层予以提炼。主题是经验总结的灵魂，主题使观点与材料实现有机统一。

（3）提炼科学理论，要揭示教育效果获得的内在机制，如探求经验形成过程中的各种因果联系及事物发展的客观规律，把握事物内部各主要因素间相互联系以及这种联系所产生的功能等。只有揭示出这种内在机制，才能说明事物或现象为什么会发生某种变化，怎样才能获得这种良好的效果，从而提高人们的认识水平，增强探求事物发展规律的自觉性。深入揭示教育经验的内在机制，把握事物的内在规律，是教育经验上升为教育理论的关键。

六、教育经验总结研究结论的组织论证

在完成对各种材料的分析、综合并形成系统的研究结论之后，可写出初步的教育经验总结的论文或研究报告。为了使经验总结工作更加完善，应广泛征求各方面的意见，对获得的研究结论进行论证。

论证的主要内容是检验研究结论的科学性与价值性等。首先，看所总结的教育经验是否符合社会发展的趋势和需要。优秀的教育经验能够对现实生活向教育的挑战作出敏锐的反应，并能够根据这些要求找到完善和促进教育教学的方式方法应对挑战，解决问题。其次，优秀的教育教学经验应该具有稳定的、良好的教育教学效果。教育是培养人的事业，在

教育教学活动形式与教育教学效果二者的关系中,教育教学效果占主要地位。通常我们所说的教育教学效果主要指向学生的心理、知识、技能发展水平以及品德的变化等。最后,在论证的基础上,充分吸取大家的意见和建议,对材料进行精心加工修改,从内容到形式反复推敲,撰写出正式的书面总结报告,并根据经验总结报告的性质,或呈报上级教育行政主管部门审定核批,或印发有关单位和个人,或向有关教育专业报刊推荐,以获得教育经验总结的社会效益。

组织论证的方式可视课题的大小而定。如果只是一个教师、一个班级的学科教学或管理经验,个别地征求其他教师、学校管理者以及学生的意见即可。如果经验总结的内容广泛,涉及的应用面较广,就应该组织召开经验总结论证会议,广泛地征求各方面人士的意见和建议,通过论证来对研究结论的科学性、可靠性、价值性等进行检验。为使论证会取得良好效果,要注意以下几点:

(1)态度谦虚、中肯。让他人知道研究者是真心实意地征求意见,不是搞形式、走过场。

(2)材料事先公开透明。事先要向与会者提供完整的初步总结报告或详细提纲,使他们能够了解和研究经验总结的内容,以做好对研究结论评价的准备。

(3)提倡争论,平等交流。要形成良好的学术风气,鼓励大家提出不同的观点,接受与会人员的提问和辩解。如果出现议而不决的重大问题,要认真记录、专题整理,以备进一步研讨。

(4)概括小结。论证会最后要有简单的小结,对与会者的意见和建议进行简单概括。对会议中比较一致的意见和建议表示肯定,对议而未决的问题作出说明。

第三节　教育经验总结的基本要求

一、典型性

教育经验事实是教育经验总结的灵魂。教育经验事实的品质直接决定着教育经验总结的科学水平。因此,进行教育经验总结,首先要求教育经验事实具有典型性和代表性。典型性是指教育经验所提供的内容符合并体现教育工作的客观规律,在一定范围内具有代表性,对教育教学实践活动具有指导意义。

教育经验总结的范围相当广泛,内容相当丰富。既可以从宏观角度选择研究对象,也可以从微观角度提出研究课题;既可以是集体的教育教学经验,也可以是个人的工作经验与体会;既可以是历史的经验,也可以是现实的经验事实。无论从哪一方面着手,都必须考虑经验总结的代表性,要有典型性。富有典型性和代表性的经验,是客观实践活动的产物,是科学理论的概括。面对内容丰富的教育教学经验,如何确定总结对象,使之具有典型性,在实际操作中应注意以下三点。

(1)权衡总结对象本身所提供的主要内容是否具有广泛的群众基础,能否对现实中提出的问题予以比较全面的回答和说明。用于大面积推广、宣传的先进经验,应该是在不改变原有条件、设备,不增加工作量,不牺牲其他利益的前提下创造出来的经验。例如,李吉林的"情境教育"经验,上海闸北中学的"成功教育"经验,对于课堂教学改革和改变薄弱学校面貌取得了显著成效,并且都是在普通的情境中获得的成果,所解决的问题都是基础教育领域亟待解决的难题,因而具有较高的代表性与典型性,具有普遍推广的价值。

(2)要以总结先进经验为出发点,认真分析所总结的教育经验在教育教学改革中的现实意义,能否起到典型示范作用,以及发挥以点带面、推动全局的作用。

(3)经验总结对象要有实际的效果。富有典型性、代表性的经验,是客观实践活动的产物,是科学理论的概括,绝不允许有半点虚假。把一般的经验人为地拔高到典型经验的高度,人为地制造舆论,盲目估计经验的作用,或把典型经验故意压低到一般经验的水平,都会对教育产生消极影响,带来不良后果。

二、精确性

社会科学研究往往是对研究材料的现象进行分析和综合,抓住现象材料的本质，将其提高到理性认识阶段，阐明客观事物之间规律性的联系。而这些分析推理和综合一般都是采用定性研究的方法。为了提高经验总结研究结论的信度和科学化水平，使其具有较高的说服力，除了定性分析方法之外，还必须重视定量分析方法的运用，尽可能用具体数据来说明问题。必要时，可运用计算机和数据库系统，对所取得的各项数据严格核实，避免统计分析中的疏漏或误差。定量分析可以为教育经验总结提供简洁的语言，以便更深刻、更具体地掌握事物性质及其变化的规律。只有进行必要的定量分析，经验总结才能避免主观随意性。在常见的经验总结报告中，多属定性描述，很少有定量分析，即使有定量分析，数据误差往往也比较大，以致出现粗估冒算，甚至编造数据使之与自己的观点相吻合。这种情况的存在，当然会直接影响到经验总结的可信程度。为此，在搜集经验总结的材料时，就要注重既搜集质性材料，也要搜集量的材料，要做到"心中有数"。如果在搜集经验事实材料时没有事物数量方面的特征描述，不包含足够丰富的数量资料，就不可能获得精确性的认识。

三、全面性

现代教育呈现多规格、多因素、多结构的复杂形态，各规格、各因素、各结构之间又是相互联系、相互影响的。如果没有全面系统的观点，不能正确处理全面与部分、整体与局部的关系，就难于观察教育实践过程的全貌，所搜集的事实也只能是支离破碎的例证，不足以揭示教育内部的必然联系，因而也就没有什么普遍意义和典型价值。因此，在总结教育经验的过程中，要注重全面系统地占有材料，充分把握总结经验的足够事实，从事物发展的整体入手，把握事物的本质。具体来说，要注意以下几点：

(1)制订计划，有步骤地运用多种方法和手段，从不同角度和方向搜集资料。

(2)在总结经验的过程中，需要全面地占有资料，包括正面材料和负面材料，主体材料和背景材料，量化材料与质性材料，文字材料与非文字材料等。

(3)在利用经验总结方法整理和分析材料时，要研究对象的各个方面及其相互联系，以及与外部事物的联系、作用等，从事物的整体结构系统中认识客观事物。做到既要了解教育事实的外部联系，即教育的纵向与横向之间的相关因素的依赖与制约，又要把握教育的内部结构，即教育各层次之间的协调一致，合理布局。无论是宏观的教育经验还是微观的教育经验，都需要作全面考察。

例如，总结某一教师的学科教学经验，尽管应注意教师业务能力和教学效果的现实情况，还必须同时考察教学内容是否具有时代水平？教学方法是否有所创造革新？教学手段是否适应时代的发展？教学思想是否端正、是否体现时代的精神？教学是否面向全体学生？学生掌握知识的广度与深度如何？学生的智能发展水平如何？等等。否则，总结出的教学经验，不是就事论事，落后于现实需求，就是对片面狭隘的经验事实的概括，不可能产生出有益的社会效果。

对于集体经验的总结，更是要有全面联系的观点。例如，我们对某小学先进的管理经验进行总结，尽管要对学生的入学率、巩固率、合格率等管理绩效的实际情况予以考察，还必须对学校领导的理论水平、学校的工作计划、规章制度、教师的工作积极性予以考察。此外，对学校是否以教学为中心，依靠教师办学？管理方法手段是否现代化，有无创新等方面的材料也要全面掌握。否则，所得出的结论就可能是片面的、狭隘的。

四、规律性

运用科学的经验总结方法，要求既有精确、真实、生动的实际内容，又要有深入的科学分析。因此，经验总结不应只停留在就经验谈经验、用经验来说明经验和论证经验的水平上，而要就事论理，将实践经验中本质的东西、规律性的东西提炼出来，使之升华为理论，这样才能真正达到对教育经验总结的目的。只有深入地揭示出事物之间的因果联系，把现象提高到理论的高度，才能真正成为有实用的经验。

研究者必须坚持实事求是的科学态度，把握事物的主流与本质。经验总结者在搜集到大量的材料和事实后，必须对经验事实材料作出客观、公正的评价。事实上，人们对有关教育教学经验，特别是先进的经验，其看法往往并不一致。究竟是七分成绩、三分缺点，还是六分成绩、四分缺点？要作出客观公正的评价，就必须在详尽地占有资料的基础上，分析哪些是现象，哪些是本质？哪些是支流，哪些是主流？抓住了事物的本质、主流，就掌握了教育经验总结的核心，才能避免主观随意性。那种脱离实际，不严格区分现象与本质、支流与主流的经验总结的思想方法，是难以得出符合客观规律的研究结论的。

在经验总结的过程中，应当运用严密的科学方法进行研究。要坚决拒绝弄虚作假、文过饰非，为了迎合自己的研究假设而随意编造事实的现象；绝不允许有半点虚假，把一般的经验人为地拔高到典型经验的高度，或把典型经验故意压低到一般经验的水平，以对教育产生消极影响，带来不良后果。

教育经验总结研究案例：

探索小学信息技术课堂教学新模式

教学模式是指在一定教学思想和理论指导下，建立起来的一种相对稳定的教学活动框架及程序。随着我国基础教育改革步伐的不断加快，对小学信息技术教学模式也提出了更高的要求。目前，我国关于小学信息技术教学“任务驱动”模式以及“研究性学习”教学模式的研究成果较多，这些模式在课堂中也发挥了非常积极的作用。但“教有学法，教无定法”。在新时期，探索小学信息技术课堂教学的新模式，对于推进基础教育课程改革，深入实施素质教育，都具有重要的意义。在新课程标准的背景下，提倡“双主”教学，即学生是主体、教师是主导。同时，信息技术学科又是一门实践性非常强的学科，尤其在小学阶段，小学生具有好奇、好动、注意力分散等特点。学生刚刚接触计算机，容易被新鲜事物所吸引。在这种情况下，以双主教学理论为基础，实施生活化的主题实践教学模式，将会对小学信息技术课堂教学起到事半功倍的效果。

一、基于双主理论的主题实践教学模式的特征

首先，基于双主理论的主题实践教学模式更注重以学生为学习主体，强调学生的自主、合作式学习，通过主题实践的过程使学生在获得新知识的基础上掌握学习方法，突出学生之间、学生与教师之间的沟通与交流。在这种模式下,教师的主要角色就是组织者与引导者,学生的学习过程是学生自我研究与教师引导的结合。教师既是学生学习的指导者,学习活动的组织者,又是学生的合作伙伴、亲密朋友。其次,该模式是在学生整个学习过程中,从生活出发,与生活密切联系,并利用计算机、网络搜集、分析、处理信息、形成研究成果的探究过程。第三,该教学模式是一种探究性的教学。它比"任务驱动模式"、"单一的研究性学习模式",更加贴近学生生活,突出学生的主体性。它允许学生体验失败,强调尝试失败,总结经验,再度实践的过程,是一种从失败走向成功的养成教育。第四,该教学模式实施,具有较强的多元性与开放性。所探究的问题也许没有答案,也许有多种不同的答案,在结论与过程面前,更倾向于后者。第五,这种模式非常注重学生对学习、研究结果的展示。学生不但要学会怎样研究课题,还要学会如何在师生面前更好的展示自己,用作品设计和语言描述推销自己,培养学生的成功感。第六,这种新模式,告别了学生只能在课堂上进行研究的传统学习习惯,突破了时间地域的限制,可以充分利用学生的课余时间进行学习,有利于培养学生终身学习的习惯。

二、基于双主理论的主题实践教学模式的实施

基于双主理论的主题实践教学模式,不是教师主导和学生主体的简单叠加,更不是教师置学生于放任不顾,让学生自由活动。而是在教师的组织下,结合教材,协助学生确定研究的主题,对学生在研究中出现的问题及时予以引导,对学生的研究成果进行评价的过程。

(一)设计主题,确定研究方案

实施主题实践教学模式,选题是第一步,也是最为关键的一步。在选题的过程中,老师不但要顾及学生对教材的学习,更要考虑到学生的差异化。教师可为学生确定多个题目让学生自主进行选择,也可以让学生自行拟定课题进行研究。要从实际生活出发,从学生熟悉和关注的事物中找出课题,课题要难易适度,既能激发学生的研究动机,又要有一定的难度,引发学生进行思考才能解决。在研究项目的主题确定后,教师要组织学生自行设计解决方案,教师在方案的设计中,只能起到配角的作用,提出适当的参考性意见,不能一切包揽,要使学生的创造性得到施展。例如:在学习 Powerpoint 时,可让学生搜集自己父母的电子照片,制作成《我的童年》的幻灯片;可让学生搜集学校相关的电子图片及信息,制作出《我的校园》的幻灯片;也可让学生自选课题,进行幻灯片的制作。又如:学习《在 Word 中插入图表》,学习第一课时时,不要忙于新课的讲解,可对学生进行主题实践课题的导入。师:"同学们每天有多少零花钱? 你一周的花费是多少呢?"对于这样贴近他们生活的问题,学生会积极主动地回答。师继续问:"父母把我们养育这么大,辛辛苦苦的挣钱,父母的血汗钱很不容易,我们应该怎么做呢?"这时,有的学生会说,帮父母干活、自己要节约用钱等。这时,教师引入主题:"今天我们就来做一件帮助父母的事情——为父母理财,那么请你调查一下自己家庭一周的开支情况。"随后,教师要组织学生进行分组讨论,初步制定课题的研究方案,随后让学生选出代表,进行全班范围的方案讨论。

(二)布置任务,组织课题实施

协助学生选定研究的主题与方案后,要发挥教师的"主导"作用,为学生布置研究的具体任务。要为学生提出明确的具体任务,引导学生搜集为完成任务所需要的材料,同时在学生完成任务的过程中给予一定的指导。例如:在《为自己的家庭理财》课题中,教师要为学生布置任务:"同学们要研究以下几个问题,一是根据自己制作的《家庭一周消费情况统计表》,思考一下其中有哪些消费是不合理的;二是面对自己的家庭消费现状,想一想哪些应该予以缩减,缩减消费后,每月能省多少钱;三是想一想自己以后应该怎么做,并为自己作出一周的花销预算。"在明确了任务主题,制定了详细的方案后,要引导学生进行深入地调查研究、搜集解决问题的材料和资源。教师可以引导学生,通过询问家长家庭一周的食品、服装、教育、水、电、气、房费等开支项目，在网络上查找家庭开支表的范例，并用纸和笔绘制好财务表格。在学习《在 Word 中插入图表》第二课题时，教师可这样进行导课："同学们在上一周已经通过详细的家庭开支调查，在纸上记录了家庭的开支情况，那么今天我们就来学习怎样才能更加直观地看到你家的收支情况。今天这节课我们就学习在 Word 中插入统计图表，通过统计图表，让我们更直观地展示家庭的开支，从而发现问题，看看谁的课题完成的最好。"学生由于迫切需要把自己绘制的《家庭消费统计表》插入 Word 中，因此学习的积极性也被广泛地调动起来。随后，学生进行第二轮的自主探索，抱着"如何把自己的家庭财务开支统计表插入到 Word 中"的学习任务，让学生进行分组讨论。讨论后，直接由学生在电脑上进行操作。在操作中，教师巡视给予操作指导。如在这时，发现还有学生还没弄明白如何插入统计表，可让其他同学上教师机进行演示。学生制作完统计图后，可让学生观察统计图，教师提问："通过 Word 中你的《家庭一周消费情况统计表》你发现了什么？想想你的家庭哪些开支不够合理。对于你家的一周的消费，你认为哪些消费项目应该予以削减？下一步你将怎样安排你自己一周的开支。"

（三）总结评价，对学生予以奖励

在学生的课题完成后，教师要利用多种形式来完成对学生研究的评价。对学生的评价，要注重过程性和多元性。不但要注重研究成果，更要注重研究过程；不但要强调教师的赏识与鼓励，更要注重学生的互相评价。可把学生编成小组评价，也可使用局域网交流进行评价。教师在学生的评价中要引导学生自主发现规律、总结不足。先要让学生自己为自己纠错，随后进行同学间的互评，根据评价的结论，完善自己的课题研究成果。在课题研究过程中，教师要时刻谨记自己的引导与组织职能，适时对课题进行一定的引申，在加深学生对当前研究课题理解的基础上，进一步培养学生继续深入研究的思想，为终身学习习惯的养成打下良好的基础。例如：在学生完成《家庭一周消费情况统计表》课题研究，把统计表插入 Word 中后，教师要为学生提前准备好“小红花”进行奖励，分发给每个小组组长。并设定评价的标准（能够在 Word 中顺利插入图表，完成数据的输入，给2朵小红花；能够选择合适的统计图，统计图一目了然地反映家庭开支，给2朵小红花；能够根据统计图进行分析，提出自己对家庭开支的独特的想法，给3朵小红花）。第一步，要分成小组同学间进行讨论，先由每位学生说出自己作品的优缺点。第二步，进行同学间的互相“找缺点”、“找问题”，进行学生间的互评，在小组长的协调和教师的组织下，把小红花发给每位学生，每位学生根据自己的问题进行更正。第三步，在全班范围内进行作品的观摩，学生作课题研究感想体会发言。最后，教师作课堂的总结，“通过此次课题研究，使我们知道了合理进行家庭预算开支的意义，为我们的父母找出了家庭开支中存在的问题，也为自己做出了一周的花销预算，使我们懂得了勤俭节约。那么，最后老师还有个课题想问问大家，使家庭财富增值的方法有哪些呢，请同学们回家后继续调查，下节课我们再讨论这个问题……”

（四）结　语

在当前基础教育课程改革不断深化的形势下，在双主教学理论的基础上，实施主题实践教学模式具有重要的意义。在这种新教学模式的实施中，教师只要抓好设计主题、确定研究方案，布置任务、组织课题实施，总结评价、对学生予以奖励，这三个重要环节，基于双主理论的主题实践教学模式就会在小学信息技术课堂中发挥更大的作用。

（摘自《湖北成人教育学院学报》2012 年1月第 18 卷第1期第 147−148、151 页。作者：郑恩，福建师范大学附属小学一级教师）

参考文献

[1](美)艾尔·巴比.社会研究方法(第10版)[M].邱泽奇,译.北京:华夏出版社,2005.

[2]蔡清田.教育行动研究[M].南京:南京师范大学出版社,2005.

[3]陈向明.质的研究方法与社会科学研究[M].北京:教育科学出版社,2000.

[4]陈瑶.课堂观察指导[M].北京:教育科学出版社,2002.

[5]董奇.心理与教育研究方法[M].北京:北京师范大学出版社,2004.

[6](美)Frederick J Gravetter Lori-Ann B. Forzano.行为科学研究方法[M].邓铸,译.西安:陕西师范大学出版社,2005.

[7](美)杰克·R.弗林克尔,诺曼·E.瓦伦.教育研究的设计与评估[M].蔡永红,译.北京:华夏出版社,2004.

[8]李秉德.教育科学研究方法[M].北京:人民教育出版社,1986.

[9](美)理查德·沙沃森,丽萨·汤.教育的科学研究[M].曹晓南,程宝燕,刘莉萍,译.北京:教育科学出版社,2006.

[10]刘大椿.科学活动论·互补方法论[M].桂林:广西师范大学出版社,2002.

[11]李克东.教育技术学研究方法[M].北京:北京师范大学出版社,2003.

[12]刘力.教育实验学[M].北京:人民教育出版社,2004.

[13]刘良华.教育研究方法专题与案例[M].上海:华东师范大学出版社,2007.

[14]雷实.教育实验方法论[M].武汉:华中师范大学出版社,2002.

[15](美)梅雷迪斯·D.高尔,沃尔特·R.博格,乔伊斯·P.高尔.教育研究方法导论[M].朱永新,许庆豫,译.南京:江苏教育出版社,2002.

[16]孟庆茂.教育科学研究方法[M].北京:中央广播电视大学出版社,2002.

[17]裴娣娜.教育研究方法导论[M].合肥:安徽教育出版社,1994.

[18]瞿葆奎.教育学文集·教育研究方法[M].北京:人民教育出版社,1988.

[19]瞿葆奎,郑金洲.中国教育研究新进展·2002[M].上海:华东师范大学出版社,2003.

[20]申继亮.教学反思与行动研究[M].北京:北京师范大学出版社,2006.

[21]隋启仁.科学方法论研究[M].北京:科学普及出版社,1983.

[22]水延凯.社会调查教程[M].北京:中国人民大学出版社,2007.

[23]陶保平.研究设计指导[M].北京:教育科学出版社,2004.

[24]王策三.教学实验论[M].北京:人民教育出版社,1998.

[25]王坚红.学前儿童发展与教育科学研究方法[M].北京:人民教育出版社,1991.

[26](美)威廉·维尔斯曼.教育研究方法导论[M].袁振国,译.北京:教育科学出版社,1997.

[27]王守恒.教育科学研究方法基础[M].合肥:安徽大学出版社,2002.

[28]杨爱华.学前教育科学研究[M].南京:南京师范大学出版社,2001.

[29]袁方.社会研究方法教程[M].北京:北京大学出版社,1997.

[30]叶继元.学术规范通论[M].上海:华东师范大学出版社,2005.

[31]叶澜.教育研究及其方法[M].北京:中国科学技术出版社,1990.

[32]杨国枢,文崇一,吴聪贤,等.社会及行为科学研究法[M].重庆:重庆大学出版社,2006.

[33]喻立森.教育科学研究通论[M].福州:福建教育出版社,2001.

[34]杨小微.教育研究的原理与方法[M].上海:华东师范大学出版社,2002.

[35]杨章宏.教育实验研究[M].杭州:浙江教育出版社,1998.

[36]郑慧琦.教师成为研究者[M].上海:上海教育出版社,2004.

[37]郑金洲.行动研究指导[M].北京:教育科学出版社,2004.

[38]钟以俊,龙文祥.教育科学研究方法[M].合肥:安徽大学出版社,1997.

后记

自1999年至今，作者一直承担教育硕士《教育科学研究方法》课程的教学。参加学习的学员绝大多数来自教育教学第一线，通过与他们的交流，深切感受到基础教育教学工作的艰巨性与复杂性。教师最主要的活动场所是教室，从实验研究的角度看，教室是检验教育理论理想的实验室。因此，教师不仅处于最佳的研究位置，而且还拥有最佳的研究机会，教师可以通过一个科学研究过程来系统地解决课堂中遇到的问题。中小学教师开展教育研究，必须关注身边发生的现象，做身边的研究，即将研究与课堂教学同步展开，边教学、边实施，边研究、边反思、边总结，将理论与实际相结合，完善自己的教学方法、形成自己的教学特色，使自己一步步成长为一名教学名师。本书正是基于这样的理念，从专业的角度和实际操作相结合上探讨如何开展教育教学研究，试图让中小学教师通过学习而掌握研究的基本理论与方法，并在研究过程中实际应用，以提高科学研究水平。

在撰写的过程中，借鉴了有关研究成果，在此对原作者表示衷心感谢。感谢王守恒教授，给了我撰写本书的机会，促使自己对十几年来讲授《教育科学研究方法》课程的心得进行全面梳理与系统总结。由于水平所限，书中错误、遗漏之处在所难免，衷心欢迎专家、同行批评指正。

龙文祥

二〇一三年六月